구원 확률 높이기
프로젝트

국립중앙도서관 출판시도서목록(CIP)

구원 확률 높이기 프로젝트 : 지옥에 가기 싫은 한 남자의 요절복통 종교체
험기 / 위르겐 슈미더 지음 ; 배명자 옮김. ― 서울 : 펜타그램, 2013
  p. ;   cm

원표제: Ich will in den himmel oder als glückliche kuh wiedergeboren we-
rden : vom demütigen versuch, ein religiöser mensch zu werden
원저자명: Jürgen Schmieder

종교체험[宗敎體驗]

202-KDC5
200.2-DDC21   CIP2013000162

지옥에 가기 싫은 한 남자의 요절복통 종교체험기

구원 확률 높이기 프로젝트

위르겐 슈미더 지음
배명자 옮김

도서출판
펜타그램

차례

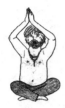

일러두기

1. 이 책은 Jürgen Schmieder의 《Ich will in den Himmel oder als glückliche Kuh wiedergeboren werden: Vom demütigen Versuch, ein religiöser Mensch zu werden》 (C. Betelsmann Verlag, München, 2011) 을 완역한 것입니다.

2. 이 책에 실린 주석은 모두 옮긴이의 것으로, 작은 크기의 대괄호 속에 넣었습니다.

3. 본문 360, 361, 395쪽에 실린 종교 포스터는 한니 슈미더에게 저작권이 있습니다.

4. 이 책의 외국 인명과 지명, 용어의 표기는 한글맞춤법 외래어표기법에 따랐습니다.

5. 이 책에서 언급된 책 중에 한국어 번역본이 나온 경우는 번역본의 제목만 표기했습니다.

프롤로그

펄펄 끓는 기름을 뒤집어쓰기라도 한 것처럼, 여자가 끔찍한 비명을 지른다. 팔다리를 버둥거리며 필사적으로 몸부림치는 여자를 장정 넷이 겨우 붙잡고 있다. 마치 미친 황소를 길들이는 중인 것 같다. 하지만 여자의 몸은 황소가 아니라 굶주린 노루를 닮았다. 여자는 계속 울부짖는다. 사람한테서 어떻게 저런 소리가 날까? 나도 모르게 팔뚝에 소름이 돋고 손끝이 떨리고 턱이 덜덜거린다.

지금 여자의 몸에 뿌려지는 건 끓는 기름이 아니라 성수다.

이곳은 필리핀의 민다나오 섬에 있는 작은 교회다. 장모님이 열심히 다니시는 교회이자 내가 아내와 결혼한 곳이다. 당시 아내는 물소가 끄는 꽃수레를 타고 해변을 출발해 이곳으로 왔다.

오늘은 결혼식이 열리지 않는다. 낡고 오래된 교회지만 나름 낭만적으로 꾸며져서 레오나르도 디카프리오가 주연한 〈로미오와 줄리엣〉에 나왔던 교회를 떠올리게 한다. 아주 드문 경우지만, 사방이 조용해지면 태평양의 파도 소리도 들린다. 싱싱한 참치, 돼지 숯불구이, 코코넛우유 냄새가 난다. 40도가 넘는 더위에도 신자들은 검은색 긴 바지와 곱게 수를 놓은 바롱[필리핀 전통 의상]을 입고 있다.

예식이 시작되자 사제가 신자들에게 인사를 하고 기도를 한 다음, 십자가를 높이 들고 교회 입구를 바라본다. 그곳에서는 신자 열댓 명이 무릎을 꿇고 앉아 손을 치켜들고 교회 천장을 간절히 올려다보고 있다. 무척 슬퍼 보인다. 몇몇은 눈물까지 흘린다. 이들은 이제 무릎으로 기기 시작한다. 25미터를 기어오며 큰 소리로 뭔가를 호소한다. 세부아노 말[필리핀에서 타갈로그 어 다음으로 많이 사용되는 언어]을 모르는 나를 위해 장모님이 귀띔해 주시기를, 이들은 지금 죄의 용서를 빌고 있단다.

가톨릭 집안에서 자란 나는 죄의 용서를 비는 데 익숙하다. 먼저 죄를 뉘우치고 나무로 된 작은 고해소에서 신부님께 죄를 고백한다. 그리고 같은 죄를 반복하지 않기로 다짐한 다음, 신부님이 준 보속기도를 올리면 끝이다. 고해성사 때마다 의아했던 것이 있는데, 신부님은 왜 보속기도로 하필이면 〈성모송〉이나 〈주의 기도〉를 줘서, 좋게 느껴야 할 기도문을 벌로 느끼게 할까? 나는 이게 싫어서 고해성사 후에 보속기도를 하는 대신 하느님과 얘기를 했다. 내가 왜 그런 죄를 지을 수밖에 없었는지 해명하려 애썼지만 대개는 실패로 끝났다. 아무튼 죄를 용서받기 위해 무릎으로 기는 일은 없었다.

참회와 용서에 관한 한, 필리핀 독립교회의 규율은 매우 엄격하다. 심지어 십자가에 매달려야 하는 경우도 있다. 치유 능력을 가졌다는 어떤 사람은 자신의 특별한 힘을 잃지 않기 위해 스스로 채찍질을 하거나 면도칼이 가득 든 자루로 제 몸을 때린다고 한다. "필리핀 사람들의 믿음은 정말 대단해!" 신앙의 힘으로 병을 고쳤다는 장인어른의 말이다. 20년 전쯤, 카밀로 디엘이라는 주교가 장인어른의 허리 통증을 없애 주었는데, 당시 주교는 장인어른이 아프다는 사실조차 몰랐다고 한다.

장인어른은 배울 만큼 배운 사람이고 합리적인 사람이다. 카메라 한 대를 사더라도 인터넷에서 꼼꼼히 비교하고 따져 본 후에 결정한다. 새로운 것을 쉽게 받아들이는 편이지만, 그렇다고 아무거나 무조건 믿는 사람은 아니다. 주교의 기도가 병을 낳게 한다는 증거나 인정할 만한 근거가 없었으므로 장인어른은 주교의 치유 능력을 오랫동안 믿지 않았았다. 그러나 몸소 체험한 후로는 신비한 힘을 인정할 수밖에 없었다.

필리핀 독립교회는 1902년에 설립되었다. 스페인과 결탁한 가톨릭 종교 권력에서 벗어나기 위해 자유혁명가 그레고리오 아글리파이 Gregorio Aglipay가 사제들과 힘을 합해 설립했다. 필리핀 독립교회는 교황의 권위와 사제 독신제도를 거부한다. 삼위일체도 거부했다가 1947년부터 인정하기 시작했다. 1960년부터 미국 성공회와 밀접한 관계를 맺었고 지금은 300만 신자를 가진, 필리핀에서 로마가톨릭 다음으로 큰 기독교 일파다.

사순절이 되면 마을 주민들은 예수의 행적을 재현한다. 집에 제단이 세워지고 산상설교와 최후의 만찬, 십자가의 길이 행해진다. 처삼촌은 몇 년째 바르톨로메오 역을 맡고 있다. 그는 늘 성수를 주머니에 넣고 다니는데, 가족에게 무슨 문제라도 생기면 곧장 성수를 꺼낸다. 한번은 방갈로에 커다란 딱정벌레가 들어온 적이 있는데, 그는 벌레를 치운 후 성수를 뿌리고 기도문을 외웠다. 그는 벌레를 쫓은 게 아니라 사탄을 물리쳤다고 생각하는 것 같았다. 그는 성수가 귀신을 막아 주고 위의 통증도 고쳐 준다고 믿는다. 그리고 놀랍게도 나는 성수의 효과를 내 몸으로 직접 확인했다. 햇볕에 타서 벗겨지고 물집이 잡힌 살갗에 성수를 바르자 몇 시간 만에 기적처럼 말끔히 나았다.

　　나는 장인어른의 치유 이야기를 할아버지가 손자에게 들려주는 옛날이야기쯤으로 여겼고 내 피부가 말끔히 나은 것도 성수 때문이 아니라 필리핀의 깨끗한 공기 덕분이라 여겼다. 이곳에서 미친 소처럼 몸부림치는 젊은 여자를 만나기 전까지는.

　　"귀신 들려서 아픈 거야." 장모님이 귀띔해 주셨다. 나는 대개 이런 말을 그냥 무시한다. 토박이 주민이 관광객을 겁주려고 하는 말이라 여기기 때문이다. 하지만 나직하게 속삭이는 장모님의 음성이 어쩌나 확신에 차 있던지, 나도 모르게 침이 꼴깍 넘어갔다.

　　그리고 젊은 여자의 끔찍한 비명이 들려왔다. 파도 소리, 찬송 소리, 제단 앞에 무릎 꿇고 죄의 용서를 비는 신자들의 절규 어린 호소도 더는 귀에 들어오지 않았다.

　　　　　　　　　　　　　　　　　구원 확률 높이기 프로젝트

다른 신자들은 나처럼 소름이 돋지 않은지, 제단에서 벌어지는 일들을 차분하게 지켜보았다. 마치 의사가 환자에게 감기약을 건네기라도 하는 듯이. 그러나 지금 이곳에서는 설명하기 어려운 뭔가 이상한 일이 벌어지고 있다.

귀신 쫓는 의식이 치러지고 있는 것이다!

시작한 지 이미 오래고 그사이 많은 일을 겪은 나의 '종교 체험 프로젝트'에서 처음으로, 너무 멀리까지 왔다는 생각이 들었다. 그러나 바로 그렇기 때문에 제대로 가고 있는 것이리라.

나는 신에게
잘 보이고 싶다!

신은 나를 미워한다!

확실하다. 왜냐하면 내가 신이라도 나 같은 사람은 미워할 것 같기 때문이다. 교만, 탐욕, 식탐, 음란, 분노, 시기, 나태. 전통 신학이 말하는 일곱 가지 나쁜 본성이 다양한 강도로 내 안에 있음을 나는 인정한다. 그리고 내 아내와 친구들 역시 그렇다고 말한다. 그러니 신은 틀림없이 나를 아주 나쁜 인간으로 여길 것이다. 중죄에 속하는 살인과 이혼과 배교 중에서는 비록 한 가지만 저질렀지만, 그 빈도가 너무 잦아서 결과적으로 신의 맘에는 들지 않을 것이다.

조이라는 친구는 왼쪽 손목에 붉은 띠를 매고 다니는데, 거기에는 'W.W.J.D.'라는 알파벳이 수 놓여 있다. 'What Would Jesus Do?'(예수님이라면 어떻게 하실까?)의 약자로, 그는 결정을 내려야 할 때면 이 글자를 보면서 예수님이라면 어떻게 하실까 생각한 뒤, 예수님과 똑같이 한다. 지금까지의 내 결정들은 우습게도 정반대의 문장으로 요약된다. 예수님이라면 뭘 안 할까?

내가 유독 나쁜 사람인 걸까? 그렇다면 당신은 지금까지의 삶으로 볼 때 죽어서 천국과 지옥 중에 어디로 갈 것 같은가? 지금까지 내가 만난 사람들은 정도의 차이만 있을 뿐 (어머니를 제외한) 모두가 나쁜 본성 한두 가지는 갖고 있었다. 따라서 내 생각에, 어머니가 천국에 못 가면 다른 사람들은 꿈도 꾸지 말아야 한다.

거의 모든 인간이 나쁜 본성 한 가지씩은 갖고 있고 대다수는 여러 가지를 갖고 있다. 결국 신이 모든 인간을 미워한대도 할 말이 없다. 신이 지구인에게 흥미를 잃은 지 오래고 앞으로는 속 썩이지 않는 다른 행성의 주민들을 돌보려 한대도 이해할 만하다.

아침에 신문을 읽거나 저녁에 텔레비전을 켜면 자기밖에 모르는 사람들, 생명체뿐 아니라 지구를 통째로 망칠 미친 사람들이 정말 많다는 생각이 든다. 신문은 폭력, 살인, 총기 난사를 보도하고 텔레비전은 집단 폭행, 총싸움, 전쟁을 영상으로 보여 준다. 속고 속이고, 사기가 판친다. 주변을 잠시 둘러보라. 20년을 같이 살았던 사람들이 이혼한 후 서로를 증오한다. 친구가 적이 되고, 마약이 거래되고, 사람 좋기로 소문난 유명인이 갑자기 아내를 때리기 시작한다.

필리핀에서 열린 내 결혼식 전날에 한 가톨릭 신자의 사체가 강에서 발견되었다. 그에게 죄가 있다면 '가짜' 신을 믿은 죄밖에 없다. 하지만 '진짜' 신이 그걸 좋아할 리가 있겠는가?

오해를 막기 위해 밝혀 두는데, 방금 말한 신은, 죽어서 지옥불에 던져지지 않으려면 믿어야 한다고 부모님이 내게 주입한 신이다. 어렸을 때 나는 가톨릭의 하느님만이 유일한 진짜 신이라고 생각했다. 아버지는 또한 'FC 뉘른베르크'가 유일한 진짜 축구팀이라고 가르쳤다. 하지만 내가 자라자 여러 축구팀을 사귈 기회를 허락했고, 언제부터인가 나는

'베르더 브레멘'의 팬이 되었다. 좋아하는 축구팀을 바꾼 일이 나의 삶에 도움이 되었는지는 일단 접어 두기로 하자.

하지만 종교는 달랐다. 다른 종교에 관심을 두는 일조차 허락되지 않았다. 가톨릭 신자로 사는 것 말고는 선택의 여지가 없었다. 어린 나는, 죽어서 하느님 곁에 영원히 머물 수 있는 삶을 사는 건 분명 의미 있는 일이라고 확신했다.

솔직히 말하면, 뉘른베르크가 분데스리가 우승에서 멀리 떨어져 있는 것처럼 나는 가톨릭의 하느님 옆자리에서 아주 멀리 떨어져 있다. 지금까지의 삶으로 보면 나는 지옥에 일자리 하나를 예약해 둔 거나 마찬가지다. 게다가 내가 예약한 자리는 기름을 끓일 유황을 나르거나 석탄을 푸는 그런 말단직이 아니라 사탄의 왕인 바알세불 곁을 지키는 중간 간부직쯤 될 것이다.

정말 슬픈 일이다. 왜냐하면 나는 정말로 천국에 갈 만한 좋은 사람이 되고 싶기 때문이다.

그래서 달라지기로 결심했다. 나는 신에게 잘 보이고 싶다! 가톨릭의 하느님뿐 아니라 세상에 존재하는 모든 신에게 잘 보이고 싶다. 내가 몇 백 년 전에 살았다면 다른 종교는 알지도 못했을 테고 가톨릭교회가 주입하는 것들을 맹목적으로 믿었을 테다. 하지만 나는 지금 온갖 종교와 신에 대해 알 수 있는 세상에서 산다.

나는 행복하게 살고 싶다. 그리고 내게 행복을 주는 사람들 모두가 행복하게 살도록 돕고 싶다.

구원 확률 높이기 프로젝트

기술 발전 덕에 우리는 이 거대한 세상에서 많은 사람들과 관계를 맺고 세상의 모든 종교를 만날 수 있다. 서른 시간이면 지구 어디든 갈 수 있다. 뉴욕이나 요하네스버그 혹은 마닐라에 사는 친구들과 실시간으로 대화를 할 수도 있다. 그 결과 현대인들, 특히 서구인들은 전에 없이 개인화되었다. 생존을 위해 이웃이 필요한 시대는 끝났다. 그러니 이웃과 반드시 잘 지낼 필요도 없다. 모두가 개인 주택, 개인 텔레비전, 개인 컴퓨터를 갖고 있다.

기술 발전은 대체로 멋진 일이다. 생활을 편리하게 해 주고 멋진 물건들을 사용할 기회를 주니 말이다. 학자들은 매일 새로운 것을 발견하고 어제까지 진실로 통했던 것이 터무니없는 거짓이었다고 발표한다. 결국 그들이 발표하는 것이 절대 진리가 아니라 그저 진리의 작은 귀퉁이에 불과하다는 점을 학자들 스스로가 증명하는 셈이다.

그러나 대부분의 사람들에게 세상은 단순해지거나 지구촌으로 작아지기는커녕 점점 더 예측하기 어렵고 복잡해진다. 낮에는 뉴욕의 동료와 계약 내용을 의논하고 밤에는 바르셀로나에 있는 친구와 채팅을 한다. 그런데 정작 앞집에 누가 사는지는 모른다. 오늘날 우리에게 이웃은 그리 중요하지 않은 존재가 되었다. 돈을 주고 자립을 보장하는 직장이 훨씬 더 중요해졌다.

자립은 곧 자유다. 이것이 일반적인 상식이다. 무한한 자유를 인생의 목표로 삼는 사람도 많다. 다만 무한한 자유 추구는 무한한 이기주의로 흐를 위험이 있다. 달라이 라마가《새천년을 위한 윤리Ethics for the New

Millennium》에 "내게 다른 사람의 행복은 매우 중요하다. 그들의 행복이 나의 행복에 매우 중요하기 때문이다"라고 적었듯이 말이다.

새로운 대륙이나 새로운 행성, 혹은 새로운 원소를 발견하는 일이 비록 대단히 흥미롭긴 하지만 21세기에 우리가 몰두해야 할 일은 아닌 것 같다. 경제 대위기 역시 애석하게도 주기적으로 찾아와 반드시 극복해야 할 일이긴 하지만 21세기의 절대 과제는 아닌 것 같다. 내가 생각하기에, 모든 현대인이 몰두해야 할 과제는 좀 더 영성적인 것으로, 다음 두 질문으로 요약할 수 있다.

1. 어떻게 하면 행복해질까?
2. 사후세계가 정말 있다면, 어떻게 해야 죽어서도 행복할 수 있을까?

신앙 · 영성 · 구원에 대한 프로젝트를 시작하는 지금, 나는 이런 순박하면서도 단순한 질문에는 역시 순박하면서도 단순한 대답이 있을 거라 믿는다. 나라면 첫 번째 질문에, "나를 알고 나를 좋아하는 사람이 많으면"이라고 답할 것이고, 두 번째 질문에는 "나의 사후세계를 결정할 권한을 가진 자가 나를 좋아한다면"이라고 답할 것이다.

다시 생각해 보니 두 대답 모두 썩 맘에 들지는 않는다. 신이 나를 좋아하는 것만으로는 안 된다. 부모님의 가르침에 따르면 적어도 가톨릭의 하느님은 기본적으로 모든 사람을 사랑한다. 그러니까 나중에 아동을 성폭행하고 건물을 폭파하고 전쟁을 일으킬 그런 사람들까지도 사랑한다. 기독교 풍자로 유명한 작가인 조지 칼린George Carlin은 신에 대해 이렇게 쓴 적이 있다. "하늘에는 눈에 보이지 않는 존재가 사는데, 그는 인간이 하는 행동을 매일 매 순간 본다. 그는 인간이 하면 안 되는 행동 열 가지를 정하고 화염과 뜨거운 기름, 고문과 공포가 가득한 특별 장소를 마련했다. 그리고 맘에 들지 않는 사람들을 그곳으로 보내, 불에 타고 연기에 질식하고 고통 속에서 비명을 지르고 통곡하며 살게 한다. 영원히⋯⋯. 하지만 그는 당신을 사랑한다!"

신은 모든 사람을 사랑한다. 하지만 맘에 드는 사람만 천국에 들여보낸다. 그러므로 나는 신이 나를 사랑하면서 동시에 맘에 들어 하도록 노력해야 한다. 나는 화염과 뜨거운 기름, 고문과 공포를 아주 잠깐밖에 견디지 못하니까.

나중에 죽었을 때(최근에 담담하게 받아들였듯이, 언젠가는 분명히 죽을 것이고 죽음의 순간을 명확히 인식할 것이다), 나는 신으로부터 이런 말을 들어야 한다. "친구여, 너는 착하고 사랑스런 아이였다. 그러다 인생의 중반쯤부터 매우 어리석어졌다. 하지만 다행히 너는 언젠가부터 전환점을 맞아 내가 기대했던 삶을 살았다." 그다지 어려울 것 같지는 않다.

첫 단계로 우선 아무 신이든 믿어야 한다. 이미 배교라는 중죄를 지었으므로 다시 믿음을 갖는 게 말처럼 쉽지는 않으리라. 나는 무신론자가 아니라 불가지론자다. 신의 존재는 증명할 수도 부정할 수도 없다는 것이 내 의견이다. 그런데 프랑스 철학자 파스칼의 내기는 아주 흥미롭다

(당연히 포커에서 이기고 싶은 마음에 흥미를 느끼는 건 아니다).

파스칼은 벌써 17세기에 신을 믿는 편이 낫다고 주장했다. 믿지 않는 사람보다 믿는 사람이 이길 확률이 더 높다면서. 파스칼의 내기는 신의 존재를 증명하지 않는다. 그저 사후에 벌어질 수 있는 경우의 수와, 각각의 경우에 상이 내려질지 벌이 내려질지를 간단하게 보여 준다. 파스칼에 따르면, 신이 정말로 존재할 경우, 믿는 사람은 구원을 얻는다. 신이 존재하지 않을 경우라도 죽음과 함께 모든 것이 끝이므로 그는 잃을 게 없다. 반면 믿지 않는 사람은 신이 존재하지 않을 경우, 얻을 게 없다. 죽음과 함께 끝이고 믿는 사람 앞에 나서서 자기 말이 맞지 않았냐고 뻐길 기회도 없기 때문이다. 그러나 신이 존재할 경우, 그는 몹시 곤란해진다.

파스칼의 내기

추측	실제	예상 결과
신은 존재한다	신은 존재한다	+
신은 존재한다	신은 존재하지 않는다	0
신은 존재하지 않는다	신은 존재하지 않는다	0
신은 존재하지 않는다	신은 존재한다	−

'파스칼의 내기'라 불리는 그의 이론에는 물론 한계가 있다. 믿지 않는 사람들에게 신을 믿도록 설득하기 위해 만들어 낸 사이비 논리라는 비판이 있었고, 피상적일 뿐 아니라 측정할 수 없는 변수들을 간단히 무시해 버렸다는 비난도 있었다. 예를 들어, 신이 존재하는데 자신의 존재를

구원 확률 높이기 프로젝트

사람들이 믿지 않길 바라는 신이면 어쩔 것인가? 자신의 존재를 믿든 말든 크게 개의치 않는 신이라면? 믿음과 상관없이 올바른 행실만 중요하게 생각하는 신이라면?

파스칼은 기독교 신자였다. 파스칼의 내기는 학문적 견해가 아니라 선교를 위한 기발한 전략일 뿐이었다. 그런데도 반증을 통해 곧장 무너지거나 무의미한 주장으로 무시될 수 있는 학문적 증명이 아니었기 때문에 신에 대한 여러 증명과 달리 시대를 넘어 살아남았다. 신이 자신의 존재 증명을 허락하지 않기 때문에, 파스칼의 내기는 인간이 취할 수 있는 하나의 선택이다. 게다가 아주 매력적인 선택이다.

내가 프로젝트를 진행하면서 확인한 바로는, 21세기에도 적잖은 사람들이 신앙의 근거로 파스칼의 내기를 내세운다. 주로 무신론자들과 토론하다가 신의 존재 확률이 굉장히 낮을 거라는 사실에 직면했을 때, 혹은 토론에서 질 것 같을 때, 그들은 파스칼의 내기를 언급하며 신앙을 가짐으로써 이길 확률, 그러니까 구원 확률을 높일 수 있으므로 안 믿는 사람보다 자신들이 더 이로울 거라고 주장한다. 어떤 이유에서든 신앙 생활을 하면 당연히 신을 믿을 테고 죄를 짓지 않으려 노력하겠지만, 그렇게 하면 돈도 많이 든다. 독일의 경우, 기독교 신자들은 이른바 종교세를 내는데, 사후의 구원을 위해 살아 있는 동안 내가 내야 하는 세금이 8만 유로나 된다!

파스칼의 내기가 전하는 메시지를 한 문장으로 요약하면 이렇다.

'신을 안 믿었다가 그의 존재를 확인하는 것보다, 신을 믿었다가 그가

없다는 걸 확인하는 편이 더 낫다.'

나는 지금까지 이와 비슷한 얘기를 다양한 종교의 신자들로부터 독일어, 영어, 중국어, 프랑스 어, 타갈로그 어, 비사얀 어, 스페인 어, 한국어, 이란 어로 들었다.

나는 이렇게 반문하고 싶다. 기독교의 신을 믿었던 사람이 죽음의 순간에 유대교의 신이 진짜였음을 깨닫게 된다면 어쩔 것인가? 힌두교의 여러 신들 중 하나가 진짜라면, 기독교 신자들 역시 구원받을 수 있을까? 아니면 화염과 뜨거운 기름, 고문과 공포가 그를 기다리고 있을까? 그래서 내 입장에서는 그저 '신을 믿는가?'라는 물음보다는 '신을 믿는다면 어떤 신을 믿는가?'가 더 중요하다.

인간은 종종 모든 사실을 조사하고 확인하지 않은 채 결정을 내린다. 우리가 가진 관점 중에는 피상적인 것도 많고, 깊이 생각하지 않고 먼저 행동부터 하는 경우도 많다. 이것은 기본적으로 큰 문제가 아니며, 경우에 따라서는 덕분에 생명을 구하기도 한다. 미국의 신경학자 앤드류 뉴버그가 《신은 왜 우리 곁을 떠나지 않는가》에서 설명했듯이 말이다. 밤에 숲을 거니는데, 갑자기 곰처럼 보이는 형체가 나타나고 으르렁 소리가 들린다면 틀림없이 우리는 도망부터 치고 볼 것이다. 그 형체가 정말로 오후 간식거리를 찾아 나선 곰이었다면, 우리는 제대로 반응한 것이다. 곰이 아니었다면, 착각을 한 건 맞지만 크게 손해 본 것도 없다. 이처럼 파스칼의 내기는 숲을 산책하는 일 같은 일상의 상황에도 적용된다.

뉴버그에 따르면, 인간의 뇌는 거기서 그치지 않는다. 인간은 뭔가를

　　　　　　　구원 확률 높이기 프로젝트

진실로 여기면 스스로 그것이 진실임을 확신하기 위해 공을 들인다. 증거를 찾고 기존 패턴에 맞추고 빈곳이 생기면 논리적 고리로 연결해 자신의 생각이 논리적으로 보이도록 한다. 인간은 다른 생각을 가진 사람보다 같은 생각을 가진 사람과 어울리고 싶어한다.

종교의 경우라면, 신자들은 자신의 신앙을 부정하는 증거보다는 긍정하는 증거를 훨씬 더 열심히 찾는다. 같은 신을 믿는 사람들, 같은 교회에 다니는 사람들과 어울리고 싶어한다. 다른 신을 믿는 사람들에게는 의심의 눈초리를 보내고 집단에서 쫓아내거나 심지어 폭력을 쓰는 경우도 있다. 어떤 신을 믿을지 선택할 때, 수년간 꼼꼼하게 비교하고 조사한 후 결정하는 사람은 드물다. 대부분 어렸을 때 믿었던 신을 계속 믿는다.

이런 태도가 어리석어 보이는가? 신자들만 이런 태도를 보이는 게 아니다. 학자들도 마찬가지다. 위대한 수학자 쿠르트 괴델이 1931년에 발표한 공식을 보면, 거의 모든 학문적 증명은 거짓일 수 있다는 전제조건을 기반으로 한다. 공식 전체를 여기에 다 적으려면 여러 장을 차지할 테니 일부만 옮기면 다음과 같다.

$$[k \langle XI \ ^{\circ}T([n]I+d(k+2), \ k, \ [n]I+d(k+I), \ X2...Xn)]$$

한번쯤은 풀어 보려 애썼을 유명한 수수께끼가 괴델의 공식을 이해하는 데 도움을 준다. 등산을 하다 갈림길을 만났다. 갈림길에는 푯말이 걸려 있고 그 아래에 두 사람이 서 있다. 푯말에는 이렇게 적혀 있다. "한 길은 안전하고 다른 길은 낭떠러지다. 두 사람은 안전한 길을 알고 있다. 다만 한 명은 거짓말만 하고 다른 한 명은 진실만을 말한다. 딱 한

번만 물은 뒤에 결정해야 한다."

이 수수께끼의 정답은 기가 막히게 단순하다. 둘 중 한 사람에게, 옆 사람이 어떤 길을 추천할지 물으면 된다. 그런 다음, 그 길로 안 가면 된다. 그러면 안전한 길로 갈 수 있다.

이제 괴델의 공식으로 살짝 들어가 보자. 푯말의 내용이 진실이라는 걸 우리는 어떻게 확신할 수 있는가? 거짓말쟁이가 푯말의 내용을 고쳤을 가능성은 없을까? 푯말의 내용이 진실일 거라고 단순히 믿었다가 낭떠러지로 갈 수도 있다.

신앙도 마찬가지다. 서구의 종교는 식물, 동물, 사람, 지구 등 모든 것을 창조한 분이 신이라는 점을 전제로 한다. 지적인 신자들이 신을 증명하고 더 지적인 철학자들이 끝없는 연상고리들로 알파요 오메가인 자, 걸작을 만든 예술가, 매혹적인 자연법칙을 만든 고귀한 존재가 있을 거라고 설명한다. 신은 확실히 믿을 만한 가치가 있다!

반면 자연과학자들은 반대편에 서서 신이나 초월자의 존재를 부정하는 증거들을 찾아낸다. 빅뱅이 있었고, 생명체가 생겨났고, 그러다 인간도 생겨났으며, 인간의 뇌는 시간이 지나면서 신이라는 아이디어를 갖게 되었다. 신이 인간의 창조자가 아니라 인간이 신의 창조자다!

과연 누구의 말이 옳을까? 둘 다 틀렸다면 어떻게 되지?

파스칼의 내기를 룰렛 게임으로 확장해 보자. 여러 종교들에 다양한 숫자를 배정하고 그 숫자를 룰렛에 넣는다. 룰렛 게임의 규칙으로 본다

구원 확률 높이기 프로젝트

면, 36을 배정받은 종교가 가장 운이 나쁘다. 무신론자인 더글러스 애덤스가 《은하수를 여행하는 히치하이커를 위한 안내서》에서 "삶과 우주, 모든 것에 대한 궁극적인 해답은 42"라고 해서 룰렛 게임에 42가 없는 걸 애석해하는 사람도 있겠으나, 룰렛 게임은(발명자가 누군지 모르지만 파스칼은 확실히 아니다) 애덤스의 소설보다 먼저 세상에 나왔다.

종교 룰렛 앞에 앉았다고 상상해 보면, 부모님이 나를 위해 선택한(아니, 선택했다는 말은 적합하지 않다. '주입한'이 더 맞는 말이다) 신에게 잘 보이는 것만으로는 부족하다. 모든 신에게 잘 보여야 한다! 알라 역시 나를 좋은 사람으로 여겨야 한다. 인격화한 신이 없다면, 적어도 높은 단계에 있는 존재에게 인정받고 싶고 영원한 도道의 세계에 들어가고 싶다. 천국이나 극락에 내 자리를 예약해 두고 싶다. 혹은 다음 생애에는 지금보다 높은 신분으로 태어나고 싶다.

나는 천국에 가고 싶다. 행복한 소로 환생하고 싶다. 내 안에서 신을 발견하거나 깨달음을 얻고 싶다. 어떤 형태든, 사후에 나를 기다리는 상황은 반드시 긍정적이어야 한다.

그러려면 룰렛 게임에서 하나가 아니라 최대한 여러 조합이 가능한 곳에 칩을 올릴 수 있는 삶을 살아야 한다. 그렇게 되면, 알라가 진짜 신이어도 대략 이런 말을 들을 수 있으리라. "네가 기독교의 신을 믿었던 사실을 나는 안다. 그것은 실수였다! 그러나 너는 내 종교의 여러 율법을 지켰으니 너를 흔쾌히 나의 백성으로 받아 주겠다. 지금부터는 오직 나만 믿도록 하라!"

이것이 얼마나 위험한 계획인지 나도 잘 안다. 인간이 가장 격렬하게 논쟁하는 지점이 바로 '신이 존재하는가?' '누가 진짜 신인가?' 이 두 가지니까.

여느 논쟁과 달리 종교 논쟁에서는 전 세계가 격렬하게 맞붙고 상대방의 관점을 수용하는 능력 역시 부족하다. 메간 폭스가 앤젤리나 졸리보다 매력적이라고 말했다 하여 대규모 폭동을 걱정하는 사람은 없다. 그리고 내가 알기로, 세계무역센터는 보스턴 레드삭스 팬이 양키즈 팬들을 없애 버리려고 폭파한 것이 아니다.

종교에 오면 상황이 다르다. 사람들 대부분이 부모에 의해 특정 신앙인으로 키워진다. 자신의 의지를 표현할 기회도 없이, 태어나자마자 어떤 종교의 일원이 된다. 그리고 죽을 때까지 그 종교를 유지하거나 언젠가는 등을 돌린다. 여러 연구가 보여 주듯, 영성적 이유로 종교를 바꾸는 경우는 아주 드물다. 물론 많은 사람들이 교회를 떠난다. 어쩌나 많은지 독일 관공서에는 종교를 버린 사람들을 위한 방이 자랑스럽게 푯말을 단 채 마련되어 있다.[독일의 기독교 신자들은 종교세를 낸다. 그러므로 교회를 떠나는 신자들은 종교세를 그만 내기 위해 시청에 신고를 한다.] 그러나 종교를 바꾸는 경우는 드물고 설령 바꾸더라도 영성과 관련된 이유는 아니다. 종교를 바꾸는 가장 빈번한 경우는 평범한 신자가 타 종교의 독실한 신자와 결혼할 때다.

거부할 기회도 없이 우리는 부모와 주변 환경으로부터 신앙을 소개받는다. 그리고 생후 1년 동안은 부모가 거의 신과 같으므로 우리는 그들이 하는 말을 곧이곧대로 믿는다. 이렇듯 '모 아니면 도' 식으로 종교를 결정하는 사람이 많은 것 같다. 부모님의 신앙을 따르든지, 아니면 버리든지. 하지만 생을 마감하는 순간에 우리의 조상이 믿었던 신이 가짜로 판명되어 낭패를 볼 수도 있지 않을까? 충분히 가능한 일이 아닌가!

내가 어떤 종교의 규율대로 잘 살다가 죽었는데, 내 뼈가 인도양에 뿌려지는 순간에 속았다는 걸 확인해야 한다면, 그것도 부모를 믿는 바람에, 나의 부모는 그들의 부모를, 그들은 또 그들의 부모를 믿는 바람에 속았다면, 너무 억울한 일이 아닌가! 룰렛 게임에서 부모가 속삭이는 말을 그대로 믿고 한 숫자에 칩을 몽땅 걸었는데, 빌어먹을 구슬이 다른 숫자로 튕겨져 나가는 상황이다. 솔직히 이런 상상을 하면 나는 속이 울렁거리고 등골이 오싹하다.

나는 여러 종교를 좀 더 자세히 연구하고 직접 조사하고 체험해 봄으로써 칩을 걸 숫자를 정확히 맞추고 싶다. 지금까지 나는 다른 종교에 대해 뜬구름 잡는 정도로 알고 있었다. 대부분의 종교가 내 눈에는 칩을 올려놓으면 쑥 빠져 버릴 검은 구멍으로밖에 보이지 않았다.

종교에 관한 한 나는 굉장히 무식하다. 다양한 연구와 설문조사가 지난 몇 해 사이에 밝혔듯이, 대부분의 사람들이 타 종교에 대해 잘 알지 못한다. 가령 이슬람교의 예언자 스물네 명 중에서 내가 이름을 댈 수 있는 예언자는 열다섯 명도 채 안 된다, 아직은.

이것은 물론 내가 자란 환경과 관련이 있다.

나는 오버팔츠 북부 출신이다. 기차가 서지 않는 작은 도시지만 그 대신 순환교차로가 있다. 시 위원회에서 지겹도록 논쟁한 끝에 설치된 것이다. 교차로 하나를 놓고도 몇 년씩 토론하는 곳이지만 이슬람 사원을 어디에 세울지는 한 번도 토론한 적이 없다. 이슬람 사원을 짓겠다는 사람이 한 사람도 없었으니 당연한 일이다. 홀로코스트 추모비도 없다. 그래도 불상은 하나 있는데, 클린스만이 바이에른 뮌헨의 감독이 된 후 우리 축구팀 경기장에 세워진 것이다.[클린스만은 바이에른 뮌헨 감독 시절 (2008~2009)에 훈련장에 불상을 세우고 명상 공간도 마련했다. 당시 그것을 본떠 축구장마다 불상 세우는 일이 유행했다.]

나는 가톨릭 성향이 짙고 종교적 보수주의가 더욱 짙은 지역에서 나고 자랐다. 내가 어렸을 때는 개신교조차 '다른 종교'였다. 그때 우리가 쓰던 '다른 종교'를 일컫는 다소 거친 표현이 있었는데, 다행히 기억이 나지 않는다.

나는, 변함없이 성당 활동에 열심이시고 지금은 공정무역 상점을 운영하시는 어머니와 성당 사목회 활동을 오랫동안 하신 아버지 밑에서 자랐다. 그리고 누나와 남동생이 있는데, 남동생은 여섯 살 때부터 신부가 되겠다고 했었다. 나중에 결심을 바꾸긴 했지만.

초등학교에서 가톨릭 수업을 들었고, 나는 꽤 오랫동안 개신교와 가톨릭이 같은 기독교가 아니라 전혀 다른 종교라고 믿었다. 김나지움에서도 가톨릭 수업을 들었다. 가톨릭 종교 교사는 타 종교를 얘기할 때 약간 무시하듯 설명했는데, 다른 대륙에서는 다른 신앙을 가졌다면서,

지나가는 말처럼 그 종교의 부정적인 면을 언급하는 식이었다. 예를 들어 누군가 물에 빠져 떠내려가도 강가에 앉아 명상을 하던 요가 스승은 결코 명상을 중단하지 않을 거라고 했다. 이 말은 힌두교가 생명을 경시한다는 인상을 남겼다. 그리고 노골적으로 그런 말을 하는 사람도 실제로 있었다.

주변 환경의 영향은 종교에만 국한되지 않는다. 간단한 실험으로 그것을 확인할 수 있다.

네 개의 선

A ████████████████████████████████████
B ███████████████████████████████
C █████████████████████████████████████
D ██████████████████████████████████

A선과 길이가 같은 것이 어느 선이냐고 물으면, 대부분 C라고 답할 것이다. 그런데 이때 누군가가 C가 아니라고 우긴다면 어떻게 될까? 지난 50년간의 수많은 연구 결과에 따르면, 대부분은 잠깐 고개를 갸웃거리다 선을 다시 살펴보고, 심지어는 자로 재 보는 사람도 있다. 그런 다음, 역시 C가 정답이라고 말한다.

심리학자 솔로몬 애시Solomon Asch는 이 실험을 확대했다. 실험을 도와줄 사람을 여럿 모은 다음, 그 무리 속에 진짜 피험자 한 사람을 끼워 넣었다. 실험을 도와주는 사람들은 위에서 말한 질문에 하나같이 B라고 답하기로 약속했다. 이때 피험자들의 반응을 살폈는데, 총 50명 중에서 35명이 다른 사람의 대답에 동조하여 B라고 답했고, 끝까지 C가 정답이라고 한 사람은 열 명뿐이었다.

실험이 끝난 후 다른 사람들의 의견에 동조했던 피험자에게 왜 그랬는지 묻자, 몇몇은 실험에 도움이 되기 위해서라고 답했고, 어떤 사람들은 싸움을 피하고 혼자 튀지 않기 위해서라고 말했다. 모두가 B라고 하는 것으로 보아, 자기 눈에 문제가 있다고 생각한 사람도 있었다.

이 실험은 여러 가지를 말해 준다. 좋아하는 축구팀과 좋아하는 음식, 도덕적 가치와 종교는 평가의 대상이 아니다. 주변의 많은 사람들(내 경우에는 오버팔츠 북부 주민)이 특정 종교(내 경우에는 가톨릭교회)를 지지하면, 그 종교가 좋은지 나쁜지는 중요하지 않다. 대부분 거의 맹목적으로 좋다고 믿고 선호하는 경향을 보인다. 특히 대안이 제시되지 않은 경우라면, 그러니까 보기에 C가 아예 없는 경우라면 더욱 그러하다.

김나지움 고학년에 올라가서야 나는 처음으로 다른 종교를 편견 없이 배울 수 있었다. 비교종교학을 공부한 개방적인 분이 종교 교사였던 덕분이다. 미국에서 대학을 다니는 동안, 나는 같은 팀에서 축구를 하는 이안이라는 친구와 거의 1년 반을 같이 살았는데, 이안은 유대교 신자였다. 이삿날 감독이 심각하게 물었다. 독일 사람이 어떻게 유대인과 한 지붕 아래에 살 수 있느냐고. 종교적 무지는 확실히 국제적이다.

이안과 나는 제일 친한 친구인 동시에 같은 축구팀 선수로서 이따금씩 도서관에서 밤늦게까지 함께 공부했다. 그러다 보니 자연스럽게 종교에 대해서도 대화를 많이 했다. 그리고 다른 종교에 대해서도 알고 싶다는 소망이 서서히 내 안에 싹텄다.

결국 나는 파스칼의 내기를 확대하는 프로젝트를 고안해 냈다. 이른바 '위르겐 슈미더의 내기'는 이렇다. '구원 확률을 최대로 높이려면, 한 종교만 믿을 것이 아니라 되도록 여러 종교를 믿고 그들이 제시하는 구원받는 삶을 살아야 한다.'

인터넷을 검색하다 우연히 마주친 흥미로운 물음이 내 프로젝트에 결정적으로 박차를 가했다. 아이디가 'RabenBec'인 사람이 올린 물음이다. "여러분, 저는 신앙인입니다. 하지만 어쩐지 내게 딱 맞는 종교를 아직 못 찾은 것 같습니다. 여러 종교를 직접 체험한 뒤에 나의 가치관과 잘 맞는, 맘에 드는 종교를 고를 수는 없을까요? 어떻게들 생각하세요?" 솔직히 말해 이 물음은 내가 지금껏 인터넷에서 본 문장 중에 최고였다.

록밴드 콜드플레이의 리드보컬 크리스 마틴의 인터뷰 기사를 읽었을 때, 내 프로젝트는 두 번째 박차를 얻었다. 그는 인터뷰에서, 만약을 대비해 모든 신을 다 믿는 게 좋겠다고 말했다. 그리고 얼마 후 나는, 나오미 캠벨이 다시는 불같이 성내지 않겠다고 다짐하는 장면을 보았다. 그녀는 요가와 명상과 기도를 통해 마음을 다스린다고 한다. 또한 러시아인 약혼자 때문에 곧 러시아 정교회 신자가 될 예정인데, 그렇더라도 왼쪽 손목에 차고 다니던 유대교 신비주의의 상징인 붉은 띠는 계속 하고 다닐 거란다.

캠벨과 마틴, 이들이 바로 내가 추구하는 '범신앙론자Alltheist'들이다. [Atheist(무신론자)에 빗대어 만든 신조어로서, 세상의 모든 신을 믿고 숭배하는 사람을 뜻한다.] '범신앙론Alltheism'이라는 말을 나는 온라인 은어 사전에서 찾았는데, 나의 신앙관을 아주 훌륭하게 대변한다. 온라인 은어 사전에 적힌 설명에 따르면, 범신앙론자란 "되도록 모든 종교를 믿고 구원 확률이 높은 삶을 살고자 노력하는 사람"이다.

여러 음악 장르를 혼합하여 대중음악을 작곡하듯, 주로 스타들이 종교를 혼합하는 것 같다. 영화배우 골디 혼은 '유대-불교 신자'로 자신을 소개하고, 패리스 힐튼은 유대교 신비주의의 상징인 붉은 띠를 손목에 차고 《성경》을 들고 스님을 만난다. 컬럼비아 대학에서 인도-티베트 종교를 연구하는 로버트 서면Robert Thurman 교수가 말한 대로, 유명인들은 부와 명예와 성공만으로는 행복해지지 않음을 깨닫고 그 공허함을 마음의 안정과 조화로 채우기 위해 아방가르드한 여러 신앙공동체를 이용하는 듯하다.

그러나 오늘날의 스타들만 범신앙론자의 길에 발을 들이는 건 아니다. 톨스토이 같은 거장도 범신앙론에 심취했다. 이 위대한 러시아 문호는 한 편지에서 "기독교라는 낱말이 자신을 옥죌" 거라고 썼다. 또한 그의 일기에는 "유교의 중용—멋지다! 노자의 가르침과 일치한다!"라는 글귀도 있다. 그는 1921년 제네바 대학에서 강의를 하다가 이런 말을 하기도 했다. "인도 사람들의 가장 큰 과제는 힌두교·이슬람교·불교·기독교를 통합하는 것인데, 강요나 아파테이아[정념情念이나 외계의 자극에 흔들리지 않는 초연한 마음의 경지를 뜻하는 그리스에라는 자기기만이 아니라 능동적 협력과 조화를 거친 통합이어야 한다."

오늘날 이런 통합은 그 어느 때보다 어려워 보인다. 그리고 종교를 잠깐 테스트해 보고 자기에게 맞는 걸 고르고 싶다는 소망도 어리석어 보이는데, 종교는 발에 맞는지 신어 보고 살 수 있는 운동화가 아니기 때문이다. 또한 '테스트'라는 말에는 뭔가 경쟁의 느낌이 있다. 테스트를 한 다음에는 꼭 성적을 매겨야 할 것 같은 그런 기분 말이다. 종교를 그렇게 간단히 테스트할 수 있다면, 품질 테스트 기관에서 벌써 오래 전에 등급을 매겼을 것이다. 가톨릭교회가 텔레비전 광고를 하고 '가톨릭, 참 교회!'라는 슬로건 밑에 '품질 테스트에서 우수 등급을 받음'이라는 글자가 깜빡거리는 상상은 속을 거북하게 한다.

테스트는 결국 승자를 만들 테고 승리한 종교는 이제 세계 종교가 되어야 한다고 주장할 것이다. 불교 속담에, 세계에 종교가 하나만 남으면 바로 그날 저녁에 최소한 두 개가 더 생길 거라는 말이 있다. "한 종교가 다른 모든 종교보다 낫다고 자신 있게 말할 수 있는 사람은 없다." 영국의 철학자 아널드 토인비의 말이다.

힌두교의 주요 인물인 라마크리슈나는 더 그럴듯한 말을 했다. "다양한 열망과 시대 및 국가에 맞추기 위해 신은 다양한 종교를 창조했다. 다양한 가르침 역시 다양한 방식일 뿐이다. 다만 신만큼은 여럿 중에 하나가 아니다."

세상의 모든 종교를 하나로 뭉뚱그리는 건 불가능하다. 과학자이자 무신론자인 리처드 도킨스의 요구처럼 모든 종교를 없애는 것도 불가능하다. 이것은 거짓말을 없애자는 요구와 같다. 나는 '40일 동안 거짓말 안 하기 프로젝트'를 통해, 이런 시도 자체가 얼마나 어리석고 불가능한 일인지 뼈아프게 깨달았다.[지은이는 이 프로젝트의 결과를 《왜 우리는 끊임없이 거짓말을 할까》로 펴낸 바 있다.]

당연히 도킨스는 자신을 근본주의자라고 인정하지 않을 것이다. 《만들어진 신》에서 "한쪽이 틀렸을 수도 있다"라고 썼듯이, 그는 자신이 옳다고 여기는 것을 위해 열정적으로 싸우는 사람이라고 말할 것이다. 비록 그가 모든 증거 자료가 자신의 의견과 다르면 언제든 의견을 바꾸겠다고 말했지만, 당연히 이 말은 아주 노련한 표현으로 그는 의견을 바꿀 필요가 전혀 없다. 왜냐하면 우선 신의 존재는 증명이 불가능하고, 설령 증거 자료가 있다 해도 그것이 '모든' 증거 자료는 아니기 때문이다. 도킨스는 자신의 근본주의를 학문과 중립성이라는 가면 뒤에 숨겼다.

종교는 우열을 가릴 수 없다고 나는 믿는다. 종교는 햇빛을 받으면 여러 색으로 나뉘는 스테인드글라스와 같다. 각각의 종교에는 큰 차이가 있다. 차이를 인식할 뿐 가치를 판단해서는 안 된다. 나는 지금 유리창이 다양할 뿐 빛을 내는 태양은 하나라는 주장을 하는 게 아니다. 강조하건대, 기본적으로 같은 목적지에 도달하기 위해 다양한 길을 선택할 뿐이라는 주장을 나는 믿지 않는다.

시카고 대학의 비교종교학자 티모시 아이딩Timothy Iding의 말에서 나

구원 확률 높이기 프로젝트

는 확신을 얻었다. "《성경》과 《코란》, 불교와 힌두교의 가르침을 서로 비교해 보면, 이런 생각은 곧 무너진다. 《성경》과 《코란》은 믿지 않는 자들에게 경고한다. 지옥에서 영원히 고통받을 거라고. 힌두교와 불교는 믿지 않는 자들에게 경고한다. 끔찍한 삶으로 환생하게 될 거라고." 그리고 사이언톨로지는 벌써 이번 생애에 끔찍한 삶을 살도록 탈퇴자들을 괴롭힌다. 아무튼 한때 사이언톨로지 신자였던 사람들이 그렇게 말한다.

어쩌면 토머스 캐스카트와 대니얼 클라인이 쓴 《철학개그콘서트Plato and a Platypus Walk into a Bar》에 나오는 유머가 더 맞을지도 모르겠다.

한 남자가 죽어서 하늘나라에 도착했다. 그곳에서 베드로를 만났다. 베드로가 물었다. "당신의 종교는 무엇입니까?" 남자가 대답했다. "힌두교입니다!" 베드로가 말했다. "당신은 당장 극락에 갈 수는 없지만 더 좋은 삶으로 환생하게 될 겁니다! 25번방으로 가세요. 8번방을 지날 때는 조용히 해 주세요!"

뒤이어 또 한 남자가 도착했고 베드로의 질문에 무신론자라고 답했다. 베드로가 말했다. "아쉽게도 당신은 이곳과 맞지 않는군요. 당신은 그냥 죽은 채로 있게 될 겁니다. 복도 끝으로 나가 주세요. 8번방을 지날 때는 조용히 해 주세요."

무신론자가 물었다. "어째서 8번방 앞에서는 조용히 해야 합니까?"

베드로가 말했다. "기독교 신자들 방이에요. 그들은 자기들만 여기에 왔다고 생각하거든요!"

그러니까 길만 다양한 게 아니라 목적지도 다양하다. 나는 우선 다른 종교를 믿는 사람들에게 중요한 것이 무엇인지부터 배우고자 한다. 그러려면 공부를 해야 한다. 그것도 아주 많이. 다른 사람들이 무엇을 의지하고 믿는지, 많이 읽고 열심히 듣고 이해하려 애써야 한다.

러디어드 키플링Rudyard Kipling은 《영국 국기The English Flag》에서 "영국을 아는 사람은 과연 영국에 대해 무엇을 아는가?"라고 물었다. 부모와 주변 환경이 주입한 종교를 맹목적으로 믿는 사람이, 과연 어떻게 스스로 개방적이라 말할 수 있으며 여러 주장들을 비교한 후 결정하는 합리적인 사람이라 주장할 수 있겠는가?

파스칼의 내기와 룰렛 게임에서 이기기 위해, 나는 되도록이면 여러 숫자에 배팅하는 삶을 살려 한다. 종교의 가치를 지키는 사람이 세상의 도덕가치도 지킬 수 있고 좋은 이웃이 될 수 있다고 철석같이 믿기 때문이다. 이런 방식으로 나는 이웃에게 잘 보이는 동시에 모든 종교의 신에게도 잘 보일 수 있다고 믿는다. 설령 인격화한 신이 없더라도, 적어도 한 단계 높은 수준에 이를 수는 있으리라. 그리고 '어떻게 하면 행복해질까?' '사후세계가 정말 있다면, 어떻게 해야 죽어서도 행복할 수 있을까?'라는 영성적 질문에 만족스러운 답을 찾을 수 있으리라.

구슬이 0에 떨어져도, 그러니까 신이 없어도 나는 지지 않는다. 모두에게 똑같이 죽음이 끝이면 죽어서 얻을 이득이 없지만 그렇다고 손해

구원 확률 높이기 프로젝트

보는 것도 없다. 여러 곳에 배팅을 했다 하여 남을 해친 게 아니니 내가 나쁜 짓을 하는 것도 아니다.

스스로 신을 믿는다면서(독일인의 85퍼센트) 어떤 종교에도 적극적으로 참여하지 않는 사람들(독일인의 25~30퍼센트) 모두가 나와 비슷한 문제를 안고 있을 것이다. 종교에 대한 생각은 기본적으로 긍정적이다. 종교에는 우리가 따를 수 있는 표준과 가치가 있다고 믿기 때문이다. 그러나 종교에서 인간이 만들어 낸 것들은 부분적으로 끔찍하다.

잘츠부르크 대학과 프리부르 대학이 공동으로 연구한 〈교회와 영성의 이미지 비교〉를 보면 종교는 교리·제도·규제를 연상시켜, 한마디로 '고리타분한' 이미지인 반면, 영성은 개인·체험·해방을 연상시켜 '쿨한' 이미지였다. 연구 발표문에 정말로 '고리타분한' '쿨한'이라고 적혀 있다.

영靈이나 기氣와 관련된 강좌 및 상품 들이 독일에서만 연간 150억 유로를 벌어들인다는 말이 이해가 된다. 풍수지리에 맞춰 집 안을 꾸미고 요가를 배우고 데일 카네기의 인간관계 기술을 배우는 것은 세련된 일로 통한다. '○○○을 통한 성공'이라는 제목을 단 책이 얼추 5000권은 된다. 물론 ○○○ 안에는 온갖 좋은 말들이 죄다 등장한다. 영성 시장이 열렸고 사람들은 어느 가판대에서 뭘 사야 할지 모른 채 시장을 돌아다닌다.

미국의 미래학자 앨빈 토플러는 한 인터뷰에서 이렇게 말했다. "수많은 나라에서 이른바 남다르게 생각한다는 수많은 지식인들이 오늘날만큼 무기력한 지성을 보인 적은 없었다. 난삽한 아이디어 홍수가 그들을 휩쓸어 버리려 위협한다. …… 점점 거세지는 공격에 학문적 토대가 무너진다. 근본주의 종교들이 산불처럼 주변을 집어삼킨다."

수천 년 전의 영성 생활은 지금보다 단순했다. 한정된 소우주에서 벌어지는 일만 알았기 때문이다. 몇 십 년 전만 해도 크게 다르지 않았다. 세계를 직접 보고 다른 나라 사람들의 생활상을 경험하는 일은 몇몇 소수의 특권에 가까웠다. 내가 평생 동안 오버팔츠에 살았다면, 예나 지금이나 독실한 가톨릭 신자였을 테고 가톨릭교회에 불만을 품지도 않았을 것이다. 정말, 모르는 게 약일 수 있다!

기술 발전 덕에 세계는 함께 성장했다. 좋은 일이다. 하지만 앞에서 언급했듯이, 정보의 과잉이 오히려 혼란을 줄 수 있다. "믿을 만한 뭔가를 찾다가 결국 절망하게 될 것이다"라고 토플러는 말한다.

종교의 교리를 거부한다면, 종교가 제시하는 규칙이 윤리적으로 만족스럽지 않다면, 과연 어떤 규칙을 따라야 할까? 국경 없는 세상에서도 여전히 통하는 규칙은 무엇인가?

우리는 스스로 규칙을 세우기 시작한다. 자신의 세계관과 일치하는 철학자의 말만 인용하고 다른 말은 무시한다. 자신의 주장을 지지하는 종교적 관점만 인정하고 다른 관점은 무시한다. 이런 태도는 결코 비난받을 일이 아니다. 오히려 생존을 위해 꼭 필요한 경우도 있다. 다만 타인과 타 종교를 존중하는 듯이 행동하는 것, 마치 국경 없는 세상에서 모든 것을 받아들이는 듯이 행동하는 것은 가식이다. 한 연구가 그것을 증명한다. 중동에서 온 수염 난 남자를 공항에서 보았을 때, 서유럽 사람들의 75퍼센트가 3분 안에 적어도 한 번은 '테러리스트'라는 낱말을 떠올린다.

바로 이것을 나는 고치고 싶다. 종교를 전적으로 긍정하고 세상의 모든 종교를 열린 마음으로 대할 수 있는 생활양식을 찾고 싶다. 다른 사람들에게 관용을 베풀어 더 나은 사람, 더 행복한 사람이 되는 법을 알고 싶다.

따라서 나는 먼저 종교를 가치 있는 집단으로 볼 것이고 제도로 안착된 기관으로서의 종교는 제쳐 둘 예정이다. 물론 이런 분리가 항상 가능하지는 않을 테다. 가톨릭교회를 떠올리면 어쩔 수 없이 '마녀사냥' '십자군' '아동 성폭행' 같은 말들이 연상될 것이다. 옥토버페스트가 그리 멀지 않은 어느 날, 맛있는 오리 고기를 먹으면서 내가 힌두교에 심취해 있다고 말하자, 한 친구가 이렇게 대꾸했다. "하지만 힌두교는 쾌락을 멀리하는 종교잖아. 이렇게 오리 고기를 먹고 있으면 안 되는 거 아냐? 게다가 인간의 존엄성을 무시하는 카스트 제도까지 있잖아! 난 하루도 못 견딜 거야." 그리고 앞에서 얘기했듯이, 독일인이 유대교 신자와 한 집에 살 수 있느냐는 질문을 받은 적도 있다. 종교는 기본적으로 멋지지만, 헤져 너덜거리는 볼품없는 가장자리를 가졌다.

철학자 링컨 스테펀스Lincoln Steffens는, 가장 높은 산의 최정상에서 발끝으로 서서 수행하여 진리를 깨달은 어떤 남자에 대한 이야기를 통해,

종교가 사탄의 작품이라고 주장했다. 산에 오르는 남자를 보고 불길한 조짐을 느낀 사탄은 남자의 수행을 훼방하도록 부하를 보냈다. 부하가 지옥으로 돌아와 남자가 진리를 깨달았다고 보고하자, 사탄은 침착하게 말했다. "걱정할 것 없어. 그 깨달음을 제도화하도록 만들면 되니까." 믿음과 사랑이 있는 삶은 신이나 절대자의 작품일 수 있지만, 종교는 사탄의 작품이다. 이것이 스테펀스의 종교관이다. 그리고 내 생각에, 적지 않은 사람들이 이와 비슷한 종교관을 갖고 있는 것 같다.

21세기 사람들이 영성을 얼마나 중요하게 여기는지 보여 주는 연구가 여럿 있는데, 영성은 가장 친한 친구만큼 중요했다. 그러나 특이하게도 대부분이 어떤 종교의 규칙을 따르면서도 그 종교의 신자임을 인정하기는 꺼린다. 종교의 관점과 가치관은 받아들이되 제도화한 종교에 구속되기는 거부한다. 달라이 라마 역시 《새천년을 위한 윤리》에 이렇게 썼다. "인류의 오랜 역사에서 갈등의 주요 원인은 늘 종교였다. 오늘날에도 종교의 독선과 증오 때문에 사람이 죽고 도시가 파괴되고 사회의 균형이 깨진다. 그러므로 종교의 의미에 의문을 제기하는 사람이 많은 건 놀랄 일이 아니다."

나는 페이스북 친구들에게 인류 역사에서 가장 훌륭한 사람이 누구냐고 물었다. 대부분이 간디, 무함마드, 테레사 수녀, 예수를 거론했다. 모두가 어떤 식으로든 종교와 관련이 있는 인물들이다. 이것을 기반으로 나는 종교가 아동 성폭행이나 암살만 초래한 것이 아니라 모범이 될 만한 감동적인 인물들도 배출했다는 결론을 내렸다.

구원 확률 높이기 프로젝트

그럼에도 불구하고 종교는 여전히 나쁜 것이고 도킨스의 주장대로 없애야 할 대상일까? 도킨스가 사회를 맡았던, 2006년 BBC 다큐멘터리 〈모든 악의 근원?The Root of All Evil?〉은 신문에 광고도 냈다. 광고에는 맨해튼의 스카이라인 사진이 있고 그 밑에 '종교 없는 세상을 상상해 보세요!'라는 문구가 적혔다. 세계무역센터 건물이 눈에 확 띄었기 때문에 광고를 보고 굳이 상상할 필요도 없었다.

아내는 광고를 보고 멋진 평을 달았다. "그 일이 종교 때문이 아니었다면 사람들은 단두대에 세울 다른 원인을 찾아냈을 거야." 광고 문구대로 종교 없는 세상에는(그게 가능할지는 모르지만) 세계무역센터 건물이 남아 있을지 모르나 그 밖에 크게 달라질 건 없을 듯하다. 어쩌면 아무것도 남아 있지 않을 수도 있다.

앤드류 뉴버그는 '종교가 개인이나 전 세계에 악영향을 끼친다는 객관적 증거는 없다'는 내 아내의 의견에 힘을 실어 준다. 종교 때문에 벌어지는 자살테러만큼이나 종교와 무관한 자살테러도 많다. 1998년에서 2004년까지 발생한 테러 가운데 8퍼센트만이 종교와 관련이 있었다. 역사에서 종교는 전쟁 선포의 구실로 악용되었다.

뉴버그가 《믿는다는 것의 과학Born to Believe》에서 한 단원 전체를 들여 설명한 바에 따르면, 사람들의 윤리를 결정하는 것은 신앙도 무신론도 아니다. 오히려 권위 있는 인물과 집단의 힘이 결정한다.

종교는 21세기에 빛나는 명성을 누리지 못한다. 대다수 독일 사람들이, 디터 볼렌[1980년대에 활동한 인기 남성 듀오 '모던토킹'의 멤버로 현재 유명 오디션 프로그램의 심사를 맡고 있는데, 독설로 정평이 났고 각종 스캔들과 사건사고로 악명이 높다.]을 제외하면 이슬람교 신자들이 가장 위험한 인물이라고 생각한다. 그러나 이런 나쁜 평판을 들어야 할 대상은 종교 자체가 아니라 자신의 목적을 위해 종교를 남(악)용하는 사람들이다.

달라이 라마는 이렇게 말한다. "종교적 믿음이 윤리적 행동이나 행복을 위한 전제조건은 아니다. 그러나 윤리적 행동이나 행복은 확실히 종교 안에서 가장 쉽고 효과적으로 발전한다."

나는 종교의 긍정적 힘을 발견하고 널리 전파하여 종교의 평판을 좋게 하고자 한다. 종교란 원래 좋은 평판을 받아야 마땅하니까.

종교에 관한 글은 늘 불완전하고 피상적일 수밖에 없다. 현재(내가 책을 쓰고 있는 지금과 당신이 읽고 있는 지금을 포함한) 각 종교의 신자들이 무엇을 하는지만 써도 벌써 도서관이 꽉 찰 지경이기 때문이다. 오늘이 일요일이라면 나의 미국 친구 조이는 가족들과 교회에 갈 테고, 중국 청두에 있는 동료 요아나는 벌써 몇 시간째 집에서 가부좌를 틀고 앉아 있을 테다. 이슬람 친구 유세프는 메카를 향해 절을 할 테고, 처제는 요가를 하고 있을 테고, 젊은 스님들은 절에서 심신을 단련할 테다. 그리고 어딘가에서 누군가는 염소를 잡고 있을 테다.

나는 종교 안내서를 쓸 생각이 없다. 실패할 게 뻔하기 때문이다. 범신앙론자가 되어 되도록 많은 종교에서 구원 기회를 얻으려 한다는 나의 설명에 한 직장 동료가 이렇게 대꾸했다. "실패할 게 뻔해. 종교마다

구원 확률 높이기 프로젝트

가치관이 달라서 교집합을 찾지 못할 테니까." 맞는 말 같았다. 그때 다른 동료가 끼어들었다. "그렇다고 각각의 가치관을 모두 따르는 것도 힘들 거야. 서로 모순되는 경우가 많거든."

둘은 벌써부터 싸우기 시작했고, 나는 프로젝트를 시작하기로 결심을 굳혔다.

나는 종교의 실태를 고발하는 획기적인 여행기를 쓸 생각이 없다. 종교의 나쁜 면을 드러내며 폐지를 주장하는 책은 충분히 많다. 그런 책 속에는 여지없이 암살, 협박, 잘려 나간 코 얘기가 등장한다. 종교가 왜 우리에게 독인지 알고 싶은 사람은 리처드 도킨스의 작품들을 읽으시라. 또한 정치시사 주간지의 기사 가운데 3분의 1은 종교의 끔찍한 면을 다룬다.

나의 프로젝트는 선한 종교를 전제로 한다. 달라이 라마가 내 의견에 힘을 실어 준다. "확신컨대, 어느 정도 거리를 두고 바라보면…… 세계의 종교들은 우리가 행복을 찾는 데 도움을 준다."

당연히 나는(틀림없이 당신도 마찬가지일 텐데) 사제의 아동 성폭행, 십자군, 유명한 건물을 공중으로 날려 버리는 행위를 지지하지 않는다. 하지만 도킨스처럼 종교를 없애야 한다고 생각하지도 않는다. 만약 그렇다면 이 프로젝트를 당장 중단해야 하리라.

나는 모든 종교를 존중하는 마음으로 대하고 싶다. 그러나 애석하게도 준비 단계에서 벌써 확인해야만 했는데, 내가 존중하는 마음을 가졌다 하여 상대방도 나를 존중하는 건 아니었다.

나는 각 종교의 대표가 될 만한 사람들에게 정중한 문의 편지를 보냈고 대부분 친절한 답장을 받았다. 그러나 앞으로 어떤 모험이 펼쳐질지 짐작케 하는 답장들도 있었다. 어떤 사람은 "당신은 우리 종교의 기초조차 이해할 수 없을 겁니다"라고 쓰고 친절한 끝인사를 남겼다. 또 어떤 사람은 "종교에 관한 책을 쓰는 것도 무리인데 게다가 불교나 도교까지 끼워 넣겠다니요? 순진한 거요, 무모한 거요?"라고 썼다. 그래도 끝인사로 행운을 빌어 주었다. 비서를 통해 답을 보낸 사람도 있었다. "대표님께서는 당신을 도와줄 시간도 없고 관심도 없습니다." 이 경우에는 친절한 끝인사도 없었다.

나를 존중하는 척 위선을 떠는 사람도 있었다. 처음 만난 자리에서 어찌나 거만하게 자기 자랑을 늘어놓던지 아니꼽고 속이 뒤틀려서 혼났다. 그들은 내 프로젝트를 이해할 생각이 없었고 다른 종교에 관심도 없었다. 이런 사람들과는 대화가 불가능하다. 그저 독백만이 오갈 뿐이다. 내가 말을 하는 동안 그들은 듣는 것이 아니라 자기 차례가 오기만을 기다리기 때문이다.

이런 식의 걸림돌에 대비하여, 달라이 라마는 벌써 《새천년을 위한 윤리》에 이렇게 적어 놓았다. "종교 간의 조화에 최대 걸림돌은 타 종교의 가치를 인정할 줄 모르는 무능함일 것이다."

그러므로 나는 지금까지 몰랐던 다른 종교의 가치를 이해하고 그것을 나의 삶에 끌어들이려 한다. 그런 다음, 파스칼의 내기에서 이기기 위해 범신앙론자가 될 것이다.

이제 시작이다.

신은 나를 미워한다! 아직은…….

신은 누구인가?
그리고 몇 명이나 되나?

나는 왜 신을 믿을까? 나는 인간이 모르는 뭔가가 하늘과 땅 사이에 있을 거라고 믿는다. 내가 미친 걸까? 인격화한 신이나 명상을 통해 얻는 깨달음, 열반 같은 것이 있을 거라고 믿는 사람은 뇌에 문제가 생겨서 그런 걸까?

《신의 유전자》를 쓴 딘 해머는, 영성에 관심이 많고 초자연적인 경험을 하는 사람들의 뇌에는 특별 수용체인 VMAT2 유전자가 있다고 주장한다. 반면 앤드류 뉴버그는 여러 실험을 근거로, 인간은 결코 신에 대한 특별한 믿음을 가지고 태어나지 않으며 VMAT2 같은 유전자 하나가 사람을 종교적으로 만들 수는 없다고 주장한다. 유전자보다는 오히려 사회문화적 영향이 더 큰 구실을 한다는 것이다. 한편 뉴버그는 실험을 통해, 누구나 기본적으로 믿는 능력을 갖고 있음을 밝혔다. 그의 말에 따르면, 인간의 뇌는 이른바 '믿음 기계'다. 그래서 주변 환경에 씨를 뿌리고 정보의 물만 주면 믿음은 저절로 자란다.

우리는 믿어야 산다. 믿지 못하면 커다란 곤경에 빠지게 된다. 그러나 자기 눈으로 보고 자기 귀로 들은 것만 믿으면 세상의 극히 일부만 사실로 인식하게 된다. 어차피 텔레비전 화면은 조작될 수 있고, 친구의 설명이 틀릴 수도 있고, 아내의 사랑 고백이 거짓이거나 스스로 착각한 것일 수도 있다. 그러나 우리는 그것이 사실이라고 믿는다. 인간은 믿는 존재다. 내가 신뢰하는 신문의 기사 내용이 진실과 일치한다고, 친한 친구가 내게 거짓말을 하지 않는다고, 다른 사람의 평가가 신뢰할 만하다고 믿을 수 있어야 한다. 믿는 능력을 상실한 사람은 극단적 회의론자로 변해, 결국 자기 자신도 믿지 못할 것이다.

믿음과 신뢰는 생존의 필수 요건이다. 아이들을 생각해 보라. 그들은 주변에서 벌어진 일들과 부모가 하는 말을 그냥 믿는다. 얼마나 다행한 일인가. 이런 믿음과 신뢰가 없다면 아이들은 부모가 주는 음식을 먹지 않을 것이고, 장난감을 가지고 논 다음에는 제자리에 두라거나 잠자기 전에 양치질을 하라는 등의 충고를 따르지 않을 게 아닌가.

어른들은 아이들의 이런 믿음을 이용하기도 한다. 예를 들면 헌 이를 가져가면서 그 값으로 동전 하나를 베개 밑에 놔두는 치아 요정 얘기로 아이들을 안심시킨다. 아이들은 산타클로스를 믿고, 침대 밑에 괴물이 있다고 믿고, 테디베어와 얘기할 수 있다고 믿는다. 태어나면서부터 모든 것을 비판적으로 따지고 엄마 젖을 보며 믿을 만한 젖인지 객관적 증명을 요구한다면, 이 아이는 커다란 곤경에 빠지게 될 것이다.

그러는 한편, 우리의 뇌는 아주 고집스러운 기관이기도 하다. 한번 확정된 의견은 바꾸기가 매우 어렵다. 쇼펜하우어는 이것을 한 문장으로 멋지게 요약했다. "인간은 비록 자신이 하고 싶은 것을 할 수는 있으나, 하고 싶은 것을 하기 싫어할 수는 없다."

그러나 믿음의 대상은 바꿀 수 있다. 믿음을 버릴 수도 있고 심지어 뿌리째 뽑아 버릴 수도 있다. 아이들은 언젠가는 덥수룩한 수염

구원 확률 높이기 프로젝트

에 빨간 옷을 입은 뚱뚱한 할아버지가 사실은 변장한 아빠이고, 베개 밑에 동전을 놓은 건 치아 요정이 아니라 엄마라는 사실을 알게 된다. 산타할아버지를 언제부터 믿지 않게 되었냐는 질문에, 왕년의 아역 스타 셜리 템플은 이렇게 답했다. "쇼핑센터에서 산타할아버지를 만났는데, 글쎄 사인을 해 달라고 하지 뭐예요."

믿음을 그저 아이들이나 갖는 유치한 것, 어른이 되면 곧 사그라질 순진한 것이라고 무시해 버리기 전에, 분데스리가에서 245일 동안 골을 넣지 못했던 마리오 고메즈가 마인츠와의 경기에서 해트트릭을 달성한 뒤에 했던 말을 잠시 상기해야 할 것이다. 2010년 칠레에서 갱에 갇혔던 광부 33명이 뮌헨 대 마인츠의 시합 일주일 전에 구출되었다. 이 시합에서 해트트릭을 달성한 뮌헨의 축구 스타는 칠레 사람들에게 감사를 전했다. 그리고 세계적 사건을 영적 사건으로 해석하는 멋진 얘기를 했다. "갱에서 처음으로 구출된 광부의 이름이 마리오 고메즈라는 뉴스를 들었을 때, 이번 경기의 주인공은 나라고 확신했어요!" 그러니까 그날 그가 멋진 경기를 펼친 건 '우연'이 아니라 '운명'이었다!

그뿐만이 아니었다. 미신 따윈 믿지 않을 것 같던 마리오 고메즈가 두 사건 사이의 신기한 일치를 계속 열거했다. "구출된 광부가 33명이었는데, 제 등번호가 바로 33번이고 세 골을 넣었잖아요!"

고메즈의 말을 흥분과 기쁨에서 나온 과장된 표현이라고 무시할 수도 있으리라. 《만들어진 신》에서 '신의 망상'을 얘기했던 도킨스라면 아마 '고메즈의 망상'이라고 부를 것이다. 그러나 자신감에 상처를 입은 천재

축구 선수의 뇌에 확실히 뭔가 변화가 있었다. 그는 자신의 능력과 자신의 팀과 세상을 다시 믿게 되었다. 그리고 세 골을 넣었다. 구출된 광부들과 고메즈의 해트트릭 사이에 어떤 연관성이 있는지를 증명할 수는 없다. 그러나 고메즈는 그것을 믿었고, 그가 믿은 대로 이루어졌다.

이것을 미신으로, 혹은 부진한 스트라이커가 자신감을 되찾기 위해 지푸라기라도 잡은 일로 무시할 수도 있다. 하지만 뭔가가 더 있다. 광부-축구 선수-해트트릭에서 효과를 낸 것처럼 강한 믿음이 효과를 낼 때가 분명 있다. 사랑을 보라. 사랑은 눈으로 확인할 수 없고 냄새를 맡을 수 없고 맛을 볼 수 없으며 손에 쥘 수도 없다. 사랑이 실재한다고 증명할 수도 없다. 그리고 사랑의 힘을 의심할 사람도 없다.

신의 존재를 묻듯이 사랑의 존재에 대해서도 이렇게 물을 수 있으리라. "우리의 상상 속 말고 어디 다른 곳에 사랑이 존재할까?" 앤드류 뉴버그에 따르면, 다소 충격적이고 낭만적이지 못한 학문적 대답은 명확한 '아니오'다. 그는 《우리는 왜 우리가 믿는 것을 믿는가Why We Believe What We Believe》에서 이렇게 설명했다. "사랑을 호감과 보호의 한 형태로만 정의한다면, 대답은 '그렇다'가 된다. 이 경우, 사랑은 지구 위의 여러 생명체에서 발견된다."

그러나 사춘기 청소년들이 사랑에 빠졌을 때 느끼는 설렘과 콩닥거림은 일부일처제와 마찬가지로 동물에게서는 거의 보기 힘든, 오직 인간에게만 있는 감정이다. 그렇다면 이런 감정이 사랑의 증거일까? 펭귄,

까마귀, 흰개미 들이 인간보다 일부일처제를 더 잘 지킨다고 지적하는 사람들 때문에 이런 감정도 덩달아 무시된다. 하지만 사랑은 그저 뇌가 미쳐서 생긴 일이고 인간의 상상 속에만 존재하는 감정일 뿐이라고 열다섯 살짜리 딸에게 한번 말해 보라. 딸이 근처 고아원으로 달려가 입양아 목록에 직접 이름을 올리지 않는 것을 다행으로 여겨야 하리라.

사랑이 있는지 없는지를 두고 논쟁할 사람은 없다. "아직 진정한 사랑을 찾지 못했다"라고 하거나 방금 이별을 통보받은 사람이 "다시는 사랑을 믿지 않겠어"라고 할 수는 있겠지만, "사랑, 그런 건 없어"라고 말할 사람은 없다.

사랑은 물리적으로 존재하지 않는다. 그리고 사랑이 무엇이고 과연 사랑이 있는지를 증명할 수는 없다. 그러나 사랑은 우리의 삶을 바꾸고 더 나아가 세계를 바꿀 힘을 갖고 있다.

나는 개인적으로 아내와의 사랑이 나를 변화시켰다고 믿는다. 그리고 비록 증거는 없지만, 50년 뒤에도 우리가 여전히 부부일 거라고 확신한다. 이런 강한 믿음이 없었다면 나는 결코 아내와 결혼할 수 없었을 것이며 그저 인생의 한때를 같이하는 파트너에 머물렀을지도 모른다. 연인관계란 어차피 언젠가는 삐걱거리게 마련이고 결국 헤어졌을 테니 말이다. 물론 결혼을 믿지 않는 사람도 많다. 그러나 나는 믿는다. 그리고 아내도 믿을 거라고 믿는다.

뇌에 강하게 자리잡은 믿음은 바꾸기가 아주 힘들다. 말끔히 지워 버리는 건 거의 불가능하다.《신의 언어》를 쓴 프랜시스 콜린스는 청소년 시절에 독실한 기독교 신자였다. 그는 대학을 졸업하고 유전학자가 되었고 당연히 자연과학자의 관점에서 우주적 존재를 연구했다. 그는 자신의 믿음이 변했다면서, 부모가 주입한 《성경》의 신은 믿지 않지만 그래도 여전히 신을 믿는다고 말했다.

사랑도 마찬가지다. 아내가 이혼을 하겠다면 사랑에 대한 나의 믿음은 산산이 부서질 것이다. 그렇다고 "사랑 따윈 없어!"라고 말하지는 않을 것이다. 자신을 '무사랑론자'라고 말하는 사람을 본 적이 없고, 사랑의 이름으로 저질러지는 수많은 범죄와 전쟁을 근거로 사랑을 폐지하자고 주장하는 사람도 보지 못했다. 또한 사랑을 망상이라고 한 《이런 사랑》은 유명한 학자의 논문이 아니라 이언 매큐언의 소설이며, 신의 망상을 얘기한 도킨스의 《만들어진 신》만큼 큰 성공을 거두지도 못했다.

신이 존재할 가능성이 상당히 낮다는 증거가 여럿 있음에도 신(유일신, 다신, 절대자, 높은 단계)에 대한 믿음은 어째서 산타클로스처럼 간단히 사라지지 않을까?

거의 모든 아이들이 언젠가는 산타클로스의 존재를 의심한다. 가짜 수염, 옷에서 나는 나프탈렌 냄새, 크리스마스에 전 세계의 어린이에게 선물을 나눠 주는 건 불가능하다는 사실을 알아차리기 때문이다. 아이들은 부모에게 따져 묻고, 여러 해 동안 자신을 속인 부모의 속임수를 알아내고 기쁨의 환호성을 지른다. 속았다고 억울해하기보다 자신이 강해졌다고 뿌듯해한다.

부모 스스로 산타클로스를 믿지 않기에 이런 발각도 가능하다. 아이

구원 확률 높이기 프로젝트

들은 결정적인 증거들을 모아 제시하고 부모들은 아이를 기특하게 여기며 거짓을 자백한다.

그러나 뉴버그가 지적했듯이, 우리가 아이들에게 들려주는 바다괴물 이야기는 좀 다른 양상을 띤다. 무서운 바다괴물이 옷장 속에 있다면서 아이가 한밤중에 부모의 방으로 달려오면 부모는 아이를 안심시키기 위해 바다괴물은 지어낸 이야기라고 자백한다. 하지만 아이는 여전히 미심쩍어한다. 그런 괴물은 지금껏 발견된 적이 없고 부모를 (특히 그들이 작가이거나 과장하기를 좋아하면) 무조건 다 믿어서는 안 된다고 학교에서 배우더라도 아이들은 여전히 미심쩍어한다. 왜냐하면 바다는 여전히 미지의 공간이고 선박들이 갑자기 사라지기도 하며 실제로 그런 괴물을 봤다는 선원들도 있기 때문이다. 그러므로 아이들은 물론이고 어른들조차 미심쩍은 마음이 들고 어쩌면 바다괴물이 정말 있을지도 모른다고 생각한다. 그런 괴물이 있다는 증거도 없지만 그런 괴물이 없다는 증거도 없다. 그래서 배를 탈 때, 갑자기 괴물이 나타나 바다 깊은 곳으로 끌고 갈지도 모른다는 생각에 섬뜩해지기도 한다.

과학 잡지 《네이처》가 2004년에 지금까지 알려지지 않은 멸종된 인종인 '호모 플로레시에니스Homo floresienis'의 발견을 보도하며, 그들의 키가 호빗족과 비슷하다고 했을 때, 톨킨의 《반지의 제왕》을 좋아하는 수많은 팬들은 무척 좋아했을 것이다. 아무튼 캠브리지 고고학박물관의 큐레이터인 크리스토퍼 치펜데일은 이런 말을 했다. "거인이나 난쟁이처럼 특이한 인종이 등장하는 동화 속에, 혹은 우리가 신화나 판타지로 치부했던 이야기들 안에 실제로 어떤 진실이 숨어 있지는 않을까?"

괴테는 일찍이 "믿음은 눈에 보이지 않는 것에 대한 사랑이고, 불가능하고 일어나지 않을 것 같은 일에 대한 신뢰"라고 말한 바 있다. 그러니까 믿음은 현실 반대편에 있다. 그리고 현실은 때때로 불만족스럽다. 200년이 넘도록 계몽했고, 계속 새로운 것이 발견되고 과학의 발전으로 신화적 요소가 사라졌으며 세속화가 멈추지 않는데도 여전히 많은 사람들이 정말 놀랍게도 신의 부름에 응답한다. 교회는 성탄절에 여전히 사람들로 꽉 찬다. 그러나 모두가 성탄절을 성스럽게 보내기 위해 교회에 나가는 것 같지는 않다. 성탄절에 교회에 가는 사람들에게 물어 보니, 교회의 전통이나 신자의 의무를 지키기 위해 교회에 가는 것만은 아니었다. 또한 예수 그리스도의 탄생을 기리는 데 큰 의미를 두지도 않았다. 대부분은 그저 절대자와 하나가 되는 기분을 느끼고 싶을 뿐이었다.

아무튼 이 절대자는 200년이 넘게 계몽이 이어졌는데도 여전히 사람들의 의식 속에 남아 있다. 바다괴물의 경우처럼, 그런 절대자가 없다는 것을 증명할 확실한 증거가 없기 때문에 여전히 남아 있는 것이다. 그래서 사람들은 미심쩍은 마음으로 생각한다. 신은 누구인가? 그리고 몇 명이나 되는가?

그런데 신을 믿는 일은 어쩐지 계절의 영향을 크게 받는 듯하다. 비록 여름에도 교회가 북적거리긴 하지만 대다수가 아름다운 건물에 감탄하는 관광객들이다. 이들은 신에게 짧은 인사도 전하지 않는다. 그러나 겨

구원 확률 높이기 프로젝트

울엔 다르다. 신을 믿지 않거나 신이 있든 말든 상관이 없다면, 성탄절에 교회에 가지 않고 그냥 집에서 거위를 먹으며 선물이나 풀어 보지 않겠는가!

도킨스는 《만들어진 신》에서, 신 같은 게 있을 확률은 아주 낮다면서 정신이 똑바로 박힌 사람이라면 이 사실을 인정해야 할 거라고 말한다. 도킨스 말대로라면 신을 믿는 사람은 한마디로 제정신이 아니거나 멍청이다. 도킨스는 급기야 종교 폐지를 요구한다. 심지어 존 레넌도 〈이매진〉에서 종교 없는 세상을 상상하라며 목소리를 보탠다. 하지만 존 레넌은 국가와 사유재산이 없는 세상도 꿈꾼다. 도킨스는? 사유재산 폐지에 대해서는 입도 뻥긋하지 않는다. 그는 그 대가로 분명 꽤 많은 돈을 벌 것이다.

도킨스의 요구는, '거짓말 안 하기 프로젝트'를 진행하고 그 일을 다룬 책을 낸 뒤에 내가 했던 여러 인터뷰들을 떠올리게 한다. "거짓말 없는 세상이 더 좋을까요?" "거짓말 없는 세상이 과연 올까요?" 주로 이런 질문들을 받았고 내 대답은 늘 비슷했다. "거짓말 없는 세상은 분명 꿈꿀 만한 멋진 일입니다. 하지만 거짓말이 가진 긍정적인 면도 잊어서는 안되죠." 나는 '거짓말 안 하기 프로젝트'를 단식에 비유해서 설명했다. "단식을 마친 뒤에는 다시 먹을 수밖에 없겠지만, 분명 전보다 의식적으로 식생활을 하지 않겠어요?"

종교와 신에 대한 믿음을, 축구에서 리베로를 없애듯이, 깡그리 없애버릴 수는 없다. 그건 어리석은 요구이리라. 종교는 존재한다. 신은 존재한다. 설령 사랑처럼 생각이나 의식으로만 존재하더라도 말이다.

그러므로 나는 교실에서 십자가를 없애자는 요구를 쓸데없는 일이라 생각한다. 범신앙론자로서 나는 오히려 십자가를 걸자고, 더 나아가 모든 종교의 상징을 걸자고 요구하고 싶다. 우리는 종교의 자유가 헌법으로 보장되는 나라에 살고 있다. 그렇다면 어디서든 종교의 자유가 보장되어야 마땅하다. 물론 종교의 자유가 다른 중요한 법을 해치지 않는다는 조건에서다. 그러므로 나는 히잡[이슬람 여성들이 머리와 목 등을 가리기 위해서 쓰는 가리개의 일종] 착용 금지에도 반대한다. 그리고 십자가 목걸이를 고집했다 하여 영국항공사가 스튜어디스를 해고한 것은 옳지 않다고 생각한다. 시크교 신자인 기차 역무원이 터번을 썼다 한들 무엇이 그리 문제란 말인가? 계몽된 사회라면, 종교의 자유가 보장된 사회라면, 모두가 각자의 믿음을 자유롭게 표현할 수 있어야 한다.

신을 믿는가? 믿는다면 어떤 신을 믿는가? 이 두 질문 외에 결정적인 질문이 하나 더 있다. 왜 믿는가?

내가 왜 믿고 얼마나 깊이 믿는지 알아보는 동시에 앞으로 하게 될 영성 체험 준비를 위해 매사추세츠 대학의 심리학자 재러드 카스Jared Kass의 테스트를 해 보기로 했다. 이 테스트는 피험자의 삶에서 영성이 어떤 구실을 하는지 보여 주고 영성 체감 능력도 알려 준다.

카스 교수는 레슬리 대학의 '행복 연구 프로젝트'를 이끌고 있다. 프로젝트의 이름만으로도 나는 직업을 바꾸고 싶어진다. 지금까지 내가 부러워했던 별명은 피터 유스티노프 경Sir Peter Ustinov[1921~2004. 영국의 배우이자 극작가]이 받았던 '우주적 천재'뿐이었는데, '행복을 가르치는 교수'라면 내가 꿈꾸던 별명에 아주 가까워 보인다.

카스는 영성과 행복의 관계를 밝히기 위해 이 테스트를 개발했다. 테스트에는 다음과 같은 평범한 질문들이 들어 있다. "영성적·종교적 활동에 얼마나 시간을 할애합니까?" "강렬한 영적 힘, 혹은 영혼이 몸에서 빠져나가는 듯한 기분을 느낀 적이 있습니까? 있다면 얼마나 자주 있습니까?" "직장에서 압박을 받을 때 침착하고 이성적인 편입니까, 아니면 초조하고 두려운 편입니까?"

나는 새로운 종교를 체험할 때마다, 영성을 체험했다고 느낄 때마다 이 테스트를 하기로 결심했다. 물론 대부분의 설문조사나 연구와 마찬가지로 이 테스트 역시 부정확하고 여러 변수를 포함하고 있다. 뉴버그가 《왜 우리는 우리가 믿는 것을 믿는가》에서 자세하게 설명했고 앞서 언급한 괴델의 공식이 대략 증명했듯이, 외부 환경과 특정 시간대의 감정이 확실히 테스트에 영향을 미칠 것이다.

그럼에도 불구하고 나는 이 테스트를 하기로 결정했다. 이 테스트는 언제 어디서나, 단시간 내에 반복할 수 있고 결과도 금방 얻을 수 있기 때문이다. 무엇보다 무시할 수 없는 큰 장점은, 애매모호한 설명이 아니라 비교 가능한 명확한 수치로 결과가 나온다는 점이다.

테스트 결과는 '영성 지수INSPIRIT'로 표현된다. 이 지수는 피험자가 살면서 어떤 영성 체험을 했고 스스로 얼마나 영성적이라 평가하는지를 보여 준다. 또한 영성 체험 외에, 현재 피험자가 느끼는 행복과 스트레스 수준도 보여 준다.

나는 최대한 방해받지 않고 정확하게 하기 위해 가장 편안한 날을 골라 테스트를 하기로 했다(비록 아내는 우리 생애에 그런 날은 없다고 주장했지만). 아무튼 특별히 환희에 젖거나 분노에 휩싸이지 않은 날, 아내와 부모님께 전화를 드린 후 친구와 채팅을 끝내고 스트레스 역시 평범한 수준일 때 테스트를 시작했다.

대부분 몇 분씩 곰곰이 생각해서 답을 고르느라 테스트는 대략 한 시간이 걸렸다. 사적이든 공적이든 내가 매일 하는 일을 '가치 있다' 혹은 '쓸데없는 일이다'로 평가해야 하고 평가 등급이 아홉 단계나 되다 보니 어디에 표시를 해야 할지 결정하기가 쉽지 않았다.

결과는 바로 나왔다. 제일 먼저 스트레스 수준부터 확인했다. 최고 33점 중 7점을 받아 아래 영역에 자리했고 등급은 '정상 수준'이었다. 당연한 결과였다. 이날 나는 정말로 편안하고 느긋한 기분인데다 살짝 들뜨기까지 했으니까.

영성과 행복은 네 구역으로 나뉜 좌표 평면에 표시되었다. 영성은 7부터 28까지 등급 중에서 16을 받아 평균에서 약간 떨어지는 곳에 있었다. 나는 약간 놀랐다. 왜냐하면 지금까지 나는 평균 이하로 종교적이지만 평균 이상으로 영성적이라고 생각했기 때문이다.

행복은 1부터 7까지의 등급 중에서 4.38을 받아 평균을 살짝 넘는 수준이었다. 나는 다시 깜짝 놀랐다. 왜냐하면 나는 툭하면 투덜거리며 불

구원 확률 높이기 프로젝트

평불만을 늘어놓고, 나 정도면 그럭저럭 괜찮은 인생임을 잘 알면서도 늘 '빌어먹을 인생'이라는 말을 입에 달고 살았기 때문이다. 그러니까 나는 생각했던 것보다 덜 영성적이고 생각했던 것보다 더 행복한 사람이었다.

나는 초록색 영역에 배치되었다. 카스가 색깔에 어떤 의미를 부여했는지는 모르지만, 나는 기꺼이 내가 생각하는 초록색의 의미로 이해하고 싶다. 테스트 결과 밑에는 설명이 붙어 있다.

"당신은 건강한 자의식과 행복감을 가졌습니다. 다만 여기에 영성의 공헌은 그다지 크지 않은 듯합니다. 당신은 아직 영성을 발견하지 못했거나, 영성 체험을 영성 체험으로 인정하기를 꺼려하는 것 같습니다. 명상과 내적 대화로 영성을 북돋우시길 권합니다. 그리고 자신에 대해 발견한 것을 일기에 적으십시오."

정말로 나는 일기를 쓰기로 작정했다. 하지만 평가의 어투가 마치 행복한 사람이 되기 위해서는 꼭 영성 체험을 해야 한다는 것처럼 들려 살짝 짜증이 났다. 게다가 아주 긍정적인 평가를 받은 건강에서도, 영성을 높임으로써 행복을 높이고 건강 위험 요소를 줄일 수 있을 거라는 충고를 받았다. "축하합니다. 행복을 해칠 수 있는 일과 생각을 줄임으로써 당신은 더 효율적으로 건강을 돌볼 수 있습니다."

테스트에서 신에 대한 질문이 그렇게 자주 나왔는데도 정작 평가에는 신의 구실이 너무나 미미하여 놀라긴 했지만, 아무튼 나는 이 충고를 따를 계획이다. 파스칼의 내기를 확장하는 나의 프로젝트에서도 신에 대한 질문은 크게 도움이 안 되는데, 세계의 여러 종교들이 바로 이 지점에서 확연한 차이를 보이기 때문이다. 이슬람교 신자인 유세프는 "알라만 존재하고 다른 신은 없다"라고 말한다. 힌두교 신자라면 "신은 사람 수만큼 많다"라고 주장할 것이다. 세계 인구수만큼은 아니지만, 그래도 믿어야 할 신이 3억 3000만 명에 이른다.

신에 대한 물음은 세계 모든 종교의 핵심이다. 그렇기 때문에 이 물음에 공통적으로 "신은 존재하지 않는다"라고 대답하는 무신론자들 역시 하나의 '믿음 단체'로 봐도 무리가 아닐 것이다. 무신론자들에게 믿는 능력이 없다는 건 틀린 생각이다. 그들은 인격화한 신, 혹은 초월적 존재가 없다고 굳게 믿는다. 믿는 사람들이 신의 존재를 증명할 수 없듯이, 무신론자들 역시 신이 없다는 것을 증명할 수 없다. 유세프는 불교가 인격화한 신을 믿지 않으므로 불교 신자들 역시 무신론자이고 불교는 종교가 아니라고 주장한다. 또한 유교를 종교로 분류하는 데 완강히 반대하며 그저 같은 생각을 가진 사람들의 모임일 뿐이라고 설명한다. 이 모임의 회원들은 당연히 천국에 갈 기회가 없다.

여러 종교의 신에 대한 생각을 표로 만들어 보았다. 너무 단순화한 면이 있긴 하지만, 그렇기 때문에 각 종교의 공통점과 차이점을 한눈에 볼 수 있다. 나는 이 표가 도식적이고 피상적이며 불완전하다는 것을 인정한다. 필리핀 독립교회는 삼위일체를 받아들이지 않는데도 그냥 기독교 안에 포함시켰다. 거의 모든 종교에 이와 비슷한 사례가 있다.

　　　　　　　　　　　　　　　　구원 확률 높이기 프로젝트

신은 누구인가? 그리고 몇 명이나 되나?

종교	신에 대한 생각
무신론	신은 없다. 그러나 높은 단계에 있는 존재는 있을 수도 있다.
불교	인간과 사회, 모든 일에 더 높은 힘이 존재한다.
기독교	삼위일체의 신
힌두교	수백만의 여신과 남신
이슬람교	유일신
자이나교	인격화한 신은 없다. 모든 생명체 안에 신성이 있다.
유대교	유일신. 신을 믿지 않아도 유대인일 수 있다.
유교	신은 없다. 조상의 도움으로 더 나은 삶을 살 수 있다.
자연종교	모든 인간은 언제 어디에나 있는 신의 일부다.
사이언톨로지	모든 인간은 내면에 죽지 않는 테탄의 혼을 갖고 있다.
신도	신(가미)은 존재하는 모든 것 안에 있다. 자연을 숭배한다.
도교	절대적이고 초월적이며 경험할 수 없는 실재가 있다. 모든 것을 이루는 것, 그것이 도(道)다.

이렇듯 신에 대한 물음만으로도 믿는 사람들이 하나로 어우러지기는 어려워 보인다.

그러므로 '나의 내기'에서 최종적으로 이기기 위해 일단은 여러 버전의 신이 있다고 여겨야만 한다. 하지만 모순처럼 느껴지기도 하는데, 유세프의 말대로 오직 알라를 믿어야 구원받을 수 있다면 나는 기본적으로 기회가 없다. 기독교 역시 하느님만을 믿으라고 요구하기 때문이다. 헤비메탈 밴드인 사바티지Savatage는 어떤 곡의 후렴구에서 다음과 같이 멋지게 요약한 적이 있다. "나는 항상 있다. 나는 너를 결코 떠나지 않을 것이다. 내가 바라는 것은 네가 나를 믿는 것뿐이다."

규칙은 명확하다. 신을 믿지 않으면 구원은 없다. 솔직히 이런 생각을 하면 식은땀이 흐른다. 또한 신을 믿었다 해도 '진짜' 신이 아니면 역시 구원은 없다.

그래서 나는 《탈무드》의 〈샤바트〉 31a에 나오는 랍비의 가르침에 기댈 수밖에 없다. "심판대 앞에서 처음 받는 질문은 '신을 믿었느냐?' 혹은 '기도와 예배를 열심히 했느냐?'가 아니라 '모든 이웃에게 친절했고 그들로부터 신망을 얻었는가?'이다." 정말 멋진 문장이다! 나는 이 문장을 내 프로젝트의 기본 규칙으로 삼기로 했다.

내게도 구원받을 기회가 있다고 해석할 만한 구절 두 개를 《코란》에서도 발견했다. "남자든 여자든 행실이 올바르고 믿는 자라면, 우리는 그에게 올바른 삶을 허락할 것이고 그의 훌륭한 삶에 상을 내릴 것이다." 물론 '믿는 자'가 알라를 믿는 사람을 뜻한다는 걸 나도 잘 안다. 하지만 어떤 신이든 믿는 사람 모두를 뜻할 수도 있지 않을까? 《코란》 109장에 명시된 메카의 계시 역시 '나는 나대로, 너는 너대로' 공식을 연상시켜, 구원의 희망을 안고 기쁘게 프로젝트에 임할 수 있게 해 준다. "불신자들에게 일러 가로되 너희가 숭배하는 것을 내가 숭배하지 아니하며 내가 경배하는 분을 너희가 경배하지 아니하고 너희가 숭배했던 것들을 내가 숭배하지 아니할 것이며 내가 경배한 그분을 너희가 경배하지 않을 것이니 너희에게는 너희의 종교가 있고 나에게는 나의 종교가 있을 뿐이라."

나는 무신론자 대표도 만나 보고 싶다. 죽으면 그걸로 끝인 것을 믿을 수 있다니, 정말로 용감한 사람들 아닌가. 그런 믿음을 가지고 있는데도

구원 확률 높이기 프로젝트

될 대로 되라는 식이 아니라 힘차게 살며 사회를 개선하는 데 협력하는 것은 대단한 의지가 아닐 수 없다.

이런 생각이 도발적이고 충분히 공격받을 만하다는 걸 잘 안다. 하지만 적어도 프로젝트를 시작하면서만큼은 모든 관점을 받아들이고 싶다. 그래야 열린 마음과 이해로 프로젝트에 임할 수 있으리라.

종교에 대한 나의 이런 개방적인 생각을 아내에게 말하자, 그렇다면 마라도나를 신으로 떠받드는, 신자가 4만 명이나 되는 이른바 '마라도나교'나 애플사도 종교로 봐야 할 거라고 대꾸했다. 아내는 미국의 시장 연구가 하이디 캠벨Heidi Campbell이 발표한 〈아이폰은 어떻게 신이 되었나〉라는 연구 보고서를 내게 보여 주었다. 보고서에 따르면, 애플의 고객들 중에는 이 회사를 대체종교로 여기는 사람이 많다. 스티브 잡스는 종교 설립자이고 아이폰이나 아이패드 같은 상품은 성물이며 애플 매장은 신봉자들이 순례를 가는 교회라는 것이다. 나는 애플사 같은 대체종교도 특별 사례로 프로젝트에 포함시키기로 결정했다.

준비 단계의 사전 조사 과정에서 나는 기억해 둘 만한 연구 두 가지를 더 발견했다. 하나는 뉴버그의 것으로, 명성을 떨치기에 충분한 실험이었다. 가톨릭 수녀들이 기도를 할 때와 스님들이 명상을 할 때 뇌의 같은 부분에서 비슷한 반응을 보였다는 내용이었다. 영성 체험의 형태가 완전히 다른데도 말이다.

또 하나는 이탈리아 우디네 대학의 코시모 우르게시Cosimo Urgesi의 연구로, 뇌종양 제거 수술을 받은 환자들의 성격 변화를 추적한 것이다. 보고서에 따르면, "전두엽, 두정엽, 후두엽 피질에 연결된 뇌신경계의 활성과 영성 체험 사이에 관련성이 있다." 우르게시 연구팀은 뇌수술을 받은 환자들에게 설문지를 돌려, 이른바 '초월성', 그러니까 영적으로 생각하고 행동하고 느끼는 능력을 탐구했다. "종양의 위치와 초월성 사이의 관련성이 확인되었다. 종양을 제거한 자리가 전두엽이냐, 두정엽이냐, 후두엽이냐에 따라 초월성 수준이 달랐다." 후두엽, 그러니까 정수리 뒤쪽을 수술한 환자들이 초월성 검사에서 확실히 높은 수치를 보였다.

믿음은 적어도 뇌 안에 존재한다. 그러므로 신도 실제로 존재할 가능성이 있다. 그러나 또한 신은 인간이 만들어 낸 것일 수도 있다. 정말로 인간이 신을 만든 거라면, 내 생각에, 그것은 가장 위대하고 멋지고 중요한 발명이다.

더글러스 애덤스는 《은하수를 여행하는 히치하이커를 위한 안내서》에서 이렇게 설명했다. "인간의 정신이 우주의 비밀과 창조의 비밀을 알아낸다면, 아마도 신은 모든 것을 사라지게 한 다음, 훨씬 기괴한 것으로 그것을 대체할 것이다. 이런 일이 벌써 벌어지고 있다고 주장하는 사람들도 있다."

'범신앙론자 되기 프로젝트'를 이제 막 시작한 나는 이 말을 믿는다.

3장

'구원 확률 높이기 프로젝트'를 위한 준비운동

유대교 신비주의 팔찌: 9.99유로

십자가 은 목걸이: 87유로

음양 문양 문신: 150유로

영원한 구원: 돈으로 환산 불가

인터넷에는 없는 게 없다. 찾기만 하면 무엇이든 구할 수 있다. 성물 카테고리 중에 24.99유로짜리 예수인형 세트가 있다. '디럭스 놀이 인형 —기적의 예수. 구경해 보세요!'라는 제목 아래 이런 설명이 붙어 있다. "이 기적 생각나시죠? 기적의 순간을 직접 재현해 보세요. 예수의 기적을 목격한 당시 사람들의 기분을 그대로 느낄 수 있답니다. 믿음이 더욱 강해질 거예요." 포장에는 어둠 속에서 빛나는 예수 그리스도의 손이 있고 그 밑에 '위대한 기적, 예수님의 놀라운 신비'라고 적혀 있다. 인형 세트에는 가나의 혼인 잔치 때 물을 포도주로 바꾼 기적을 재현할 수 있는 항아리와 5000명을 먹인 기적을 위한 물고기 두 마리와 빵 다섯 개가 들어 있다.

나는 인형 세트를 바로 주문했고 붉은 팔찌, 불상, 음양 문양 포스터, 삼강오륜三綱五倫이 적힌 티셔츠도 장바구니에 넣었다. 물론 유대교 요리책도 빠트리지 않았다.

한 경매 사이트에서 계속 금액이 올라가는 4미터짜리 금불상을 보았을 때는 살짝 이상한 생각이 들어, 인도의 마하보디 사원에 전화를 걸어 혹시 불상이 없어지지 않았는지 물어 보고 싶었다.

나의 성물 찾기는 마침내 사탄숭배 의식 예약 사이트를 맞닥뜨리면서 끝났다. 사탄숭배 의식은 사탄을 불러내는 주문과 주술과 온갖 종류의 섹스로 구성되어 있었다. 사탄숭배자들이 자기들끼리 의식을 하고 나를 가만히 내버려 두는 한, 나는 기본적으로 그들을 혐오하거나 반대하지 않는다. 그러나 나중에 열다섯 살짜리 아들이 인터넷에서 이런 의식 관련 물품을 주문하고 "아빠, 엄마랑 영화관에라도 다녀오세요. 오늘 사탄숭배자 친구들이 집에 오는데, 아빠가 있으면 좀 곤란해서 그래요. 범신앙론자라면 질색하거든요"라고 말하는 걸 상상하면, 나도 모르게 얼굴이 굳는다.

범신앙론자가 되기 위한 기본적인 준비로, 여러 성물들 외에 대략 150권의 책과 100편의 영화를 구입했다. 뿐만 아니라 매일 밤 서재에 틀어박힌 채 도움이 될 만한 정보를 찾아 인터넷을 뒤졌다. 알다시피 처음부터 마음에 둔 종교가 따로 없었으므로, 우선 세계의 모든 종교를 대상으로 했다. 그러나 이것이 얼마나 순진한 생각이었는지 금세 드러났다. 세계의 모든 종교와 분파의 이름만 읽어도 대략 나흘은 걸릴 듯싶었다. 나의 첫 번째 계획은 곧장 쓰레기통으로 들어갔다. 결국 나는 차이가 뚜렷한 주요 종교들로 범주를 제한했고, 그런 까닭에 나의 프로젝트를 '범신앙론자 되기'라고 부르기가 껄끄러워졌다. 어쩌면 마지막에는 '유사 범신앙론자'에 만족해야 할지도 모르겠다.

프로젝트를 준비하면서 나는 대부분의 종교가 매우 상업화되었다는 인상을 받았다. 사실 여러 해 전부터 나는 십자가에 특허권이 있다면 어떨까 상상했었다. 예술가들이나 기술자들이 십자가상을 조각하거나 액세서리를 만들 때 특허권자와 계약을 맺어야만 한다면 어떨까? 특허권은 기본적으로 로마인에게 있어야 할 것이다. 십자가형이라는 가학적인 처형 방법을 국제적으로 알린 사람들이 바로 그들이니까 말이다.

그러나 특허권은 없다. 아무나 십자가가 달린 액세서리를 만들어 팔 수 있다. 하지만 가톨릭교회는 기발하고도 대단한 전략을 고안해 냈다. 특별한 성물을 판다. 특별한 성지에서 나왔고 특별한 사람의 사인이 들어 있는 성물. 성당에 마련된 성물 가게에는 그야말로 없는 것이 없다. 천사 주차티켓 꽂이(고급스런 은색 천사 인형인데, 주차티켓을 꽂을 수 있다)에서부터 루르드 성지 성모상(루르드에서 온 특별 성모상이어서 더럽게 비싸다), 그리고 로마, 파티마, 산티아고 데 콤포스텔라 등지에서 온 특별한 성수도 있다. 이런 특별한 성수는 50밀리리터에 8유로쯤 한다. 우리 집에도 이런 특별한 성수가 있는데, 장모님이 아내와 나의 영혼을 치유하고자 사 주신 것이다. 아내에게 언뜻 듣기로, 장모님은 심지어 필리핀의 누군가에게 돈을 내고 우리를 위한 기도를 부탁했다고 한다.

이런 상품들을 생각하면, 가톨릭교회가 그저 종교로만 보이지 않는다. 어쩐지 한창 주가를 올리는 기업으로 보인다. 게다가 세무사의 귀띔

구원 확률 높이기 프로젝트

에 따르면, 내가 연금을 받을 때까지 우리 가족이 낼 종교세가 무려 8만 유로나 된다. 그래서일까? 가톨릭교회가 '하느님을 사랑하는 사람들의 모임'이라는 말을 들으면, FC 바이에른이 '축구를 사랑하는 사람들의 모임'이라는 말을 들었을 때와 비슷한 기분이 든다.

다른 종교들도 크게 다르지 않다. 그들도 호황을 누리는 기업이 되고자 애쓴다. 붉은 팔찌를 팔고 후원금을 요구하고 영적 의식을 제공한다. 또한 삶에 도움을 주는 다양한 프로그램도 개발하여 점점 높은 가격에 판매한다. 구원에 이르는 길을 안내하는 데만 신경 쓰지 않는다. 돈벌이에만 신경 쓰는 경우도 적지 않다.

프로젝트를 시작하면서 나는 다양한 성물을 대대적으로 구입해서 우리 집을 명실상부한 범신앙론 사원으로 꾸밀 작정이었다. 이 계획은 세가지 이유로 실행되지 못했다. 첫째, 가족회의에서 통과되지 못했다. 내가 가진 표는 하나인 반면 아내는 아들 표까지 총 두 표를 가졌는데(여섯살이 될 때까지 아내가 아들을 대신하기로 되어 있다), 아내는 집을 새로 꾸미는 데 반대했다. 단, 집안 인테리어를 망치지 않는 상품은 구입이 허락되었는데, 어떤 상품이 집안 인테리어를 망치지 않는지는 가족회의에서 결정되었다.

둘째, 애초의 의도가 상징의 힘에 기대는 것이 아니라 성물을 구입함으로써 각 종교에 존중을 표하는 것이었기 때문이다. 유대교 신자도 아닌데 굳이 '다윗의 별'[유대교의 상징으로, 삼각형 두 개를 반대로 포개 놓은 헥사그램 모양이다.] 목걸이를 할 필요는 없지 않은가.

성물을 대대적으로 구입하지 않은 세 번째 이유는, 교회의 상업화에 지나치게 크게 공헌하고 싶지 않았기 때문이다.

범신앙론자의 삶을 본격적으로 시작하기 전에 나는 범신앙론자를 위한 훈련 기간을 거쳤다. 이 기간 동안 되도록 많은 것을 알아두기 위해 휴일마다 책과 인터넷을 오가며 각각의 종교를 조사했다. 우선 어떤 종교에 어떤 날이 특별히 중요한지 알고 싶었고, 조사 몇 시간 만에 기독교가 축일이나 기념일을 유난히 좋아한다는 걸 알게 되었다. 기독교에서는 1년 365일 거의 매일 성인의 생일을 축하하거나 특별한 사건을 기념했다. 반면 사이언톨로지는 유난히 축일에 무심했다. 그들이 축일로 기념하는 날은 사이언톨로지를 설립한 론 허버트Ron Hubbard의 생일, 다이아네틱스[Dianetics, 온갖 마음의 병을 고치는 치료법으로, 론 허버트가 개발했다.] 기념일, 오디팅[Auditing, 인간의 능력을 향상시키고 삶을 개선하기 위한 일종의 영성 수련 과정] 기념일, '사이언톨로지 일치의 날'이 전부였다. 기념할 만한 성인이 별로 없으니 그럴 만도 하다. 게다가 톰 크루즈 기념일이 있다는 얘기도 아직 못 들었고, 설령 있다고 해도 톰 크루즈 혼자서 기념하지 않을까 싶다.

하지만 축일이나 기념일은 내게 중요했다. 여러 해 전부터 한 상상 때문인데, 대략 다음과 같다.

첫 장면은 나를 빤히 들여다보는 편집장의 얼굴로 시작된다. 그녀는 마치 내가 근무 시간은 반으로 줄이고 월급은 75퍼센트 인상해 달라고 요구하기라도 한 듯 놀란 얼굴로 나를 쳐다본다. 그녀의 표정은 번화가의 대로 한복판에서 화물트럭의 강렬한 헤드라이트와 맞닥뜨린 노루를 연상케 한다. 그러나 이내 표정이 바뀌면서 환하게 웃는다. 내가 이제 "농담입니다"라고 말하고, 놀라게 해서 미안하다며 사과의 뜻으로 점심을 사겠다고 할 거라 생각한 것이다.

그러나 나는 극히 평범한 요구라도 한 듯이 조금도 표정을 바꾸지 않고 계속 편집장을 빤히 쳐다보다가 급기야 눈썹을 추켜올림으로써 내 말이 결코 농담이 아님을 알려 준다. 편집장은 눈썹과 입꼬리를 아래로 늘어뜨린다. 누군가 옆에서 이 장면을 본다면, 우리 둘이 얼굴 근육을 자랑하며 표정 겨루기를 한다고 생각할지도 모른다. 편집장은 나를 방으로 데려가 자리에 앉으라고 한다. 그리고 우리 둘은 나의 제안에 대해 차분하게 얘기를 한다. 이때에도 편집장은 내가 "몰래카메라예요. 크리스마스 파티 때 쓸 재밌는 영상을 찍는 중이거든요"라고 외칠 거라는 기대를 버리지 않는다.

나는 태연하게 휴가 신청서를 꺼내 놓는다. "종교 기념일을 지키고자 1월 한 달간 휴가를 신청합니다."

나는 편집장을 생각해서 나름 상식적인 수준에서 휴가를 신청하는 거라고 설명한다. 사실 맘만 먹으면 1년을 통째로 쉬겠다고 할 수도 있었고, 필요하다면 축일 달력과 1년간 휴가를 쓸 수밖에 없는 이유를 적어 낼 수 있다면서…….

프로젝트 초반부터 내가 살짝 제정신이 아닌 것 같은가? 그렇다면 다음의 두 얘기를 들어 보라. 이건 실화다.

첫 번째 얘기는 뮌헨 공항에서 일하는 내 친구가 겪은 일이다. 그의 원래 임무는 승객들이 무사히 짐을 찾아가도록 관리하는 일인데, 때때로 달라이 라마나 올리버 포허[Oliver Pocher, 독일의 유명 코미디언] 같은 중요한 고객이 있으면(올리버 포허가 중요한 고객인지는 모르겠지만), 그들의 환승 비행기나 짐을 확인하고 리무진으로 픽업해 오는 등의 일을 한다. 달라이 라마는 매우 공손한 사람이라든가, 올리버 포허가 사인을 해 주고 싶어서 안달을 했다는 등 그가 들려주는 VIP 고객들 얘기는 정말 재미있다.

내가 하려던 얘기는 VIP가 아니라 그의 부하 직원에 대한 얘기다. 어느 날 부하 직원이 진지한 표정으로 들어와서는 무슨 일이 있어도 내일 쉬겠다고 내 친구에게 말했다.

"무슨 일 있어?" 친구는 부하 직원이 아프거나 가족 중에 누군가 불행한 일을 겪었나 싶어 걱정스럽게 물었다.

그리고 예상 밖의 대답을 들었다. "제 고향 아프리카에서는 내일이 새해예요. 사랑하는 사람들이 모여 음식을 장만하고 춤을 추며 잔치를 한다고요. 저도 가족들과 잔치를 하고 싶어요. 그러니 내일은 쉬어야겠어요. 휴가 주실 거죠?"

친구도 분명 표정 겨루기를 했을 테다. 그다지 성공적인 표정은 나오지 않았겠지만. 당신이라면 이런 요청에 뭐라고 답할 것 같은가?

　　　　　　　　　　　　　　　　　　　구원 확률 높이기 프로젝트

두 번째 얘기는 아내가 직접 목격한 일이다. 아내는 슈퍼마켓 계산대에서 차례를 기다리고 있었는데, 그녀 뒤에 선 남자는 무슨 급한 일이 있는 듯 초조해했다. 이윽고 그의 차례가 되었을 때, 그는 점원에게 물었다. "내일도 문을 엽니까?" "물론이죠." 점원이 대답했다. 이탈리아 분위기가 풍기는 이 남자는 남유럽 남자들의 전형적인 제스처를 했다. 옥토버페스트에서 맥주가 떨어졌다는 말을 들었을 때, 혹은 서녁 내내 추파를 던지며 공들였던 여자가 알고 보니 매력이라고는 한 톨도 없는 남자와 결혼한 사람일 때 주로 취하는 제스처를. 나는 이 제스처를 아주 잘 안다. 왜냐하면 아내는 남유럽 남자들이 좋아하는 외모를 가졌고 나는 매력이라고는 한 톨도 없는 중유럽 남자이기 때문이다. 짝짓기를 꿈꾸던 젊은 청년들은 내가 나타나는 순간, 얼굴을 찡그리며 예외 없이 이런 제스처를 보이곤 했다.

슈퍼마켓의 이 남자는 옥토버페스트에서 맥주도 얻지 못하고 여자도 놓친 것 같은 제스처를 보이며 점원에게 따졌다. "어떻게 내일도 문을 열 수가 있습니까?" 점원이 황당해하는 표정으로 대답했다. "내일은 수요일이고 수요일에는 항상 문을 열어요. 저녁 여덟 시까지."

"여덟 시까지?" 남자는 맥주와 여자를 영원히 놓친 듯한 제스처를 보이며 대꾸했다. "하지만 내일은 마리아 잉태 축일이잖아요. 우리 동네에선 아주 큰 축일이라 모두가 거리로 나와 잔치를 하는 날이라고요. 모두가 거리로 나와 춤을 추고 음식을 나누며 축하하는 날이란 말입니다. 그런 날에 가게 문을 열다니요!" 남자는 고개를 흔들며 가게를 나갔다. 그리고 아내가 보기에, 점원은 정말로 내일 가게 문을 열어도 될지 슈퍼 주인에게 물어 봐야 하나, 잠깐 고민하는 것 같았단다.

두 얘기는 내게 진지한 질문을 남겼다. 종교와 관련된 공휴일은 어떤 의미를 가질까? 과연 종교적 의미가 남아 있을까? 신앙에서 중요한 사람을 기억하는 날일까? 이날 당신은 기도나 명상을 하고 성인을 다룬 책을 읽으며 성인들처럼 살 수 있을지 성찰하는가? 혹시 출근을 하지 않아도 되거나, 적어도 이날 일한 대가로 특별 수당을 받는 것이 더 중요하지는 않은가?

우리에게 크리스마스는 예수 그리스도의 탄생을 기념하는 날인가? 혹시 경기 활성에 더 의미를 두지는 않은가? 물론 엄청난 양의 선물이 판매될 테니 확실히 경기가 좋아지긴 할 것이다.

종교 공휴일에 대한 사람들의 인식을 조사한 여러 연구에 따르면, 이날 무엇을 축하하고 기념하는지 모르는 사람들이 상당히 많다. 이것을 무작정 종교를 무시해서라고 판단해서는 안 되는데, 최근의 한 설문에 따르면 5월 1일이 왜 공휴일인지 모르는 사람도 43퍼센트나 되었기 때문이다. 조로아스터교 신자들은 5월 1일에 축제를 하고, 바하이교 신자들은 바그다드 근처의 리드반 정원에서 창시자인 바하 알라Baha Allah를 기억한다. 독일에서는 그냥 노동절이다. 그리고 많은 사람들이 노동절이 아니라 그냥 공휴일로 기억한다. 그러나 바이에른 주민 87퍼센트는 5월 1일 전날 밤에 뭘 해야 하는지 잘 알고 있다. 자기 동네의 마이바움

[5월의 나무라는 뜻. 바이에른 주에서는 5월 1일에 주민들이 모여 마이바움을 세우고 나무 주변에

　　　　　　　　　　　　　　　　　　　구원 확률 높이기 프로젝트

서 노래하고 춤을 추며 봄맞이 축제를 한다.]을 옆 동네에서 훔쳐가지 못하게 잘 지켜야 한다. 또한 독일 남자 57퍼센트는 '아버지의 날'에 출근을 안 하는 이유가 사실은 예수 승천 대축일이기 때문이라는 걸 모른다. 하지만 술과 음식을 수레에 가득 싣고 소풍을 나가 맘껏 먹고 마시며 노는 날이라고 아는 남자들은 73퍼센트나 된다.

여러 종교의 축일을 지키고자 한 달 동안 휴가를 쓰겠다는 나의 요구가 너무 지나치다 못해 살짝 제정신이 아닌 것처럼 보일 수도 있다. 그래서 나는 1월을 선택했다. 조사를 해 보니 열두 달에 걸쳐 고르게 공휴일이 분포되어 있긴 하지만 상대적으로 1월에 공휴일이 많았다. 그리고 1월에 휴가를 받을 가능성이 높은 간단하면서도 편리한 이유가 있다. 첫째, 나는 주로 여름 스포츠를 취재하는 기자다. 둘째, 나는 연차 휴가를 쓰지 않았다. 그리고 편집장은 휴가를 안 쓰고 다음해로 넘기는 직원들을 높이 평가하는 사람이다(1월도 엄연히 다음해다).

나는 밤새 조사를 벌여 축일과 그날을 기념하는 이유를 꼼꼼하게 적은 이른바 '축일달력'을 준비했다. 모든 축일을 달력에 다 적지 않고 하루에 한두 개씩만 배정함으로써 지나치다는 느낌을 누그러뜨리는 동시에 기념해야 할 근거가 한 가지 이상이라는 인상을 주고자 했다. 여러 날 지속되는 축일인 경우에는 가장 적당한 하루를 골랐다.

나의 2011년 1월 축일달력은 다음과 같다.

1월 1일　성모마리아 대축일(천주교), 쇼가쓰(일본의 가장 큰 명절)

1월 2일　두루투 페라헤라(스리랑카의 가장 큰 거리축제, 불교), 카세 가토(부두교)

1월 3일　예수 성명 축일(천주교), 아난다 파고다 축제(소승 불교)

1월 4일　소얄라 새해 축제의 시작(호피족), 가한바르 겨울 축제(조로아스터교)

1월 5일　지도자 고빈드 싱 탄생일(시크교), 성 요한 노이만 축일(천주교, 개신교)

1월 6일　동방박사 축일(기독교), 스피톡 구스토르 잔스카르 축제의 시작(티베트 불교)

1월 7일　세례자 요한 축일(그리스 정교회), 다이-파-덴 창조주 축제(조로아스터교)

1월 8일　스피톡 구스토르 잔스카르 축제의 마지막 날, 소얄라 새해 축제의 마지

막 날

1월 9일　순교자 스테파노 축일(시리아 정교회), 블랙 나자렌 축제(필리핀 기독교)

1월 10일　주님 세례 축일(기독교), 성 카타리나 수도원 수호천사 축제(페루 기독교)

1월 11일　성년의 날(일본), 죄 없는 아기 축일(러시아 정교회)

1월 12일　비베카난다 탄생일(힌두교), 예나예르 새해(베르베르족)

1월 13일　멜라 마기 묵트사르(시크교), 성녀 멜라니아 축일(정교회)

1월 14일　마카르 산크란티(힌두교), 타이 퐁갈(타밀족)

1월 15일　블랙 크리스천 축제(과테말라 기독교), 부처님 성불하신 날(불교)

1월 16일　알-아르반(이슬람교), 선한 마음 축제(조로아스터교)

1월 17일　돈 체디 축제(태국 수판부리 사원 축제), 성 안토니우스 축일(천주교, 개신교,

그리스 정교회)

1월 18일　그리스도인 일치기도 주간의 시작(기독교), 19일 축제(바하이교)

1월 19일　마하연 새해(불교), 주현절(정교회)

　　　　　　　　　　　　　　구원 확률 높이기 프로젝트

1월 20일	나무들의 새해(유대교), 예수 공현 대축일(콥트 교회)
1월 21일	로마의 아그네스 축일(천주교, 개신교, 그리스 정교회), 가나의 혼인 잔치 축일(콥트 교회)
1월 22일	아후레 축일(터키 알레비파), 빈첸시오 축일(천주교, 개신교)
1월 23일	클레멘스 축일(그리스 정교회), 한겨울 축제(이로쿼이족)
1월 24일	사데 축제(조로아스터교), 프란체스코 살레시오 축일(천주교)
1월 25일	바오로 사도의 회심 축일(천주교, 개신교), 마하무니 파고다 축제(소승불교)
1월 26일	티모테오와 성 티토 축일(천주교, 개신교)
1월 27일	홀로코스트 추모일(유대교), 성자 데보타 축일(모나코 기독교)
1월 28일	토마스 아퀴나스 축일(천주교, 개신교)
1월 29일	마리아 축제(에티오피아 기독교)
1월 30일	세 분의 교부 축일(그리스 정교회), 안토니우스 대제 축일(러시아 정교회)
1월 31일	지도자 하르 라이 탄생일(시크교), 요한 보스코 축일(천주교)

당연히 이게 끝이 아니다. 나는 축일을 지켜야 하는 이유가 담긴 구절들을 책에서 찾아 외워 두었다.

1월 5일 지도자 고빈드 싱Gobind Singh 탄생일을 위해, 고빈드 싱의 《영원한 찬양Akal Ustati》에서 좋은 구절을 찾았다. "모든 나라를 다 여행했지만 생명의 주님을 아는 사람은 없었다. 주님의 사랑과 자비를 모르면 아무 소용이 없다. 성지에서 몸을 씻고 동정을 지키고 고행을 하고 보시를 하고, 무엇보다 절제를 통해 자신을 발전시킬 수 있다. 이렇게 하는 사람은 베다서와 《푸라나》[힌두교 경전], 《코란》 및 여러 경전들을 연구하고 하늘과 땅에 있는 모든 것을 간파할 수 있다."

1월 24일 사데 축제를 위해서는 조로아스터교 경전에서 찾았다. "목적지로 안내하는 평탄한 길처럼, 안전한 등산로처럼, 넓은 강을 순항하는 배처럼 평화로울 것이다."

이로쿼이족의 한겨울 축제와 유대교의 '나무들의 새해'를 위해 신의 계시까지 거론할 준비가 되었지만, 그럴 필요까지는 없으리라.

편집장은 휴가 신청서에 기분 좋게 사인을 하고 내 직속 상사에게 이 사실을 직접 알린다. 뿐만 아니라 내게 여러 종교의 규율을 지키며 즐거운 한 달을 보내라고 빌어 준다. 나는 유유히 사무실을 나와 환호성을 지른다. 12월 중순부터 쓰고 싶어서 손이 근질근질했던 부재중 자동알림 메시지를 드디어 이메일 프로그램에 입력한다. "저는 2월 1일까지 사무실에 없을 예정입니다." 영어와 프랑스 어로도 입력한다. 답장을 받은 사람이 내용을 몰라서 질투를 느끼지 못하면 안 되니까.

나의 상상은 여기까지다.

이런 상상이 조금이나마 현실로 바뀔지는, 축일들을 모두 조사하고 편집장에게 정말로 한 달 휴가를 신청할 용기가 마침내 생겼을 때 확인하게 되리라. 그런 날이 정말로 오면 당연히 나는 모든 축일을 거룩히 보내고 여러 종교 의식을 지키려 노력할 것이며, 소망했던 대로 범신앙론을 나의 생활양식으로 삼을 것이다.

내 프로젝트의 또 다른 중요한 요점은 종교에 관한 지식이다. 기독교에 대해, 또 다른 종교에 대해 나는 무엇을 알고 있고 어떻게 알게 되었을까? 종교에 관한 지식은 프로젝트를 위해 채워야 할 나의 약점이자 전제조건이다. 나는 기독교 신자로 자랐지만 지난 여러 해 동안 종교나 구원과 상관없이 살다가 이제 갑자기 신앙인이 되려고 하는 불가지론자이다. 어떻게 내게 맞는 종교를 찾을 수 있을까? 내게 맞는 종교를 알아볼 정도로 여러 종교에 대해 충분히 알고 있는가? 나의 세계관과 인생관은 과연 객관적인 분석과 조사와 심사숙고를 거쳐 생겨났을까? 대략 느낌에서 생긴 세계관인데, 이제 와서 그 합리성과 타당성을 증명하려 애쓰는 건 아닐까?

솔직하게 답해 보라. 분데스리가의 어느 팀이 당신과 가장 잘 맞는 것 같은가? 당신이 어느 팀의 팬인가를 묻는 게 아니다. 영국 작가 닉 혼비가 《피버 피치Fever Pitch》에서 말한 대로, 축구를 사랑하는 것은 여자를 사랑하는 것과 같기 때문이다. 혼비의 말을 빌리면, "느닷없이, 설명할 수 없게, 무비판적으로, 끝에 닥칠지 모를 아픔과 분노에 아랑곳하지 않고", 우리는 사랑을 한다. 나는 베르더 브레멘의 팬이다. 그리고 기자가 되기 전에 나는 무비판적으로, 끝에 닥칠지 모를 아픔과 분노에 아랑곳하지 않고 브레멘을 사랑했다. 다시 선택해도 여전히 브레멘을 고를까? 그건 확인이 불가능하다. 다시 선택하는 것 자체가 불가능하기 때문이다. 브레멘은 여러 팀 중 하나가 아니라 '나의 팀'이다. 다른 나라 리그에서는 글래스고 레인저스가, 미식축구에서는 뉴잉글랜드 패트리어츠가

'나의 팀'이다. 선택을 논할 수 있는 대상이 아니다.

축구에는 관심이 없다고? 그렇다면 정치는 어떤가? 선거 때 당신은 어느 정당을 선택하겠는가? 그리고 그 선택의 근거는 무엇인가? 정당의 공약을 정말로 읽었는가? 책임감 있는 한 표를 행사한다고 말할 만큼 각 정당의 공약을 충분히 알고 있는가? 누구는 연설을 못해서, 누구는 스캔들이 터져서, 누구는 넥타이 색이 마음에 안 들어서, 그것도 아니면 별 이유 없이 제4의 후보를 선택하지는 않는가? 한마디로 정치에 관심을 갖고 심사숙고한 결과가 아니라 그저 느낌대로 내린 결정이 아니냐는 말이다. 슈뢰더 전 총리는 이미 이런 점을 간파했던 걸까? 그는 "집권을 위해 필요한 것은 오직 《빌트》[독일 최대 발행 부수를 자랑하는 대표 황색지, 《빌트 암 존탁》[《빌트》가 발행하는 주간지], 그리고 바보상자 텔레비전뿐"이라고 했다.

인터넷 사이트들은 선거 전에 '발오마트Wahl-O-Mat'라는 이른바 정당 선택 도우미 프로그램을 제공한다. 이 프로그램은 이용자에게 여러 가지 질문을 하고 그 응답을 분석하여 응답자의 정치 성향이 어느 정당과 가장 일치하는지, 어느 정당에 투표하는 것이 신중한 선택인지를 알려준다. 나는 이 원리를 2010년 월드컵 참가국에 적용하여 '당신이 응원할 팀은?'이라는 테스트를 고안했다. 나는 이 테스트에서 놀라운 사실을 확인했다. 내가 응원할 팀은 일본과 독일, 그리고 믿어지지 않았지만, 영국이었다.

종교에도 혹시 '발오마트'나 '당신이 응원할 팀은?' 같은 테스트가 있지 않을까? 학문적인 분석까지는 아니더라도, 프로젝트를 시작하는 지금 최소한 내가 서 있는 위치 정도는 알아야 하지 않겠는가. 또한 각 종교에 대한 나의 관점이 어떻게 형성되었는지도 알고 싶었다.

내가 가톨릭을 스스로 선택하지 않았으며, 지금 아내를 사랑하는 만큼 어렸을 때 하느님을 사랑하지 않았다는 점은 확실하다. 이런 식으로 비교하면, 신앙은 결혼과 달리 부모의 결정이 아주 중요했다(물론 강제 결혼도 있지만). 내게는 저항할 기회가 없었다. 내 이름조차 발음하지 못하는 나이에 세례를 받았으니, 천주교 신자가 되고 말고를 선택하는 건 꿈도 못 꿀 일이다. 깊이 생각해서 스스로 내린 결정이 아니었고 사랑과도 상관이 없었다.

막 성년이 되었을 때 나는 부모님께 앞으로는 성당에 다니지 않겠다고 선언했다. 그때 아버지는 괴로운 표정으로 부자의 연을 끊자고 말씀하셨다. 나와 천주교의 관계는 확실히 강제적 관계다.

그래서 나는 나의 가치관과 세계의 종교들이 얼마나 일치하는지, 세계의 종교들에 대해 내가 얼마나 알고 있는지 확인하고 싶었다.

나의 종교 멘토인 티모시 아이딩은 여러 신학자들이 고안한 테스트를 추천해 주었다. 테스트는 총 90개의 질문으로 구성되었는데, 〈백만장자의 주인공은 누구?〉라는 퀴즈쇼에서 1000~16,000유로 단계에 충분히 속할 만한 질문들이었다. 그러니까 티모시 아이딩의 말대로 다소 까다롭지만 그럭저럭 대답할 수 있는 수준이었다.

그 질문들은 대략 다음과 같다.

- 《모세오경》에 주석이 달린 유대교 율법서의 이름은 무엇인가?

- 시바의 아내 이름은 무엇인가?

- '이슬람'의 뜻은 무엇인가?

- 요가의 여덟 단계 중에서 자세를 설명하는 것은 몇 단계인가?

- 사이언톨로지에서 기독교의 영혼에 해당하는 것은 무엇인가?

- 브라만교의 경전 이름은 무엇인가?

- 예수는 부활 후 며칠 만에 승천하였는가?

- 메카와 메디나는 어느 나라에 있는가?

앞서 말한 대로 그럭저럭 대답할 수 있는 수준이지만 다소 까다로운 질문이었다.

90개의 질문에 답하려 애를 썼지만 대부분 답을 몰랐기에 전화 찬스나 인터넷 찬스를 쓰고 싶었다. 그리고 내가 아는 게 없어서 지금까지 여러 종교들을 막연히 무시하고 지냈다는 걸 알게 되었다.

나는 90개 중에서 51개를 맞춰 100점 만점에 56.7점을 받았다. 학창 시절 성적표로 본다면 낙제는 아니지만 결코 좋은 성적은 아니다.

지금 소개하려는 두 테스트는 학문적으로 진지하게 인정받지는 못하지만, 여러 인터넷 포럼에서 내가 확인하고 놀랐듯이, 꽤 많은 사람들이 진지하게 받아들인다. 첫 번째 테스트는 'beliefnet.com'에서 발견했다. 이 테스트는 '종교적 · 영성적 관점을 알아보는 퀴즈'라는 제목이 붙여져 있는데, '빌리프오마트Belief-O-Mat'라 부를 만한 종교 선택 도우미 프로그램이다. 객관식 질문 25개에 답해야 하고, 두 개 이상씩 답을 골라도 된다. 응답을 마친 후에는 이 테스트를 얼마나 신뢰하는지 상, 중, 하에 한 가지 표시를 해야 한다. 그러면 여러 종교들이 나열되고 그 종교와 응답자의 성향이 얼마나 일치하는지 백분율로 보여 준다.

질문들은 비교적 단순하다. 예를 들어 우주가 어떻게 생성되었는지, 신을 믿는지, 신은 어떤 모습이라고 생각하는지, 죽은 다음에는 어떻게 될지를 묻는다. 세상에 악이 있는 이유가 무엇이라고 생각하는지, 어떤 영적 활동을 선호하는지도 묻는다.

테스트를 마치자 세계의 종교 및 종파 27개가 순위대로 나열되었다. 나는 꼴찌부터 확인했다. 충격적인 결과였다. 순위 맨 아래에 8퍼센트라는 수치와 함께 로마가톨릭이 떡하니 있는 게 아닌가. 그 한 칸 위에는 러시아 정교회가 있었고 그다음에는 '여호와의 증인'이 있었다. 상위 10위 안에는 기독교 종파가 한 가지도 없었다. 14위에 가서야 비로소 기독교 학문 형태인 '크리스천 사이언스'가 자리했다. 유대교는 18위, 바하이교는 19위, 이슬람교는 20위에 올랐다. 한마디로 아브라함의 종교는 상위 15위 안에 들지 못한 것이다. 한편 사이언톨로지가 8위에 올라 살짝 겁이 났다.

마하연 불교, 힌두교, 도교가 상위권에 있었고, 1위는 '유니테리언 유니버설리즘'이 차지했다. 이 신흥종교는 모든 종교와 종파로부터 신자들을 끌어간다. 이 종교를 믿는 신자들은 신이나 내세, 현세의 의미를 자기 나름대로 정할 수 있다. 나는 이 신흥종교의 관점에 전적으로 동의한다. 그러나 이 종교가 1위를 차지한 진짜 이유는 따로 있다. 생각해 보라. 어떤 관점이든 모두 허용되고 수용된다면, 이런 테스트에서 높은 순위에 오르는 게 당연하지 않겠는가.

유니테리언 유니버설리즘을 범신앙론과 혼동해서는 안 된다. 둘은 완전히 다른 세계관을 갖고 있다. 유니테리언 유니버설리즘은 내가 대학 시절 자주 가던 간이식당과 닮았다. 아시아 인이 운영하는 식당이었는데, 가게 앞에 붙은 광고판에는 중국 음식 외에도 케밥, 카레 소시지, 피자, 그리스 요리인 기로스, 햄버거도 판다고 적혀 있었다. "주문만 하십시오. 다 준비됩니다." 이와 달리 범신앙론은 미식가의 자세로 모든 음식을 진심으로 맛있게 먹기를 요구한다.

테스트에서 동양 종교들이 상위권에 오른 건 놀랄 일이 아니다. 이 테스트는 응답자가 몇몇 질문에서 자기 입장을 명확히 밝히도록 설계되어 있다. 예를 들어 '삼위일체를 믿습니까?' '신으로부터 선택받은 민족이 있다고 확신하십니까?' 같은 질문인데, 선택지에 '모른다'는 없다. 질문이 겨냥한 종교와 대답이 일치하지 않으면 그 종교는 점수를 잃는 반면 나머지 종교들은 점수를 얻는다. 그러므로 예컨대 기독교 신앙을 맹목적으로 따르지 않는 응답자가 솔직하게 대답하면 기독교가 점수를 잃는다. 반면 다른 종교들은 자동으로 점수를 얻는다. 도교와 불교는 여러 의견과 해석을 허용하므로 이런 테스트에서 높은 점수를 얻게 된다.

구원 확률 높이기 프로젝트

두 번째 테스트는 종교 말고도 무신론, 불가지론, 사탄숭배 등 다른 관점들도 포함한다. 당연히 나는 사탄숭배에 가담하지는 않을 텐데, 바알세불에게 기도를 올리거나 동물이나 사람을 죽이는 의식이 포함된 곳에는 눈길도 주지 않기로 아내와 약속했기 때문이다.

'quizfarm.com'에서 찾은 이 테스트에서는 '모세는 위대한 예언자였다' '계급의 차이는 정당하다' '홀로 모든 진리를 아는 종교는 없다' 등의 주장에 동의하는지, 혹은 반대하는지 표시해야 한다. 이때 어느 정도 동의하거나 반대하는지도 표시해야 한다. 총 45개 문장으로 구성되어 있는데, 나는 답지를 채우면서 '종교적 권위를 무조건 믿어서는 안 된다' '절제는 중요한 본성이다' '명상을 통해 고통을 줄일 수 있다'와 같은 주장에서는 적잖이 진땀을 뺐다.

테스트 결과는 역시 예상 밖이었는데, 무신론·무종교주의·유대교가 하위권에 있었고, 이슬람교·기독교·유교가 첫 번째 테스트와 마찬가지로 중위권에 들었다. 1위는 불교, 2위는 불가지론이 차지했고, 놀랍게도 3위에 사탄숭배가 올라 있었다.

나는 충격을 받았다.

불가지론이 2위를 차지한 것은 충분히 이해가 되고 결과를 쉽게 받아들일 수 있다. 불교 역시 상위권에 들어가리라 예상했었다. 그러나 사탄숭배가 3위라니, 인터넷에서 구입한 모든 성물을 걸어도 걱정 없을 만큼 그 반대의 결과를 나는 확신했었다.

결과가 이러한데, 어느 종교가 나와 가장 잘 맞을 것 같냐는 질문에 내가 뭐라고 답해야 할까? "글쎄요, 사실 저는 불교 성향의 불가지론자이자 사탄숭배자예요!" 예수인형 세트를 환불하고 사탄숭배 의식을 예약해야 할까?

당연한 말이지만, 이런 테스트를 너무 진지하게 받아들여서는 안 된다. 그런데 놀라울 정도로 많은 사람들이 이런 테스트를 진지하게 받아들인다. 실제로 동료 두 명이 내게 개종을 권유했다. 테스트에서 불교가 가장 잘 맞는다고 나왔으니 이제 불교 신자가 되어야 한다면서. 페이스북에 테스트 결과를 공개하자 주로 이런 덧글들이 달렸다. "아하!" "개종하실 건가요?" "내 이럴 줄 알았지!"

결과를 다르게 해석할 수도 있다. 아내의 말대로, 나는 기독교 신자로 자랐기 때문에 기독교에 대해 많이 알고, 많이 알기 때문에 거부하는 것도 많았을 수 있다. 다른 종교들은 잘 모르기 때문에 상위권이나 하위권에 있는지도 모른다.

그리고 잊으면 안 되는 중요한 사실이 있는데, 내 프로젝트의 목표는 나와 가장 잘 맞는 종교를 찾는 것이 아니다. 기분 좋은 보너스일 수는 있지만 최종 목표는 아니다. 나는 되도록 많은 종교를 받아들이기 위해 각 종교에 대한 지식과 특징에 집중하려 한다. 아시아 인이 운영하는 간이식당에서 내 입에 가장 잘 맞는 음식을 고르기보다 모든 음식을 진심으로 맛있게 먹고자 한다. "테스트 결과를 보니 당신은 유대교, 유교, 이슬람교 공부를 더 해야겠네." 아내가 충고했다. "천국에 가고 싶으면."

구원 확률 높이기 프로젝트

어느 종교가 자신의 세계관과 가장 일치하는지 테스트해 보고 정말로 그 종교로 개종한다면, 그것은 유니테리언 유니버설리즘과 통신판매 카탈로그의 혼합이나 마찬가지다. 카탈로그를 넘기며 종교 상품들을 훑어보고 가장 맘에 드는 상품을 고른 뒤에, 그 종교가 자신의 세계관과 일치하고 실크처럼 감촉이 좋아 기꺼이 개종에 임하는 셈이다.

그러나 범신앙론자가 되려면 이 테스트를 정확히 반대로 해석해야 한다. 존 F. 케네디의 말을 빌려 표현하면, '당신의 종교가 당신을 위해 무엇을 할 수 있는지 묻지 말라. 당신이 당신의 종교를 위해 무엇을 할 수 있는지 물어라.' 범신앙론자들을 위한 기본 규율도 케네디의 말을 빌릴 수 있다. '구원이 당신을 위해 무엇을 할 수 있는지 묻지 말라. 당신이 구원을 위해 무엇을 할 수 있는지 물어라.'

자신의 가치관과 82퍼센트 일치하는 종교로 개종하는 게 아니라, 되도록 많은 종교에서 최소한 50퍼센트 이상의 일치에 도달하는 것이 내 프로젝트의 목표이자 범신앙론자의 목표다. 이때 백분율 값은 현세에서의 행복과 내세에서의 구원 확률을 말해 준다. 중요한 것은 인터넷 테스트로 자기에게 맞는 종교를 찾는 것이 아니라, 백분율 값을 올려야 할 종교를 알고 문제를 고치려 노력하는 것이다. 내가 개선해야 할 부분들이 앞에서 말한 이 세 테스트를 통해 뚜렷이 드러났다.

나는 이제 문제점들이 무엇인지 구체적으로 살피고 그것을 고치려 노력해야 한다. 아브라함 종교들의 순위는 왜 그렇게 나쁘게 나왔을까?

문제의 개선을 위해 어떤 규율을 따라야 할까? 앎의 수준을 높이려면 무엇을 읽어야 할까? 나의 삶을 변화시키고 더 나아가 어쩌면 세계관까지 바꾸려면 어떻게 해야 할까?

또한 나는 모든 종교가 신자들에게 요구하는 교집합을 찾아내 실천해야 한다. 각 종교의 특정적인 규율들을 찾아내서 지켜야 하고 규율에 맞춰 삶도 바꿔야 한다. 예를 들면 거의 모든 종교가 신자들에게 자비심을 요구하므로 나는 자비로운 사람이 되려 한다. 그것도 자비를 특별히 강조하는 종교가 요구하는 수준으로.

그리하여 나는 주변 사람들에게 나의 문제점이 무엇인지 말해 달라고 부탁했다. 포커를 정말로 못 친다거나 조만간 머리보다 얼굴에 털이 더 많아질 거라거나 몸매가 예수상보다 불상을 더 닮았다는 등의 지적은 듣고 싶지 않았으므로 구원에 방해가 되는 문제점만 말해 달라고 했다. 내가 불가지론자이고 요즘 들어 신이나 절대자를 무조건 믿기가 더 힘들어졌다는 건 나도 이미 잘 안다. 아무튼 나는 죽어서 구원받는 데 방해가 될 만한 나의 모든 문제점을 말해 달라고 진심으로 청했다.

그리고 친구들의 대답을 들으면서 절교를 생각했던 적이 한두 번이 아니다. 화가 머리끝까지 나서 식당 문을 박차고 나온 적도 있고 이메일에 "너나 잘하셔!"라고 답한 적도 있다. 하지만 친구들과 친척들이 나쁜 마음으로 그런 말을 하지 않았음을 나는 잘 안다. 그들은 그저 나의 부탁을 받고 내 앞에 거울을 세웠을 뿐이다. 그러나 그것은 거울이라기보

　　　　　　　　　　　　구원 확률 높이기 프로젝트

다는 초상화였다는 생각이 든다. 그들의 대답을 분석·평가하면서 나는 도리언 그레이가 된 듯한 기분이 들었다.[오스카 와일드의 《도리언 그레이의 초상》에서 도리언 그레이는 영원한 젊음을 얻기 위해 영혼을 판다. 그리고 그의 초상화가 대신 늙는다. 그는 세월이 흘러 자신의 추한 모습이 담긴 초상화를 맞닥뜨리게 된다.] 오랜 세월이 흐른 뒤 자신의 초상화에서 자신의 진짜 모습을 보는 것은 결코 기분 좋은 일이 아니다. 그러나 내가 부탁한 것이 나의 문제점을 지적해 달라는 것이었으므로 어쩔 수 없는 일이다. 주변 사람들에게 한번쯤 이런 요청을 해보라고 모두에게 권한다. 사랑받는 존재라는 것 그 이상을 경험하게 될 것이다.

이 부분에서만큼은 범신앙론자가 되려는 나의 프로젝트가 상당히 개인적인 일임을 밝혀 둔다. '나의' 친구들과 친척들이 '나에게' 한 대답들이기 때문이다. 주변 사람들에게 나와 비슷한 요청을 했지만 나와 완전히 다른 대답을 들을 사람도 있을 테고, 아마 그럴 가능성이 대단히 높을 것이다. 하지만 아주 비슷한 대답을 들을 사람들도 분명 있을 테다.

내가 범신앙론자가 되려면 지적받은 문제점들을 고쳐야 한다. 가장 자주 지적된 열 가지라도 우선 고쳐야 한다. 그 과정에서 나는 각 종교의 규율들을 배우게 될 테고 나의 문제점을 고치는 데 어느 종교가 도움이 되는지도 알게 될 것이다.

올바른 삶과 죽은 후의 구원을 방해하는 나의 문제점 열 가지는 다음과 같다.

1. 정의감이 지나쳐서 용서하고 용서받는 일을 잘 못한다.

2. 나보다 잘난 사람들을 시기한다.

3. 독선적이고 나와 생각이 다르면 바보 취급한다.

4. 고집스럽고 거만하다.

5. 화를 잘 내고 사소한 일에 흥분하며 때때로 공격적이다.

6. 이기주의자다.

7. 나를 위해 주고 걱정해 주는 사람하고만 가까이 지낸다.

8. 대체종교에 심취한 나머지 기존 종교에 집중하지 못한다.

9. 내 이득을 지키기 위해 종종 비겁해진다.

10. 쿨한 가면으로 진짜 얼굴을 가린다.

나는 이런 문제점들을 고쳐야 하고 각 종교에 대한 지식을 넓혀야 한다. 테스트의 충격적인 결과는 확실히 나의 무지 탓이다. 여러 종교에 대한 질문에서 정답률이 57퍼센트도 안 되었다. 하위권에 있는 종교에서도 구원의 가능성을 얻으려면 삶을 확실히 바꿔야 할 것이다. 물론 개인적으로 별로 관심이 없는 종교도 있다. 그리고 사탄숭배를 반대하지는 않지만, 그들 중 한 사람이 되고 싶지는 않다. 그래서 나는 사탄숭배 의식을 예약하기보다는 차라리 예수인형 세트를 간직하려 한다.

범신앙론자로 개종하고 모든 종교의 규율에 따라 살기 전에 우선 나의 삶을 바꿔야 한다. 규율을 지키고 금지된 것을 하지 않음으로써 삶을 바꿀 뿐 아니라 나를 성찰해야 한다. 우선은 올바른 삶을 통해, 룰렛에 공평하게 걸 수 있는 칩을 최대한 확보해야 한다.

나는 프로젝트 말미에, 그러니까 여러 종교를 체험해 보고 세계의 종교들에 대해 더 많이 알게 되었을 때, 다시 한 번 테스트를 할 예정이다.

프로젝트를 진행하다가 정말로 한 종교에 흠뻑 반할지도 모를 일이다. 느닷없이, 설명할 수 없게, 무비판적으로, 끝에 닥칠지 모를 아픔과 분노에 아랑곳하지 않고 사랑할 종교를 만날지도 모른다. 이 과정에서 내가 더 나은 사람이 된다면, 나에게 좋은 일일 뿐 아니라 나를 아는 모든 이들에게도 좋은 일일 것이다.

4장

잃어버린 천국

"죽으십시오! 이 세상에서 할 일은 모두 끝났습니다. 어서 죽으십시오!"

브래드 피트와 에드워드 노턴이 주연한 영화 〈파이트 클럽〉의 원작인 척 팔라닉의 소설 《서바이버》의 한 부분이다.

《서바이버》는 한 신흥종교의 집단 자살 시도에서 살아남은 마지막 생존자를 다룬 소설이다. 다른 신자들은 모두 죽었다. 설립자의 뜻을 완수하기 위해 이제 그가 죽을 차례다. 그는 죽어야만 한다.

이 소설은 인류 역사에서 가장 끔찍한 집단 자살 사건을 토대로 한다. 1978년 11월 18일 남아메리카 가이아나의 정글에서 913명이 죽었다.

역사 속에서든 현재든 거의 모든 종교가 손에 피를 묻혔다. 종교의 이름으로 벌어지는 소요, 린치, 폭행, 살인 등이 한 달이 멀다 하고 보도된다. 이집트, 미국, 필리핀, 세계 어디서든 마찬가지다. 이런 보도를 읽을 때면 정말로 종교가 없으면 세상이 더 살기 좋아지지 않을까 하는 생각이 든다. 그리고 범신앙론자가 되는 건 확실히 의미가 있겠다고 속으로 생각한다. 그러므로 종교가 야기하는 최악의 상황을 잠깐 언급하는 것도 내 프로젝트에 도움이 될 듯하다.

종교의 이름으로 저질러졌던 온갖 범죄(아동 성폭행, 여성 할례, 테러 등)를 여기서 일일이 거론하고 싶지는 않다. 첫째, 그러기에는 지면이 부족할 테고, 둘째, 리처드 도킨스가 있기 때문이다. 그리고 무엇보다 내 프로젝트는 고발이 아니라 삶의 의미와 가치를 찾는 일이기 때문이다.

하지만 1978년 11월 18일 존스타운에서 벌어진 일은 언급하고 싶다. 개인적으로 크게 충격을 받은 사건이기도 하고 광신주의가 어떤 결과를 초래할 수 있는지 아주 잘 보여 주는 사례이기 때문이다. 또한 '인민 사원People's Temple'이 더는 존재하지 않으므로, 특정 종교에 원한이 있어서 일부러 사례로 들었다는 비난을 피할 수 있기 때문이다. 다른 종교에도 이와 비슷한 사례가 있는지, 자신이 속한 종교에 이와 유사한 사건이 있었거나 그런 경향을 보이는지 각자 생각해 보기 바란다.

나는 그저 이런 일이 다시는 반복되지 않기를 바라며, 종교적 광신주의에 문제의식을 가지는 데 이 책이 조금이나마 도움이 되기를 바랄 뿐이다. 내가 말하는 종교적 광신주의에는 어떤 종교의 광적인 신자들뿐 아니라 광적인 무신론자도 포함된다. 그리고 고고한 척 뒤로 물러나 깨끗한 손을 들어 자기 종교의 광신도들을 손가락질만 할 뿐, 평화를 위해 적극적으로 나서지 않는 신자들도 포함된다.

세상에 공개된 존스타운 사건 영상은 끔찍했다. 죽은 아기를 안은 엄마가 입에 거품을 물고 쓰러졌다. 남편이 아내를 부축하려 했지만 그 역시 바닥에 쓰러졌다. 그 와중에도 촬영은 계속되었다. 사람들이 청산가리를 탄 레몬 주스를 마시고 고통스럽게 죽었다.

인민 사원 교주, 짐 존스Jim Jones가 한복판에 서서 신자들에게 설교를

구원 확률 높이기 프로젝트

했다. "우리에게 평화로운 삶이 허락되지 않는다면 적어도 우리는 평화롭게 죽을 수는 있습니다. 죽음은 다른 차원으로 가는 건널목일 뿐입니다." 그의 설교는 점점 느려졌고 끝에 가서는 더듬거리기만 했다. 그리고 총소리가 들렸고 짐 존스는 바닥에 쓰러졌다. 그는 죽었다.

그것은 집단 자살이 아니라 학살처럼 보였다. 생존자들의 증언에 따르면 무장경비들이 존스타운 주변을 정찰했다고 하는데, 죽은 신자들 중에는 실제로 총상을 입은 사람이 많았다. 죽은 아이들 250명도 스스로 독을 마시지 않았다. 강제로 마시게 했다. "사람들을 그냥 죽였어요." 한때 인민 사원 신자였던 팀 카터가 〈존스타운〉이라는 다큐멘터리에서 증언했다.

집단 자살 사건이 벌어지기 전에 도망친 신자들도 몇몇 있었다. 예를 들어 데보라 레이턴Deborah Layton은 현재 샌프란시스코에서 투자 상담사로 일한다. 그녀는 《매혹적인 독Seductive Poison》에 이렇게 적었다. "내가 그곳에 있었더라면, 나 역시 독이 든 레몬 주스를 마셨을 것이다." 그녀는 자신이 살아남았다는 사실을 여러 해 동안 괴로워했다. 배신자나 탈영병이 된 듯한 기분이 들었고 죄책감에 시달렸다. 다른 종교나 종파를 떠난 사람들도 이와 비슷한 기분을 가졌다. 소속감이 생존의 절박함보다 강했던 것이다.

어떻게 그렇게 많은 사람들이 마약 중독자가 세운, 정신 나간 종교를 믿었을까?

짐 존스는 가르마를 탄 검은 머리에 파일럿 선글라스를 쓰고 엘비스 프레슬리를 연상케 하는 깊은 저음을 가진, 카리스마 넘치는 사람이었다. 그는 인디애나 주의 소도시에서 자랐는데, 어렸을 때부터 이미 또래 아이들에게 두려움과 매혹의 대상이었다고 한다.

그는 몹시 가난한 집안에서 태어났다. 그의 어머니는 어린 아들을 '메시아'라고 부르며 아들이 자라서 세상의 모든 불의를 바로잡을 거라고 주장했다. 짐 존스의 소꿉친구였던 척 윌모어는 이렇게 회상했다. "그는 어려서부터 종교와 죽음에 관심이 많았어요. 고양이를 목 졸라 죽여 놓고 그 고양이를 땅에 묻지 못하게 한 적도 있었어요." 존스는 예수가 살아 있다면 어떻게 했을지 늘 자문했다고 한다. 그 답을 얻기 위해 스스로 새 시대의 예수가 될 수밖에 없었던 걸까?

그는 열아홉 살에 벌써 설교자가 되었고, 1956년 스물다섯에 인민 사원을 설립했다. 그리고 여러 종교와 짧은 지식들을 끌어모아 인민 사원의 세계관을 만들었다. 카를 마르크스, 마하트마 간디, 마틴 루서 킹, 피델 카스트로, 아돌프 히틀러가 이 신흥종교에 영향을 미쳤다. 종종 몇 시간씩 이어지는 설교에서, 존스는 핍박받는 사람들과 가난한 사람들, 방황하는 사람들의 편에 섰다. 그는 사람들의 마음을 잘 대변해 주었다. 데보라 레이턴은 "공동체 사람들 모두가 그의 말에 공감했고 그를 위해 살아야 할 것 같은 기분이 들었다"라고 증언한다.

단지 이런 능력 때문에 사람들이 존스를 따른 건 아니다. 그는 신자들에게 더 나은 세상을 약속했다. 그리고 주로 자본주의에서 소외된 사람들을 유혹했다. "모두가 재산을 공평하게 나누어 가난한 사람과 부유한

구원 확률 높이기 프로젝트

사람이 없고 인종 차별이 없는 사회, 절대 평등, 그것이 바로 신의 뜻입니다. 나는 그것을 이룰 겁니다. 정의와 평등을 위해 노력하는 사람들과 늘 함께할 것입니다."

1970년대에 인민 사원은 신자가 900명이 넘는 신흥종교로 성장했다. 그러나 평판이 점점 나빠졌다. 신자들의 친척들이 존스를 비난했다. 금욕을 설교하는 자가 남녀 가리지 않고 신자들을 강간했고 설교 내용도 영혼의 치유와 구원보다 섹스를 더 많이 다룬다는 것이었다. 실제로 1973년에 존스는 위장 입교한 캘리포니아 경찰에게 호모섹스를 강요하다 걸리기도 했다.

1977년 존스는 신자들을 이끌고 가이아나의 정글 속으로 들어갔다. 이미 3년 전에 가이아나 정부로부터 임대해 두었던 약 5만 평의 땅에 존스타운을 세우고, 인종 차별이 없는 거룩한 땅, 모두가 행복한 공동체, 새로운 사회, 한마디로 천국이라고 신자들에게 설명했다.

그러나 천국이라는 이곳은 강제 노동수용소나 교도소와 다름없었다. 식량은 처음부터 부족했고 전염성 열병과 장 질환이 자주 발생했다. 기관총으로 무장한 경비들이 신자들을 감시했고 반항하는 신자들은 고압 전기가 흐르는 철창에 가두고 기절할 때까지 때렸다. 도주할 위험이 있는 신자들에게는 마약을 먹였다.

1978년 11월 17일, 미국 하원의원 리오 라이언Leo Ryan은 존스타운의 상황을 조사하기 위해 기자들을 데리고 이곳을 방문했다. 처음에 존스는 방문을 막으려고 애썼으나 실패하자, 큰 잔치를 열어 모두가 평화롭게 잘 지내는 것처럼 꾸몄다. 라이언 의원은 방문 첫날 연설에서, "이곳 사람들은 존스타운을 천국으로 여기고 이곳에 오기를 정말 잘했다고 여기는 것 같다"라고 말했다. 신자들은 열광적인 박수를 보냈다.

그러나 다음날 아침, 라이언이 떠나기 직전에 분위기는 반전되었다. 처음엔 한두 명이, 그다음엔 점점 더 많은 신자들이 라이언을 찾아와 함께 가게 해 달라고 간청했다. 이런 행위는 존스 입장에서 볼 때 확실히 용서할 수 없는 배신이었다. "너희들은 이곳을 떠날 수 없다. 너희들은 나의 백성이다!" 존스는 고함을 쳤다. 비행기에 막 오르려는 의원 일행에게 총격이 쏟아졌다. 이미 칼에 찔린 라이언 의원과 일행 다섯 명이 그 자리에서 숨졌다.

라이언 의원이 죽자 존스의 과대망상은 최고조에 달했다. 그는 미군이 습격해 올 거라며 두려움에 떨었다. "미군이 와서 노인과 아이들을 고문할 겁니다." 그는 신자들에게 스스로 목숨을 끊으라고 외쳤다. 죽기 싫었던 한 신자가 존스의 약속을 상기시키며, 자살하지 말고 소련으로 이주하자고 제안했다. 스피커에서 존스의 대답이 흘러나왔다. "좋습니다. 내가 당장 그곳으로 전화를 하겠습니다." 물론 전화를 거는 일은 없었다.

존스는 1110명의 신자들을 구원하는 대신, 그중 913명을 죽음으로 몰아넣었다. 독이 든 주스가 신자들에게 전달되는 동안 그는 떨리는 음성으로 계속 외쳤다. "서두르십시오, 백성들이여! 빨리빨리!" 먼저 아이들이 살해되었고 그다음에 어른들이 죽었다. 존스는 머리에 총을 맞고

구원 확률 높이기 프로젝트

죽었다. 결코 존재한 적 없던 천국은 영원히 사라졌다.

그러나 신자들의 삶에서 천국은 어떤 형태든 매우 중요하다. 범신앙론자에게는 더욱 특별한데, 어떤 형태의 천국이든 아주 멋진 곳일 거라고 믿어야 하기 때문이다. 그리고 지금의 삶이 천국의 삶과 최대한 닮아야 하고, 적어도 지옥이어서는 안 된다고 믿기 때문이다.

21세기의 종교 전쟁은 종교와 종교 사이에서, 혹은 종교와 과학 사이에서 벌어지지 않을 것이다. 상호 존중의 평화를 믿고 천국을 믿는 사람들과, 없을지도 모르는 천국을 믿으며 다른 사람의 삶을 지옥으로 만드는 사람들 사이에서 벌어질 것이다.

5장

완벽한 무無를 만나다

나는 페이스북 친구가 513명이나 된다. 작년 한 해 동안 직장 이메일 주소로 2만 2374통의 메일을 받았다. 그중에 4375통을 읽었고 나머지는 스팸이나 광고 메일이었다. 나는 휴대전화로 1823건의 짧은 기사를 보냈고 바야흐로 지하철에 앉아서도 인터넷을 할 수 있게 되었다. 지난 3년간 나는 진짜 세상보다 화면을 더 많이 보았다. 참으로 부끄러운 일이다!

작년 열두 달 동안 일 때문에 잡은 약속은 회의를 포함해서 974건이었다. 업무를 처리하기 위해 정확히 1만 4447킬로미터를 여행했다. 지난 한 달 동안 직장에서 받은 전화만 해도 137통이고 근무 시간 외에 기자나 작가로서 받은 전화가 47통이다. 작년 365일 동안 나는 여가 시간에도 일을 생각하거나 일에 대해 얘기했다. 지난 3년간 아내보다 직장 동료와 더 많이 시간을 보냈고 아들보다 상사와 더 자주 대화를 했다. 참으로 부끄러운 일이다!

이것이 나 혼자만의 상황은 아니리라. 누군가 내 인생을 전속력에 맞춰 놓았다는 기분이 들 때가 가끔 있다. 머릿속이 꽉 차서 어제 한 일도 저장을 못 하는 것 같다. 5분 전에 무슨 얘기를 했는지조차 기억이 안 나는 경우도 종종 있다. 정보의 홍수에 빠져 허우적거리다 결국 죽을 것 같을 때도 있다. 최신 뉴스 두 건을 처리하자마자 동료와 약속을 잡고 그사이에 빠르게 담배를 피우며 쏟아지는 소문을 듣는다.

중요한 약속을 놓칠세라, 재미있는 파티를 놓칠세라 조바심치며 이 약속에서 저 약속으로 정신없이 달린다. 유명해지고 돈을 많이 벌어서 마침내 좀 더 여유롭게 살기 위해 책을 쓴다. 새천년의 선구적 유행병인 번아웃 신드롬이 조만간 내게도 찾아올 것 같아 가끔 두렵다. 벌써 살짝 전염된 것 같기도 하다. 주변 사람들도 대부분 전염된 것 같다. 내 안에서 용이 이따금 불꽃을 내뿜어 그나마 의욕이 남은 듯하지만, 용이 불꽃을 내뿜지 못하는 날이 올까 두렵다.

그래서일까? 스트레스를 없애고 여유를 찾아 주는 프로그램들이 전에 없이 많이 생겨났다. 그리고 지금의 삶에 초점을 맞추는 영리한 마케팅 전략을 세운 신앙공동체들이 호황을 누린다. 교회가 한산해질수록 여유를 찾아 주는 프로그램들은 북적거린다. 신이나 우주의 원리, 혹은 구원 따위는 별로 중요하지 않다. 자아를 찾거나 '무無'를 추구하는 것이 단순하면서도 인상 깊다.

사람들은 롤러코스터보다 빨리 돌아가는 세상을 잠시나마 잊고 싶어 한다. 세상은 사람들을 토하게 하거나, 적어도 한동안 어지럽게 한다. 속도를 견디지 못하는 사람들을 내리게 한 후 다시는 태워 주지 않는다. 세상은 예측하기가 불가능하고 가혹하다.

교회에 기도하러 가는 게 아니라 그저 한 시간쯤 자신과 지난 한 주를 돌아보려고 가는 사람들이 내 주변에도 꽤 많다. 명상을 하는 사람들도 대부분은 깨달음을 얻기 위해서가 아니라 30분간의 고요를 즐기기 위해서다. 잠시라도 깊은 잠을 자기 위해 플로팅 탱크Floatingtank [일종의 휴식 상품으로, 외부 자극이 차단되는 밀폐된 통에 누워 물 위를 표류하며 쉬는 프로그램]에 눕는 친구도 있다.

스트레스를 줄이는 다양한 방법들이 개발되었다. 예를 들면 미국 의학 박사 존 카밧진Jon Kabat-Zinn은 주의 집중을 통해 스트레스를 없애는 방법으로, 이른바 '마음챙김을 기반으로 하는 스트레스 감소 훈련 프로그램'을 개발했다. 이 프로그램은 8주 동안 진행되는데, 참가자들은 명상과 몸 인식, 요가의 다양한 기술을 익힌다. 사람들은 내세의 구원을 경험하고자 해서가 아니라 지금 여유롭게 살기 위해, 롤러코스터를 타고 정신없이 돌지 않기 위해 이 프로그램에 참가한다.

확실히 이런 프로그램들이 필요한 것 같다. 적어도 사람들이 그걸 원하는 것 같다. 프랑크푸르트 비아드리나 유럽 대학교의 '초문화적 건강 연구소' 소장인 하랄트 발라흐는 2010년 '명상과 학문' 회의에서, 휴대전화 세 개를 동시에 사용하는 사람에 대해 얘기하며 우리의 문화가 멸망 직전에 있다고 주장했다. "매일 30분씩 명상하지 않으면, 우리 사회의 미래는 없을 겁니다. 명상은 양치질처럼 당연한 것이 되어야 합니다."

우리 부모님에게는 일요일에 성당에 가는 것이 양치질처럼 당연한 일이다. 두 분은 성당에서 근심을 덜고 힘을 얻는다. 나는 그런 두 분이 놀랍기도 하고 부럽기도 하다. 사춘기 때는 순전히 의무감으로 성당에 갔다. 나이가 들수록, 못마땅한 강론 때문에 미사 전보다 미사 후에 더 화가 나면서부터 의무 이행이 점점 더 힘겨워졌다. 신부라는 사람이 결혼 미사에서 기껏 한다는 소리가, 오늘날 둘 중 하나는 이혼을 한다는 거라니……. 성탄미사 때 신자들을 질책하는 것도 문제지만, 신자들이 미사에 너무 적게 왔다는 질책을 왜 하필이면 그날 밤 특별히 성당에 나온 신자들에게 한단 말인가?

대부분의 신부들은 미사 집전을 책임감 있는 과제가 아니라 힘겨운 의무로 여기는 듯하다. 그들은 국세청 공무원이 세금 법률을 읽는 것처럼 복음을 읽었다. 영성체 기도는 대부분 속으로 웅얼거렸다. 게다가 걸핏하면 우리가 너무 많은 죄를 지었으므로 하느님을 두려워하며 회개해야 한다는 기분이 들게 했다. '우리는 불완전합니다만 바른 길을 걷고 있습니다. 오늘 여러분을 성당에서 만나니 정말 좋습니다. 이 길을 계속 갈 수 있도록 우리 함께 노력합시다.' 나는 지금껏 단 한 번도 가톨릭 신부에게서 이런 말을 듣지 못했다.

나이가 들수록 성당에 가는 날이 줄었고 대학 시절에는 '사흘 신자'가 되었다. 성탄절과 부활절, 결혼식 혹은 장례식이나 세례식 때만 성당에 가는 신자 말이다.

하지만 이제 상황이 바뀌었다. 천국에 가거나 행복한 소로 다시 태어나고 싶으면 영적 활동을 열심히 해야 한다. 그래서 나는 그런 활동들을 찾아보기로 했다. 영성 시장에는 지금의 삶을 돕는 동시에 내세의 구원

　　　　　　　　　　　　　　　구원 확률 높이기 프로젝트

을 준비시키는 각종 활동이 풍성하게 나와 있다. 나는 이런 활동들을 직접 체험해 보고 싶다. 모든 활동을 적어도 한 번씩은 해 보고 싶다. 다행히도 오늘날에는 다양한 활동을 시험해 보고 가장 맘에 드는 것을 고를 수 있다.

나는 범신앙론자로 사는 프로젝트의 첫 번째 과제로 영적 활동을 해 볼 생각이다. 우선 여러 종교에서 제공하는 활동을 한 번씩 해 본 다음, 지금의 삶에도 도움이 되고 내세의 구원 확률도 높이는 동시에 나와 잘 맞는 활동을 골라 꾸준히 할 생각이다.

가톨릭 신자로 자라서인지 가장 먼저 떠오른 활동이 성당에 가는 일이었다. 우리 동네 성당에는 25년 전부터 이른바 '성체조배'라는 활동이 있다. 성체조배는 트리어의 대주교이자 선제후였던 요한 필리프 폰 발더도르프Johann Philipp von Walderdorff가 18세기에 처음으로 독일에 도입했다. 성당에 딸린 작은 경당에 성체현시대[성체를 보관하는 함. 이 안에 든 성체에는 예수 그리스도가 현존한다고 믿는다.]가 있다. 다시 말해, 경당에 예수 그리스도가 항상 현존한다. 그러므로 매일 밤낮으로 누군가가 이곳을 지켜야 한다. 우리 동네 성당에 성체조배실이 생긴 후부터, 신자들은 한 시간 단위로 조를 짜서 성체조배를 했는데, 어머니는 1조를 맡아 토요일 새벽 한 시에서 두 시까지 경당에서 기도를 하셨다.

나는 주중에 하루를 골라 오후에 성체조배를 갔다. 자리에 앉아 주변을 둘러보니 저 앞에 한 여자가 무릎을 꿇고 앉아 있었고 오른쪽 끝에 한 남자가 앉아 《성경》을 읽고 있었다. 경당은 고요했다. 금빛 찬란한 수많은 장식과 화려한 물건들이 눈에 들어왔다. 너무 사치스럽다는 생각이 들었다. 교회가 꼭 저렇게 비싼 물건들을 써야 하나?

그다음에는 초들이 눈에 띄었다. 뭔가를 빌기 위해, 혹은 기도가 이루어져서 신자들이 밝혀 둔 초들이다. 그중에는 2미터나 되는 초도 있었다. 저렇게 큰 초를 세운 사람은 도대체 무슨 기도를 올렸을까?

나는 다 둘러보고 나서 경당에 온 목적에 집중했다. 나는 하느님과 대화를 하려고 이곳에 왔다. 암기한 기도문을 읊고 싶지는 않았다. 조앤 오즈번Joan Osbourne이 〈우리 중 하나One of Us〉에서 노래했듯이, 하느님과 마주앉은 것처럼 이야기를 나누고 싶었다.

눈을 감고 이야기를 시작했다. 내가 하는 일을 설명하고 나의 근심과 소망을 얘기하고 잘못한 일을 고백했다. 아내의 사진을 보여 주며 우리 둘이 겪었던 우여곡절을 얘기했다. 내가 예전에 아내에게 저질렀고 아직도 종종 저지르고 있는 잘못들에 대해 얘기했다(나는 아내에게, 아내에 대한 나의 관심이 줄었고 내가 아내보다 다른 일을 더 중요하게 여기는 것처럼 느끼게 했다. 하지만 이건 전적으로 아내의 오해다). 나는 내가 미워하는 사람들에 대해 얘기했고 왜 그들을 싫어하는지 설명했다. 그러고 나자 내가 주변 사람들을 얼마나 부당하게 대했으며 나의 미움이 얼마나 피상적인지를 알게 되었다.

그다음에는 나와 하느님의 관계에 대해 말하기 시작했다. 어째서 확실하게 모습을 드러내지 않느냐고 원망했다. 모습만 드러내면 모든 것이 훨씬 간단할 텐데! 신의 존재를 두고 벌어진 온갖 논쟁이 쓸데없는

구원 확률 높이기 프로젝트

일이 되고 모두들 하느님 앞에 머리를 조아릴 텐데! 하느님은 기적으로 자신을 드러낼 것이 아니라 직접 모습을 보여 줘야 한다. 나라면 적어도 하루 한 번씩은 하늘에서 내려와 내가 존재한다는 사실을 알게 할 것이다. 그러나 나는 곧 깨달았다. 바로 그런 이유로 내가 아니라 하느님이 신이리라. 그런데도 나는 여전히 따지고 싶은 불만이 있다. 어째서 신은 믿는 사람들이 그토록 여러 갈래로 뿔뿔이 흩어지게 내버려 두는 걸까? 세상에 만연한 악과 불의를 막기 위해 적어도 뭔가를 해야 하는 것 아닌가? 그리고 신자들에게 신을 두려워하라고 설교하는 사제들에게도 신경 좀 썼으면 좋으련만……

대화는 점점 하느님이 내게 허락하지 않은 일들을 불평하는 쪽으로 흘렀다. 영화 〈브루스 올마이티〉의 짐 캐리가 된 기분이었다.

한참 후 눈을 떠 보니 앞의 여자와 오른쪽의 남자가 가고, 대신 젊은 아가씨가 앉아 있었다. 나는 시계를 보고 깜짝 놀랐다. 경당에 들어온 지 벌써 한 시간이 되었다!

다시 눈을 감고, 나의 멘토 아이딩이 했던 말을 떠올렸다. "개미집 앞에 섰다고 상상해 보세요. 이제 개미들에게 당신이 누구인지 설명해야 해요. 그리고 그들을 한방에 죽일 수 있는 힘을 가졌다는 것도요." 나의 대답은 늘 똑같다. 나는 개미집을 불에 던져 버릴 수는 있지만 개미 한 마리 한 마리를 천국에 보내지는 못한다. 따라서 이 비유는 적절하지가 않다. 세상에는 설명할 수 없는 일이 여전히 많고 인간의 머리로는 이해할 수 없는 신비로운 일들이 있기 때문에 나는 종교에 매력을 느낀다.

조앤 오즈번의 노래대로 신이 정말 우리들 중 하나라면, 그리고 지금 이 순간 제단 앞에 나타난다면, 나는 과연 어떻게 할까?

얼른 무릎을 꿇으리라.

그리고 방금 전에 화낸 것을 용서해 달라고 청하고, 살면서 생긴 고민들과 신의 도움이 필요한 것들을 얘기할 것이다. 지금까지 저질렀던 몇몇 죄를 고해하고 앞으로 더 나은 사람이 되겠다고 다짐할 것이다. 그리고 나는 아주 잘 지내고 있고 당장 신의 도움이 절실하지도 않으니 내 걱정은 말고 나보다 더 급하게 신의 도움이 필요한 사람들을 먼저 돌보고, 그러고도 시간이 남으면 그때 나를 돌봐 달라고 덧붙일 것이다.

다시 시계를 보았다. 45분이 더 흘렀다. 거의 두 시간이나 경당에 앉아 있었는데 전혀 지루하거나 심심하지가 않았다! 미사가 55분을 넘으면 투덜대던 나였는데.

이런저런 얘기를 하는 것이 좋아 조금 더 앉아 있기로 했다. 얼마 후 미사가 시작되었다. 나는 본당으로 옮겨 뒷자리에 앉았다. 복음 내용은 나쁜 길에 빠졌다가 결국 올바른 길로 돌아오는 사람에 대한 얘기였다. 마치 나를 위한 미사인 듯한 신기한 기분이 들었다. '신자들의 기도' 내용도 방금 전에 내가 청했던 것과 똑같았다. 다만 강론만은 예전과 마찬가지로 마음에 와 닿지 않았다.

결과적으로 나는 총 세 시간을 성당에 앉아 있었는데, 이 일은 내게 크게 도움이 되었다. 나는 깊이 생각했고 마음이 차분해졌고 영혼이 평안해졌다. 그리고 한 걸음 내디뎠다는 기분이 들었다. 그

구원 확률 높이기 프로젝트

래서 나는 매일 일상에서 기도(속으로 하는 독백을 기도라고 불러도 된다면)를 하기로 결심했다.

그 후로 나는 아침에 일어나면 신과 세상과 나에 대해 몇 분간 깊이 생각한다. 직장에서 점심을 먹은 후 화장실에서 하느님과 대화를 한다. 퇴근길에 하루를 돌아보며 특별히 잘한 일과 아쉬움이 남는 일을 성찰한다. 저녁을 먹은 후 다시 한 번 신앙에 대해 묵상하고 잠들기 전에 가족과 나를 위해 짧게 기도한다.

이런 의식을 통해 내가 더 나은 사람이 될 거라는 보장은 없다. 그러나 해가 되는 것도 아니다. 오히려 나는 다음날이나 다음번에 더 잘할 수 있고 더 잘해야 할 일이 무엇인지 알게 되고 직장에서 받는 스트레스도 금세 가라앉힐 수 있다. 또한 이런 식의 짧은 휴식 덕분에 다시 집중해서 일할 수 있다.

이런 멋진 체험에 용기를 얻은 나는 완전히 새로운 시도를 계획했다. 아내의 말대로 내가 '가만히 있지 못하는 사람'이라서 이 계획이 무모한 모험일 수도 있지만, 아무튼 아내의 동의를 얻어 뮌헨 시내에 있는 플로팅 스튜디오에 예약을 했다.

나는 지금까지 플로팅을 그저 스트레스에 찌든 직장인이나 심심한 주부들을 위한 최신 유행 시설쯤으로 생각했다. 그러나 프로젝트를 진행하는 동안에 이미 여러 번 그랬듯이, 이번에도 내가 완전히 잘못 알고 있었다.

1950년대에 미국의 뇌신경학자 존 릴리John Lilly는 인간에게 미치는 외부 자극의 영향에 관심을 갖고 빛이 눈에, 소리가 귀에, 기온의 변화가 피부에 미치는 영향을 실험했다. 그 실험을 위해서는 외부 자극이 최대한 차단된 공간이 필요했다. 그래서 방음이 되는 캄캄한 방에 소금물 풀장을 만들었다. 그는 물 위로 뜨게 하는 특수 장치와 산소마스크를 차고 풀장에 누웠고, 물 위에 반듯하게 누워 있으면 온몸의 근육이 이완될 뿐 아니라 외부 자극도 최소한으로 줄어든다는 사실을 직접 확인했다.

릴리는 1954년에 최초의 플로팅 탱크를 제작했고, 외부 자극을 없애면 뇌기능이 좋아지고 순간적으로 창의력도 높아진다는 사실을 수많은 실험으로 증명했다. 존 레넌, 잭 니컬슨, 헌터 톰슨 같은 음악가와 배우들이 플로팅을 체험했고 팬이 되었다.

릴리는 정신건강 국립연구소에서 일했다. 말하자면 그의 직장은 미국 정부였다. 미국 정부는 국민건강을 위해서가 아니라 전쟁포로를 취조하는 데 유용하다고 여겨 릴리의 발명품에 관심을 보였다. 그러자 릴리는 플로팅 연구를 중단하고 돌고래 연구에만 몰두했다. 그래도 그의 발명품은 여러 나라에 소개되었다.

제일 먼저 이 탱크는 '사마디 탱크'로 불리며 명상에 이용되었다. 산스크리트 어로 사마디Samādhi는 '올바른 집중'이라는 뜻이다. 사마디는 주의 집중이나 꿈을 능가하는 명상의 절정 상태를 말하며, 요가 단계의 최고 경지에 해당한다.

나는 폐소공포증이 약간 있어서 우선은 탱크 대신 풀장에 바로 눕는

　　　　　구원 확률 높이기 프로젝트

쪽을 택했다. 음악도 빛도 없이 완전히 차단된 공간이었다. 나는 물에 들어가서 반듯하게 누웠다. 정말로 몸이 물 위로 떴다. 재미있었다. 너무 힘차게 발을 굴렀는지 머리가 그만 벽에 부딪쳤다. 혹시 어딘가에 카메라가 있어서 직원들이 화면을 보며 배꼽을 잡고 웃지 않을까 하는 생각이 스쳤다. "또야? 어째 들어오는 족족 저러냐!"

이렇듯 완전한 고요와 근육 이완은 조금 낯설었다. 엄마 뱃속에서 경험한 후로 이번이 아마 처음일 것이다. 비교적 빨리 시간 감각을 잃어서, 언제부터 뇌 활동이 중지되고 그냥 떠 있기만 했는지 정확히 말할 수는 없다. 의식이 넓어지지는 않았다. 퓰리처상 감의 멋진 소설을 위한 창의적 아이디어도 떠오르지 않았다. 하지만 완벽하게 안전한 캡슐에 누운 기분이었다. 바로 옆에서 폭탄이 터진다 해도 내게는 그저 작은 폭죽처럼 느껴질 것만 같았다.

깨달음과는 상관이 없었다. 나는 전과 다름없이 우주와 연결되어 있었다. 차라리 현실 도피에 가까웠다. 그저 34.8도의 따뜻한 물 위에 누워 있는 게 전부였지만, 정신없이 돌아가는 가혹한 세상은 확실히 저 멀리로 물러났다. 언젠가부터 나는 다시 팔다리를 움직여 여기저기 떠다니며 이런저런 생각을 했다. 살짝 지루해질 즈음에 불이 켜졌다. 플로팅 시간이 끝났다.

나는 물에서 나왔다. 다리가 약간 휘청거리고 살짝 어지러웠다. 물 위는 평소에 체험하기 힘든 고요와 느림의 장소였다. 근심 없는 곳이었다. 물에서 나오면 방금 전에 떠났던 똑같은 세상으로 다시 돌아간다. 문제들은 변함없이 거기 있다. 내가 물 위에 떠 있었다고 해서 문제가 해결되거나 해명되지 않는다. 그저 한 시간 동안 모든 것에서 벗어나 있었을 뿐이지만 그것만으로도 벌써 대단한 일이었다. 나는 이제 플로팅 탱크 안에서만 깊은 잠을 잘 수 있다고 말하는 사람들을 충분히 이해할 수 있다.

내가 은근히 바랐던 초월적 경험이나 은근히 꿈꾸었던 깨달음은 없었다. 그러나 아무튼 나는 세상이 너무 빠르게 느껴질 때 언제든 돌아갈 수 있는 장소 하나를 발견했다.

성당과 물 위 모두 완전한 정적이었지만 확연히 다른 경험이었다. 성당에서는 정신이 능동적이었다. 나는 깊이 생각했고 하느님과 얘기를 했으며 나의 삶을 되짚었다. 반면 물 위에서는 뇌가 활동을 멈추었다. 완전히 다른 경험이었지만, 둘 다 아주 좋았다.

나는 다시 세상으로 돌아왔고, 이번에는 다른 사람과 함께 영적 활동을 해 보기로 했다. 바로 명상 차례였다.

중국 쓰촨 지방의 중심지인 청두를 방문했을 때 명상을 경험할 기회가 왔다. 청두 방문에 대해서는 나중에 다시 얘기하게 될 테니, 지금은 명상과 관련된 얘기만 하겠다. 나와 명상을 함께할 사람은 도교 신자이자 참선 지도자인 왕리다. 그는 먼저 맵고 뜨거운 중국 요리의 세계로 나를 안내했다. 나같이 성질 급한 사람은 입천장을 데고 마는 그런 음식이었는데, 입을 통과한 음식은 식도를 지나 위와 장을 고통스럽게 훑으며 불을 질렀다. 그러는 동안 왕리는 불교와 유교와 도교에 대해 설명했다. 그러고는 다음날 같이 명상을 하자고 제안했다.

우리는 유명한 도교 사원인 청양궁靑羊宮에서 만났다. 곳곳에 흩어진 아름다운 건물들이 잘 가꿔진 정원과 자연스럽게 어울리는 고요한 장소였다. 호화로운 장관은 없었다. 오히려 건물들이 나무들과 함께 자라는 듯한 인상을 주었다. 도시 경관에서 화려하게 모습을 뽐내는 대성당과는 정반대였다. 나는 속으로 생각했다. 이것 봐, 치장을 하지 않아도 멋지잖아!

왕리는 염소 동상의 코를 만지며 그렇게 하면 복이 온다고 설명했다. 나는 조금 놀랐다. 초연하게 자신의 삶을 이수하는(그때 내게 떠오른 말이 정말로 '이수'였다) 사람이 그런 미신을 믿고 염소의 코를 만져 복을 얻으려 하다니……. 미신에 특별한 거부감이 없었으므로 나도 염소의 코를 만졌다. 나는 테니스를 칠 때도 상대방을 배려하여 되도록이면 선을 밟지 않는 사람이다. 물론 그것은 미신이 아니라 일종의 징크스지만.

두 건물 사이의 좁은 공간에서 대략 스무 명의 승려들이 체력단련을 하고 있었는데, 브라질 전통 무술인 카포에이라capoeira와 셰도 복싱 shadow boxing을 혼합한 듯한 동작으로 보였다. 그 뒤편에는 할머니 둘이 돗자리 위에 무릎을 꿇고 앉았고, 한 남자가 거대한 빗자루로 대웅전 앞의 계단을 쓸고 있었다. 사람들이 빠른 걸음으로 움직였지만, 소란스럽거나 분주해 보이기는커녕 놀랍도록 고요했다.

"잠시 명상을 할까요?" 왕리가 물었다.

잘 가꿔진 정원에서 축구 한판 하자는 제안을 들은 듯이, 나는 왕리를 빤히 쳐다보았다.

"어떻게 하는 건데요?"

"그냥 하면 돼요. 어려울 거 없어요."

"명상은 처음이라 어떻게 하는지 몰라요."

"걱정 말아요. 내가 도와줄 테니."

왕리는 아마 교통사고로 두 다리와 팔 한쪽을 잃고도 걱정할 것 없다고 말할 것이다. 그냥 아무 데나 가부좌로 편하게 앉거나 정원을 걸으면서 아기가 숨을 쉬듯 호흡하며 한 곳에 집중만 하면 된단다. 혹은 아무것에도 집중하지 않거나. 그건 오로지 내가 결정할 일이었다.

"처음 하는 명상이니까 우선 그 정도만 알면 충분해요. 시간은 많으니 느긋하게 하세요. 명상의 정상에서 만납시다!"

나는 평소대로 엉덩이 밑에 손을 깔고 편하게 앉아 아기가 숨을 쉬듯 호흡하며 아무것에도 집중하지 않았다. 아무 일도 생기지 않았다. 나는 잃어버린 여권과 가족과 호텔을 생각했다. 정원을 산책하는 사람들을 살폈다. 눈을 감으면 잃어버린 여권과 가족과 호텔이 떠올랐다. 내가 여권을 잃어버려서 중국에 더 오래 머물러야 했다고 말하면 회사 동료들이나 친구들이 얼마나 고소해하며 웃을까 생각했다. 나는 영사관을 생각했다. 친절한 중국 경찰과 맵고 뜨거운 중국 요리를 생각했다. 그리고 친구들과 크리스마스 캐럴을 흥얼거리며 공짜 술을 얻어 마시려고 술집을 순회하던 내 모습을 떠올렸다.

구원 확률 높이기 프로젝트

아무 일도 생기지 않았다.

하느님과도 얘기하지 않았다. 열반이나 도道에 대해 그 무엇도 깨닫지 못했다. 그저 내 인생을 돌아보았고, 내 인생에서 아주 지루한 나날을 빼더라도 흥미진진한 자서전이 나오기는 힘들겠다는 걸 확인했다. 자신의 과거와 현재를 돌며 뇌 카메라로 사진을 찍는 관광객 놀이는 비록 재밌기는 하지만, 산 정상에 올라 20분쯤 지나고 나면 감탄을 자아내던 경관도 그렇고 그런 장면이 되어 다시 산을 내려가고 싶어지기 마련이다.

나는 시계를 보았고 충격과 패닉에 빠졌다. 겨우 6분! 살면서 겪었던 특이한 사건과 현재 내게 중요한 일들이 겨우 6분짜리 단편 영화라니, 결코 기분 좋은 결과는 아니었다. 나는 왕리를 건너다보았다. 그는 마치 랩에 꽁꽁 싸여 바닥에 놓인 양 꼼짝 않고 가부좌를 유지하고 있었다. 정말 바닥에 붙었는지 슬쩍 건드려 보고 싶었지만 감히 용기를 내지는 못했다.

할 수 없이 다시 명상을 시작했다. 이번에는 과거의 다른 장면을 떠올렸다. 다른 산에 올라 다른 경관을 감상하는 것처럼. 그럼 그렇지, 내 인생은 6분짜리 단편 영화보다는 길었다. 시계를 보니 14분이 지나 있었다. 처음 6분과 합치면 시트콤 한 편 정도는 된다, 어쨌든.

왕리는…… 여전히 꼼짝 않고 앉아 있었다.

'명상'보다는 '사색'이라고 불러야 맞을 듯한 나의 첫 명상은 총 네 시간이 걸렸다. 앉았다가 누웠다가 정원을 거닐다가 화려하게 치장된 건물을 구경했다. 다시 앉았다. 초등학교 체육 시간에 '무지개다리'라고 불렀던 자세도 해 보았다. 배를 깔고 엎드렸다가 등을 대고 누웠다. 아내와 아들을 생각했다. 아까 했던 생각들을 다시 반복했다. 아까와 달리 나의 인생으로도 그럭저럭 괜찮은 영화를 만들 수 있겠다는 생각이 들었다. 개봉관에 걸리지도 않을 테고 텔레비전 황금시간대에 방영되어 높은 시청률을 올리지도 않을 테지만 다큐 채널에서 한밤중에 방영될 수는 있으리라. 미래 부분은 아직 시나리오가 완성되지 않았다. 조금 더 다듬어야 한다.

어쨌거나 왕리는 처음 자세 그대로 여섯 시간을 내리 앉아 있었다. 그냥 그렇게. 그저 놀라울 따름이었다. 나는 왕리가 만나자고 했던 명상의 정상에는 오르지 못했다. 화장실을 찾느라 거의 15분 동안이나 어떤 노인에게 손짓발짓으로 설명을 해야 했기 때문이다. 그나마도 결국 실패했다.

"정신이 맑아지고 마음이 가벼워졌나요?" 왕리가 물었다.

나는 고개를 저었다. "좀 지루했어요."

그는 큰 소리로 껄껄껄 웃었다. "그럴 줄 알았어요."

나는 약간 화가 났다. "그럼 왜 나더러 명상을 하라고 했어요?"

"내가 시킨 게 아니잖아요. 당신이 하고 싶다고 했지. 어차피 당신도 첫 시도에 완벽하게 성공할 거라고 기대하지 않았잖아요, 안 그래요? 지금까지 살면서 한 번에 완벽하게 성공한 적이 있어요? 처음 골프를 치는 사람이 완벽한 라운딩을 할 수 있다고 생각하세요?"

"그럴 수는 없죠. 그래도 명상을 하면서 깊이 생각할 수는 있었어요.

지금까지 살면서 겪었던 사건이나 미래에 있을 중요한 일에 대해서요."

그는 다시 환하게 웃었다. "대단한걸요! 그 정도면 아주 성공적이에요. 당신과 주변 사람들과의 관계를 생각해 보셨어요? 당신의 삶이 다른 사람들과 어떻게 연결되어 있는지 깨달았어요?"

"맞아요. 바로 그거예요."

"좋아요!"

그는 내 어깨에 팔을 올리며 식사를 청했다. 맵고 뜨거운 요리!

나는 명상의 매력을 맛보았다. 살면서 맺은 여러 관계들을 명확히 보았다. 내 인생에서 부모님이 어떤 역할을 했고 형제자매와 소꿉친구들이 어떤 영향을 미쳤는지 깨달았다. 그리고 내가 한때 내 인생에서 가장 소중한 존재라고 여겼던 사람들이 지금은 아무 구실도 하지 않는다는 걸 알고 적잖이 놀랐다. 부끄럽게도 나는, 그들 중 몇몇은 아직 살아 있는지조차 모른다. 더욱 부끄럽게도, 그들을 다시 못 본다 해도 상관없을 것 같다. 인간의 뇌는 가끔 매몰차다.

나는 관계망의 또 다른 면을 보았다. 친구들과의 관계, 동료들과의 관계, 가족과의 관계를 보면서 가족과 함께 보내는 시간이 얼마나 중요한지 깨달았다. 그런데도 이상하게 그동안 가족과 보내는 시간이 너무 적었다. 또한 나는 혼자 있는 시간을 좋아한다는 사실을 깨달았다. 그런데도 이상하게 그동안 나 자신과 보내는 시간이 너무 적었다.

"당신의 그런 관계 구조를 고쳐야 해요." 헤어지면서 왕리가 말했다.

관계 구조를 고치기 위한 일종의 상황극 프로그램이 있다. 도교와는 크게 관계가 없지만 몇몇 원리들은 도교에서 빌려 온 프로그램이다. 예전에 들어서 이미 알고 있던 프로그램이지만 듣는 것과 직접 체험하는 것은 전혀 다르므로, 나는 직접 해 보기로 했다. 뮌헨 남부에서 이 프로그램을 진행하는 한 심리치료사와 약속을 잡았고, 내가 거기서 뭘 하게 될지 모른 채 그곳으로 갔다.

우리는 헬스클럽처럼 생긴 방에 모였다. 프로그램을 시작할 때 참가자 중 한 사람이 초에 불을 붙였는데, 영적이라기보다는 좀 생뚱맞아 보였다. 한쪽 구석에 놓인 탁자에는 과자, 커피, 차 등이 차려져 있었고, 반대편 구석에는 샌드백이 걸려 있었다. 프로그램을 이끌 심리치료사와 참가자 열한 명이 둥글게 둘러앉았다.

첫 번째 상황극은 그냥 보기만 했고, 이어진 두 번의 상황극에서는 역할을 맡아 나의 감정을 표현함으로써 주인공이 자신의 문제를 해결할 수 있도록 도와야 했다. 나는 여기서 일어난 일을 기사로 쓰지 않기로 미리 약속을 했으니 이 책에도 자세한 내용은 밝히지 않겠다. 그다음은 내가 주인공이 될 차례였다.

내가 누구이고 직업이 무엇이며 여가 시간에는 주로 뭘 하면서 보내는지 짧게 설명했다. 그리고 현재 큰 문제 없이 잘살고 있는데, 다만 약간의 여유가 그립고 가족과 보낼 시간이 더 늘어났으면 좋겠다고 덧붙

　　　　　　　　　　　　　구원 확률 높이기 프로젝트

였다. 나는 아버지와 달리 기꺼이 나의 인생을 바꾸고 싶고 너무 늦기 전에 가족과 세계 여행을 하고 싶다. 아버지는 이른바 일중독자였고 퇴직하면 가족과 시간을 많이 보내며 세계 여행도 할 거라고 다짐하고 어머니와도 그렇게 약속했었다. 그러나 몇 번의 심장마비와 뇌졸중이 아버지의 인생 계획을 무산시켰다. 나는 세계 여행 후에 심장마비와 뇌졸중을 만나고 싶다.

언젠가는 가족과 함께 필리핀의 해변에 누워, 한 손에는 칵테일을 들고 다른 팔에 아내를 안고 휴가를 즐기는 것이 내 꿈이다. 대략 여든쯤이면 심장마비가 오더라도 전혀 억울하지 않을 것이며, 눈을 감는 그 순간에 아내와 아들이 곁에 있고 그들의 웃는 모습을 떠올릴 수 있는 한, 나는 죽음에 저항하지 않을 것이다. 나뿐만 아니라 대략 열에 아홉은 이런 소망을 갖고 있으리라.

심리치료사는 내게 소망형으로 표현해 달라고 부탁했다. 그래서 나는 간단히 줄여서 말했다. "저는 기본적으로 삶에 만족합니다만, 가족과 보낼 시간이 더 늘어나고 좀 더 여유로워졌으면 합니다."

이제 배역을 정할 차례였다. 현재의 나를 맡을 사람으로는 젊은 여자를 골라 원 안에 세웠고 미래의 여유로운 나를 맡을 사람으로는 나이 든 여자를 골라 원에서 약간 떨어진 곳에 세웠다. 여유로운 삶까지 이르는데는 시간이 더 걸릴 거라고 생각했기 때문이다. 미래의 나를 맡은 나이 든 여자는 곧 원에서 멀리 떨어진 창가로 가서 앉았다.

현재의 나를 맡은 젊은 여자가 나를 향해 비난을 퍼부었다. "새로운 실험, 실험, 실험! 늘 무모한 일을 벌이고 그 횟수도 점점 늘어나는군. 차라리 낙하산을 타고 비행기에서 뛰어내려 보시지그래."

나는 낙하산을 타고 비행기에서 뛰어내린 적이 없다.

"험한 산을 다시 정복하고 싶어?"

나는 험한 산을 탄 적이 없다. 낮은 산을 천천히 오르는 시도는 한 적이 있는데, 너무 지루해서 두 시간 만에 바로 내려왔었다.

"계속 일을 만들잖아! 한 번에 세 가지 삶을 살았으면 좋겠지?"

현재의 나를 맡은 여자는 마침내 나의 상처를 발견해 냈다. 나는 정말로, 세 가지 삶을 살 수 있다면 얼마나 멋질까 상상하곤 했다. 세 가지 삶을 원 없이 만끽한 후 앞으로 어떻게 살지 셋 중에서 하나를 고를 수 있다면 얼마나 좋을까! 이런 꿈을 꾼 사람이 적지 않을 거라고, 나는 믿는다. 첫 번째 삶은 지금과 똑같이, 두 번째는 유명한 팝스타로, 세 번째는 정글에서 망고를 키우며 살고 싶다. 나는 이 세 가지 삶을 어떻게든 지금의 삶과 합치는 꿈을 아직도 꾼다. 그러나 그것은 불가능하다. 무엇보다 시간이 없고 지금보다 정신없이 지낼 자신이 없기 때문이다.

젊은 여자의 비난에 나는 열심히 방어했다. 나의 노년을 상징하는 사람이 자꾸 끼어들려고 해서 조금만 더 기다리라고 막아야 했다. 얼마 후 마침내 나는 원에서 나가 벽에 기대어 두 사람을 느긋하게 지켜보았다. 현재의 나와 노년의 내가 서로 다투기 시작했다.

그리고 충격적인 일이 벌어졌다. 현재의 내가 비명을 지르며 고꾸라졌다. "아이고, 허리야아아아아아아! 갑자기 허리가 너무 아파요! 여기 아래쪽이!"

여자는 요추를 가리켰고 나는 정말 깜짝 놀랐다. 나는 지난 5개월 동안 세 번이나 요통을 앓았기 때문이다. 의사는 허리디스크 위험이 있으니 늦기 전에 빨리 허리근육을 키우라고 했었다. 나는 이 얘기를 전혀 언급하지 않았다. 그런데 현재의 나를 맡은 여자가 그 사실을 알고 있었다. 소름이 돋았다.

그 여자는 나의 통증을 어떻게 알았을까? 분명 뭔가가 있었다.

우연일 수도 있다. 아니면 정말로 어떤 에너지가 공간을 뚫고 정보를 전달했을지도 모른다. 나는 잠시 완전히 굳어 있었다. 그리고 상황극 프로그램을 열린 마음으로 받아들일 각오를 했다. 무슨 일이 또 벌어질지 알 수 없었으니까.

심리치료사는 세 번째 배역을 만들었다. 나의 아버지. 왜 갑자기 아버지를 집어넣었는지 이해가 안 되었지만 그냥 내버려 두었다. 아버지 역을 맡은 여자는 내가 뭔가 잘못한 것처럼 무섭고 엄격한 표정으로 나를 노려보았다. 그녀의 태도는 위협적이고 조금 적대적이기까지 했다.

심리치료사가 물었다. "아버지는 어린 당신에게 뭘 기대했나요?"

"항상 최선을 다하라고 하셨어요. 하지만 최선이라고 하기엔 모든 것이 실패였어요."

다른 참가자들이 머리를 끄덕였다.

"형제자매들과 비교했을 때 아버지와 당신의 관계는 어땠나요?"

"내 생각에, 아버지는 우리 셋 모두를 똑같이 사랑했어요. 아버지도 늘 그렇게 말씀하셨고요. 하지만 솔직히 아버지가 나를 특히 좋아했던 것 같아요. 내가 아버지와 가장 많이 닮았거든요. 그래서인지 내가 기대에 못 미치면 유난히 화를 내셨어요. 내게서 당신의 단점을 보셨기 때문이겠죠."

이때부터 상황은 영적 활동보다는 정신분석에 가까워졌다.

"아버지한테 맞은 적이 있나요?" 심리치료사가 물었다.

나는 하마터면 큰 소리로 웃을 뻔했다. 프로이트도 똑같은 질문을 했을 거란 생각이 들었기 때문이다.

"아뇨, 그런 적 없어요."

사춘기에도, 그 후에도 아버지와 나는 사이가 좋지 않았다. 그렇더라도 아버지는 엄격하거나 위협적이지 않았으며 당연히 적대적이지도 않았다. 아버지 역을 맡은 사람은 그저 보통 아버지들의 전형인 엄격한 모습을 흉내 냈으리라. 그러나 그런 식으로는 아버지 근처에도 갈 수 없다. 나의 아버지는 보통이 넘는 사람이기 때문이다.

이제 현재의 나와 아버지가 싸웠다. 아버지는 나와 잘 지내고 싶었다고 말하고 이제부터라도 여유를 찾길 바란다고 했다. 현재의 나를 맡은 여자는 신기하게도 내가 하고 싶은 말을 정확하게 얘기했다. 심지어 내가 주로 쓰는 표현까지 정확히 맞췄다. 만난 적이 한 번도 없었는데도 말이다. 게다가 몇몇 표현들은, 확언컨대 나만 쓰는 것들이었다. 다시 소름이 돋았다.

뭔지 설명할 수는 없지만 뭔가 있는 것이 틀림없었다.

　　　　　　　　　　　　　　　구원 확률 높이기 프로젝트

"너무 늦기 전에 아버지와 얘기를 하는 게 좋겠어요."

나는 이미 어제 아버지와 통화를 했고 아마추어 축구와 아마추어 시인에 관련된 유머를 주고받으며 유쾌하게 웃었는데, 너무 늦기 전이라니?

그사이 노년의 내가 다시 원 가까이로 와서 나와 현재의 나를 화해시키려 애썼다. 아버지는 옆에 서서 그 장면을 지켜보았다.

어쩌면 정말로 너무 늦기 전에 아버지와 얘기를 나눠야 할지도 모르겠다.

그때 현재의 나를 맡은 여자가 고함을 질렀다. "그만둘래요! 이건 너무 피상적이에요! 감정을 표현하지 않는데 이런 게 다 무슨 소용 있겠어요!"

"그럼 도대체 나더러 뭘 어떻게 하란 말이에요?" 내가 물었다.

모두가 기대하는 걸 나는 잘 알았다. 아버지를 안아 드려야 하리라. 하지만 솔직히 왜 그래야 하는지 이해가 안 됐다.

"죄송합니다." 나는 둘러앉은 사람들에게 말했다. "더는 못하겠어요."

심리치료사가 개입했다. "그 정도면 충분해요. 천 리 길도 한 걸음부터인데, 차근차근 해야죠. 벌써 많이 왔는걸요, 뭐."

나는 다시 원 한복판에 섰고 노년의 여유로운 내가 바로 옆에 섰다. 현재의 나는 약간 감정이 상해서 벽 쪽에서 서성였고 아버지는 조금 떨어진 곳에서 "방금 어깨에서 커다란 짐을 내린 것 같다"라고 말했다. 아버지의 표정은 아주 편안해 보였다. 엄격하게 주시하던 눈빛은 사라졌고 이제는 아주 따뜻하게 나를 바라보았다.

상황극은 흥미로운 경험이었다. 하지만 상투적일 때가 많았고 충분히 예상할 만한 결말로 끝나서 살짝 허무했다. 찬찬히 살펴보자. 시작하면서 나는 약간의 여유와 시간을 원한다고 말했다. 마지막에 내 옆에는 여유로운 노년의 내가 섰고 현재의 나는 감정이 상했으며 아버지는 따뜻한 시선으로 내게 여유를 빌어 주었다. 어쩐지 너무 단순하다는 생각이 든다.

그러나 한편으로 놀랍기도 하다. 정신분석이 아닌 그저 나와 관련된 많은 것이 표현되었다. 놀랍게도 만난 적 없는 사람이 갑자기 나에 대해 잘 알고 있고 나만 쓰는 독특한 표현들을 썼다. 설명할 수 없는 어떤 일이 확실히 벌어졌다. 하늘과 땅 사이에는 천년을 연구해도 설명할 수 없는 것이 있다는 나의 믿음처럼. 상황극 프로그램은 깊은 감명을 주었고 언젠가 다시 이곳을 찾을 거라는 확신이 들었다.

다음 활동으로는 현재의 삶에 집중하는 사이언톨로지의 활동을 해 보기로 했다.

사이언톨로지를 프로젝트에 포함시킨 까닭은 나중에 설명하겠다. 나는 사이언톨로지의 지도부에 속하는 신자를 만나 나의 프로젝트를 설명하고 사이언톨로지 신자들의 영적 활동인 오디팅에 참가하고 싶다고 청했다. 하지만 그는 교회 책임자와 의논한 후 내 청을 거절했다. 거절 이유는 내가 신자가 아니고 신자가 될 계획도 없다는 것이었다. 오디팅에 참가하려면 먼저 사이언톨로지가 인터넷으로 제공하는 무료 온라인 과정 몇 가지를 이수해야 했다.

나는 속으로 생각했다. '당신들의 종교니 당신들의 규칙대로 해야겠지.'

아무튼 나는 안내책자 한 권을 얻었다. 표지에 '사이언톨로지—삶의 도구'라고 적혀 있고 그 밑에는 빛으로 인도하는 황금다리가 있었는데, 뉴욕을 연상시키는 큰 도시의 실루엣이 빛을 둘러싸고 있었다. 나는 '통합과 정직'이라는 과정을 선택했다. '행복 원리'와 '십대와 이십대를 둔 부모들을 위해'에서는 별로 얻을 것이 없어 보였고, '거짓말 안 하기 프로젝트' 덕분에 '통합과 정직'에 관한 선지식이 어느 정도 있으니 좀 수월할 거란 생각이 들어서였다.

나는 'volunteerministers.org'를 방문했다. 과정을 이수하려면 먼저 회원 등록을 해야 했고 등록 과정은 특별한 것이 없었다. 책을 주문하거나 온라인 신문을 구독할 때 입력해야 하는 정보 정도만 넣으면 되었다. 등록을 마치고 '통합과 정직'을 클릭했다. 짧은 안내문이 끝나고 과정이 시작되었다.

왼쪽에 19단계로 된 과정 진행표가 있고 읽어야 할 문서와 제출할 숙제들이 차례대로 화면 중앙에 나타났다. 나의 첫 번째 과제는 〈사이언톨로지: 더 좋은 세상을 만들다〉를 읽는 것이었다. '통합과 정직'이라는 주제와 상관없는 글을 읽으라고 해서 조금 당황스러웠다. 하지만 어쩌랴, 과제를 정하는 것은 과정을 설계한 사람 마음인 것을.

짧은 글의 주제는 한마디로 '사이언톨로지는 자신을 완전히 바꿀 수 있는 편리한 방법을 제공한다'였다. 여러 과정을 온라인으로 이수할 수 있었던 미시간 대학 시절로 돌아간 기분이었다. 뒤에 질문들이 나오므로 글을 그냥 읽기만 하면 안 되고, 이른바 공부를 해야 했다. 나는 집중해서 읽었다.

'통합과 정직'에 대한 안내를 읽은 후 다음 과제로 〈도덕 코드〉를 읽어야 했다. 이 글은 함께 사는 사회를 다루었는데, 규칙과 규칙이 깨지는 이유, 규칙을 어기고도 그것을 숨기는 이유를 설명했다. 이어서 짧은 질문 세 개가 나왔다. 답을 적어 감독관에게 제출해야 했다. 질문은 방금 읽은 글의 내용을 묻는 것이었으므로 비교적 쉽게 답할 수 있었다. 다시 글 한 편을 더 읽고 질문에 답을 하고 나니 첫 번째 실천 과제가 나왔다. 법을 어긴 사람이 그 정당성을 주장하는 사례를 신문에서 찾아야 했다. 나는 금세 해결했다. 지역구에서 벌어진 실정을 정당화하려 애쓰는 지방 정치인의 사례를 1면에서 바로 찾은 것이다.

두 번째 실천 과제는 직접 목격한 사례를 적어서 제출하는 것이었다. 나는 우리 축구팀에서 벌어졌던 일을 적었다. 불필요한 파울 때문에 벌어진 선수들 간의 난투극이었는데 남에게 알려져도 큰 문제가 없을 듯했다.

다음 단계로 〈분출〉이라는 글을 읽어야 했다. 이 글은 왜 사람들이 갑자기 직장을 버리는지, 어째서 천생연분처럼 보이는 남녀가 헤어지는지, 그리고 무엇 때문에 잘 지내는 것 같던 사람들이 도망치듯 도시에서 빠져나가는지를 설명했다. 실제로 나는 이런 사람들을 주변에서 많이 보아서 아주 흥미롭게 읽었다. 글의 주장에 따르면, 외부 상황 탓인 것처럼 보일 때가 많고 당사자가 그렇게 말함으로써 자신의 행동을 정당화하려 하지만, 사실 외부 상황은 잘못이 없다고 한다. 모두가 당사자 탓이라는 것이다.

나도 같은 생각이었으므로 주어진 두 과제를 비교적 빠르게 마치고 〈인간 정신에 적용되는 뉴턴의 반작용의 법칙〉이라는 글로 넘어갔다. 모든 작용은 반작용을 낳으며, 설사 아직 반작용이 발생하지 않았고 앞으로도 발생하지 않는다 해도 사람들은 이런 반작용을 토대로 판단한다는 내용이었다. 이것 역시 공감할 만한 내용이었으므로 곧바로 그에 맞는 사례를 찾아 감독관에게 제출했다.

이런 식으로 세 편의 글을 더 읽고 과제를 제출하고 나니 꽤 까다로운 과제가 주어졌다. 내가 저지른 잘못이나 지금까지 비밀로 했던 일을 상세하게 떠올린 다음, 믿을 만한 사람에게 그것을 말하고 상대방 역시 자신의 잘못이나 아직 고백하지 못한 일을 내게 말해야 했다. 말하자면 두 사람이 서로 고해성사를 하는 것이다.

이 과제는 용기가 필요했다. 그리고 '통합과 정직'이라는 주제와 가장 잘 맞았다. 다만 두 사람의 이야기를 이름조차 모르는 감독관에게 상세히 전달하고 싶지는 않았다.

그래서 아내에게 이 과제에 대해 잘 설명하고(분명 설득이었겠지만) 아내와 서로 고해성사를 했다. 아내는 누구에게도 말하지 않았던 아주 오래 전의 일을 내게 고백했고, 나는 누구에게도 말하지 않았고 아내와 상관없는 작은 잘못을 고백했다.

누군가에게 고백을 하고 나니 마음이 후련했다. 아내에게 큰 잘못을 고백하면 어떤 기분이 들지 문득 궁금해졌다. 그래서 큰 잘못도 고백했다. 진심으로 무거운 짐을 내려놓은 기분이었다. 대단한 깨달음은 아니었지만, 분명 아주 좋은 경험이었다. 물론 아내가 모두 잊어 준다면 더 좋은 경험이 될 것이다.

우리는 이 놀이를 좀 더 길게 했다. 과제라서가 아니라 재미있었기 때문이다. 고해성사는 내가 기억하고 있는 것만큼 어렵진 않았다.

나는 간략하게 결과만 적어서 감독관에게 보냈다. "아내와 과제를 마쳤습니다. 마음이 가벼워지는 흥미로운 경험이었습니다. ……" 뒷부분은 과제와 상관없는 내용이었다.

그것으로 과정은 끝이 났다. 대략 다섯 시간이 걸렸고 대부분 온라인 강의를 듣는 기분이었다. 영적 경험과는 그다지 관련이 없었다. 그러나 분명 배운 점이 있었고 아내와의 고해성사 경험은 아주 좋았다.

다음날 감독관으로부터 이메일을 받았다. 재키라는 여자였는데 내게 행운을 빌어 주었다. 그리고 나의 답안지에 짧은 의견도 달아 주었다. 자랑 삼아 밝히면, 나는 모든 질문에 바르게 답을 했고 내가 고른 사례들은 '신중하게 잘 선택했다'는 평가를 받았다.

재키는 편지를 마치며, 과정을 이수하면서 느낀 점들을 적어 달라고 요청했다. 공식적인 이메일 외에 그녀는 성공적인 과정 이수를 축하하는 사적인 메일도 보냈다. 이제 감상문을 써서 보내는 일과 수료증 발급을 위한 몇몇(회원 등록 때보다 많은) 개인 정보를 알려 주는 일만 남았다.

솔직히 수료증에는 관심이 없었다. 한두 가지 과정을 더 이수하고 싶었지만 개인적인 경험을 모르는 사람에게 설명하는 게 싫어서 이쯤에서 그만두었다.

사이언톨로지 온라인 과정은 흥미로운 경험이었다. 지금까지 경험했던 것들과는 완전히 달랐기 때문이다. 성당에서 기도하는 것과도 달랐다. 명상과도 달랐다. 물 위에 떠 있을 때와도 전혀 달랐다. 마치 대학 시절로 시간여행을 한 것 같았다. 나와 이웃과 삶에 대해 뭔가를 배우는 일종의 심리상담 과정 같았다. 확실히 효과는 있었다. 그러나 그 이상도 그 이하도 아니었다.

나는 그 후로도 계속 여러 영적 활동에 참가했다. 비크람 요가 수업도 들었는데, 실내 온도가 38도나 되는 방에서 스물여섯 가지 하타 요가 자세와 두 가지 호흡 기법을 배웠다. 그것은 영적 경험이라기보다는 색다른 피트니스 프로그램에 가까웠다. 이곳에서 꾸준히 허리운동을 한 덕분인지, 아무튼 나는 디스크 위험에서 서서히 벗어났다.

데이비드 우즈를 찾아가 최면 요법으로 전생을 보았다. 고백건대, 나의 전생은 지금보다 훨씬 지루했다. 그런 걸 보면 내가 전생에 꽤 올바르게 살았던 게 틀림없다. 그 덕분에 지금 한 단계 더 높은 삶을 살고 있는 게 아니겠는가. 지금도 궁금한 것이 있는데, 왜 최면술사의 대기실이 힌두교 신자들로 북적대지 않을까? 나라면 전생에 무슨 잘못을 저질렀기에 지금 이렇게 힘든지 알고 싶을 것 같은데……

뮌헨에서 이슬람교 중앙위원회 회장을 만났다. 그는 과자를 내놓으며 멋진 말을 했다. "달콤한 걸 먹으며 달콤한 얘기를 나눠 볼까요?"

유대교 친구와 함께 기도를 하고 종교 토론회에도 참석했다. 힌두교 의식에도 참가하여 기도하는 힌두교 신자들을 관찰했다. 이 모든 활동이 나의 삶을 개선한 것은 맞지만 깨달음을 주지는 않았다.

내가 영성을 키우기 위해 만난 대부분의 사람들에게도 깨달음을 얻는 것이 그리 중요해 보이지는 않았다. 영적 활동들은 세속화되었다. 요가를 하는 사람들은 신을 체험하기 위해서가 아니라 스트레스를 해소하면서 겸사겸사 운동도 하기 위해서 요가를 했다. 명상도 마찬가지였다. 내게 명상법을 가르쳐 준 사람들은 내세와의 접촉이나 깨달음보다는 그저 고요함을 원했다. 교회에서 만난 사람들 중에는 기도보다 얘기를 하러 온 사람이 더 많아 보였다. 초월적 체험보다는 지금의 삶을 더 중요하게 여기는 듯했다. 이것은 결코 비난할 일이 아니다. 오히려 그 반대다. 다만 개인적으로 나는 어떤 특별한 순간을 기대했을 뿐이다.

그리고 나는 이런 순간을 경험했다. 어느 날 저녁 느닷없이 '슈웅!' 소리와 함께.

눈앞이 캄캄해지고 머릿속이 텅 비어 갔다. 귀 바로 옆에 블랙홀이 생기고 이제 그 블랙홀이 내 머릿속에 든 내용을 모조리 빨아들이는 것 같았다. 마리화나를 너무 깊게 빤 것처럼 약간 어지러웠다. 아래로 떨어지

구원 확률 높이기 프로젝트

는 동시에 둥둥 떠다니는 것 같은, 영원 속으로 떨어지는 동시에 무無의 세계를 둥둥 떠다니는 듯한 느낌이었다. 온몸의 긴장이 완전히 풀린 상태였다.

나는 마약을 한 게 아니다. 죽음의 문턱에 다녀온 것도 아니고 뇌수술을 받은 것도 아니다.

나는 그저 침대에 누워 있었고, 어린 아들이 내 배 위에서 잠든 채 내 귀에 대고 코를 곯았다. 돌쟁이 아기가 사십대 나무꾼처럼 코를 곤다는 게 말이 되는지 안 되는지 모르지만, 아무튼 단조롭게 반복되는 코 고는 소리와 숨을 들이쉴 때마다 가슴을 누르는 아기의 작은 배의 움직임이 내 마음을 편안하게 해 주었다. 비누 향과 로션 향과 아기의 살냄새가 났다. 그리고 갑자기 '슈웅!' 소리가 났다.

나는 아무 생각도 하지 않았다. 완전히 아무것도! 적어도 내 생각에, 그런 상황은 31년 만에 처음이었다. 뇌가 완전히 작동을 멈췄다.

나는 기도하지 않았고 명상도 하지 않았고 요가 수업에도, 탄트라 강좌[힌두교 신비주의 수행법]에도 가지 않았다. 상황극 프로그램에 다녀오지 않았고 자연신을 숭배하는 의식도 없었고 누군가 방 안에 사탄의 기운을 불어넣지도 않았다.

나는 잠든 아내 곁에 누워 있었고 내 배 위에는 아들이 잠들어 있었다. 나는 우리 가족의 지난날들을 잠시 회상했고, 몇 년 전에 어쩌다 종교 테스트를 하게 되었고 어떤 경험들을 했는지, '거짓말 안 하기 프로젝트'는 어땠는지, 아내와의 결혼과 우연히(하지만 거의 계획하여) 생긴 아들, 우리가 함께했던 좋은 추억들을 떠올렸다. 그것이 전부였다.

그리고 그 순간이 왔다.

나는 무의 세계에 있었다. 기뻐서 눈물이 날 것 같았지만 아무것도 생각하지 않았기 때문에 정말로 눈물이 흘렀는지는 모르겠다.

나는 그동안 여러 종교를 연구하면서 다양한 형태의 소통과 집중이 있다는 걸 알게 되었다. 기도, 명상, 플로팅. 뉴버그 같은 뇌신경학자는 이 모든 활동에서 뇌의 특정 부위가 똑같이 반응한다는 사실을 알아냈다. 바야흐로 나는 이런 활동들의 차이와 공통점을 확인했다. 각각의 활동은 그 자체로 놀랍지만 통합되면 더욱 놀라운 활동이 된다. 그렇지만 나는 그저 침대에 누워 있었을 때 완전한 고요, 완전한 무, 완전한 평안을 경험했다.

이때 뉴버그가 전극을 내 머리에 연결했다면 기도하는 수도자들과 똑같은 부위가 반응했으리라. 아무것도 발생하지 않았기에 더욱 황홀했던 무아지경의 순간을 나는 경험했다. 도교에서는 이런 순간을 '도와의 완전한 조화'라고 부른다. 불교에서는 깨달음이라고 말한다. 기독교에서는 하느님과 한몸이 되는 순간이라고 말한다. 거의 모든 종교에 이런 순간을 표현하는 낱말이 있다.

내 경험을 뭐라고 불러야 할까? '무無'가 가장 적절하다. 그다음엔 도교의 표현이 맞을 것 같다. 솔직히 확실히 말할 수 있는 건

구원 확률 높이기 프로젝트

이 한 가지뿐이다. 그 시간은 내 평생에 가장 멋진 순간이었다. 어쨌든 지금까지는.

'무의 세계'에서 다시 현재로 돌아왔을 때, 아들은 여전히 내 배 위에서 잠들어 있었고 다만 코를 고는 대신 내 오른쪽 귀에 대고 쌔근쌔근 평화롭게 숨을 쉬었다. 아내도 여전히 잠들어 있었다. 나는 시계를 보았다. 그 황홀했던 순간이 아주 잠깐인 것으로 여겼는데 실제로 30분은 족히 지나 있었다.

나는 아들을 조심스럽게 배에서 내려 침대에 눕혔고 아들은 눕자마자 엄마 품으로 스르르 파고들었다. 나는 침대에서 나와 그동안 자주 했던 자레드 카스의 '영성 테스트'를 했다. 그리고 믿을 수 없는 수치를 기록했다. 나의 영성 지수는 21이었고 행복 지수는 6.03으로 최고점을 받았다. 테스트 결과로만 보면 이날 저녁만큼 행복하고 영적인 적도 없었다.

지난 몇 해 동안 내가 한 영적 활동들 중 어떤 것이 이런 결과로 이끌었는지 나는 모른다. 그 모든 활동이 합해진 결과일 가능성도 충분하다. 또한 어쩌면 내가 순간적으로 무의 세계로 빨려들어 가 완전한 고요 속에 있는 것처럼 느낀 것은 아내와 아들 덕일 수도 있다.

어떻게 이런 순간이 왔는지도 모른다. 다시 이런 순간을 맞으려 여러 번 시도했지만 소용없었다. 의도적으로 만들 수 있는 순간이 아니었다. 그것은 그냥 일어났고 어쩌면 다시는 일어나지 않을지도 모른다. 나는 여전히 기도하고 명상하고 요가를 하고 플로팅을 하고 상황극 프로그램에 참여한다. 그러는 동안 이때와 비슷한 순간을 종종 맞는다. 그것만으로도 아주 흡족하다. 이상하게도 내가 무의 세계로 빠지기 직전에 항상 뭔가가 나를 끌어올리는 것 같다. 하지만 언젠가는 다시 한 번 그냥 '슈웅!' 소리와 함께 무의 세계가 나를 감쌀 것이다. 그런 날이 오기를 간절히 바란다.

그리고 그런 날이 오지 않더라도 괜찮다. 그 순간을 기억하는 것만으로도 나는 고요해지고 행복해질 수 있기 때문이다.

어쩌면 그런 순간이 지속되는 것이 천국일지도 모른다. 그렇다면 천국은 정말 멋진 곳이다.

　　　　　　　　　　　　　　구원 확률 높이기 프로젝트

6장

종교의 유통기한

"모든 사람은 사상과 양심과 종교의 자유를 누릴 권리가 있다. 이러한 권리는 자신의 종교 또는 신념을 바꿀 자유와 선교·행사·예배·의식에서 단독으로 또는 다른 사람과 공동으로, 공적으로 또는 사적으로 자신의 종교나 신념을 표명할 자유를 포함한다."

유엔의 세계인권선언 제18조의 내용이다. 기차에서 내 앞자리에 앉았던 여자가 다른 자리로 옮겨 갔을 때, 이와 유사한 내용이 떠올랐다. 솔직히 말하면, 내가 떠올렸던 문장은 이것보다 덜 복잡했고 욕도 섞여 있었다.

나는 그녀의 편견에 화가 났다. 그녀를 쫓아가서 왜 나를 피하느냐고, 지금 내가 읽고 있는 책이 무슨 문제냐고 묻고 싶었다. 더 솔직히 말하면, 왜 방금 전 나를 경멸하듯 째려보고 자리를 옮겼느냐고 따지며 이렇게 퍼붓고 싶었다. "뭐 이런 X 같은 경우가 다 있어! 기차 안에서 종교 서적도 맘대로 못 읽나? 당신 맘에 들든 안 들든 당신이 상관할 바가 아니잖아!" 점잖은 법조문에는 이렇게 적혀 있지 않지만, 많은 사람들이 한번쯤은 이런 식으로 생각했을 거라 믿는다.

뮌헨에서 레겐스부르크로 가는 기차 안에서 있었던 일이다. 늘 그렇듯 금요일 저녁 기차는 나름 붐볐다. 여기서 '나름 붐볐다'는 건, 옥토버

구원 확률 높이기 프로젝트

페스트 때 지하철 5호선을 타고 뮌헨 중앙역에서 테레지아 광장으로 갈 때만큼 승객들이 많았다는 뜻이다. 내 옆자리에는 청년이 앉았는데, 그는 맞은편에 앉은 친구와 클럽에 가서 신나게 놀고 부킹도 할 예정이었다. 둘은 맘에 드는 여자를 발견했을 때 어떤 춤으로 유혹해야 할지 열심히 의논했다.

나의 맞은편에는 〈린덴슈트라세〉[독일 국영방송 ARD가 1985년부터 지금까지 방영하는 일요드라마] 방영 초반의 바이머 아줌마와 조금 닮은 여자가 앉았다. 기차가 출발하기 전에 나는 달라이 라마의 책을 읽고 있었는데, 미소로 인사를 하면 사람들이 더욱 친절하게 대한다는 사실을 알아차렸다. 그래서 나는 짧게 미소를 지었고 그 여자도 미소로 답례했다. 인생은 때때로 참 쉽다.

프라이징 역에서 사람들이 많이 내렸고 부킹을 기대하던 두 클럽 친구도 내렸다. 두 청년이 앉았던 자리에 아가씨 둘이 와서 앉았다. 이들도 클럽과 부킹에 대해 얘기하길래 딱 맞는 두 청년이 방금 내렸으니 어서 쫓아가 보라고 말해 주고 싶은 걸 겨우 참았다. 인생은 때때로 그렇게 쉽지만은 않다.

여전히 좌석이 거의 다 차서 빈자리가 듬성듬성 몇 개밖에 없었다. 나는 책을 읽었다. 프로젝트를 시작하면서 종교에 관한 모든 책을 읽기로 결심했기 때문이다. 그러나 뮌헨 대학교 도서관에 가 보니, 종교에 관한 책의 제목만 읽어도 200년은 걸릴 것 같았다. 그래서 일부만 골라서 읽기로 타협을 했다. 그랬는데도 읽어야 할 책이 너무 많아서 단 몇 분이라도 짬이 날 때마다 부지런히 읽으며 흥미로운 글귀들을 발췌했다. 남자가 가족을 잘 돌보는 법이나 여유로운 삶에 대한 내용을 발췌하면 아내는 아주 좋아했다. 그러나 여자가 남자에게 순종해야 한다는 내용을 발췌하면 아내는 나를 한심한 듯이 쳐다보았다. 그러면 나는 대개 이렇게 응수했다. "우습겠지만, 당신도 새겨들어야 할 내용이라고!"

내 가방 안에는 《쥐드도이체 차이퉁 마가친》[쥐드도이체 차이퉁에서 발간하는 주간 잡지], 표지에 여자 누드 사진이 들어간 남성 잡지, 수첩 크기의 《코란》, 론 허버트가 지은 《사이언톨로지: 사고의 기초》가 들어 있었다. 나는 할리우드 스타인 핼리 베리의 섹시한 포즈도 버리고, 악셀 하케[《쥐드도이체 차이퉁》 기자이자 베스트셀러 작가]의 대표작도 버리고, 사이언톨로지를 골랐다.

표지에는 푸른 잎이 풍성한 나무가 메마른 땅에 서 있고 그 위에 저자의 이름이 대문자로 적혀 있다. 그 아래에 '사이언톨로지'라는 커다란 글자가 보이고 '초보자를 위한 사이언톨로지의 이론과 실제'라는 부제도 눈에 확 띈다.

나는 집중해서 읽기 시작했다. 그런데 두 아가씨의 시선이 느껴졌다. 그들은 나를 물끄러미 보다가 서로를 쳐다보았다. 나는 아가씨들의 이런 시선을 잘 안다. 디스코텍에서 많이 받아 봤기 때문이다. 아가씨들은 이런 시선으로 나와 부킹할 마음이 전혀 없다는 뜻을 전달했었다.

여전히 내 앞에 앉아 있는, 바이머 아줌마를 꼭 빼닮은 여자도 나를 바라보았다. 그녀의 시선은 다소 낯설었는데, 내가 어머니로부터 그런 시선을 마지막으로 받은 건 아마도 열여덟 살 때 처음으로 문신을 하고 나타났을 때였을 것이다. 30분 전에 나의 미소에 미소로 화답했던 여자가 이번에는 마치 내가 문신을 전부 다 보여 주기라도 한 듯이 나를 바라보았다.

바이머 아줌마는 말없이 그저 몸을 틀어 주변을 둘러보았다. 나이 많은 할머니에게 좋은 자리를 찾아 주려는 역무원처럼. 그러더니 가방을 들고 일어나 10미터쯤 떨어진 빈자리로 갔다.

화장실에 가거나 간식거리를 사러 식당칸으로 가는 자연스러운 태도가 아니었다. 누가 봐도 사이언톨로지 책을 읽고 있는 나와 마주 앉기 싫어서 일어서는 태도였다.

나는 "안녕하세요? 저는 사이언톨로지 신자예요"라고 인사하지 않았고 그녀 코앞에 다이아네틱스 전파 감지기나 입교 신청서를 들이대지도 않았다. 그저 허버트의 책을 가방에서 꺼내 읽었을 뿐이다.

미국 작가 데이비드 세다리스가 《너한테 꽃은 나 하나로 족하지 않아?》에서 들려주었던 얘기가 생각났다. 그도 이와 비슷한 상황을 겪었다. 그는 비행기에서 자신을 모욕한 어떤 여자 옆에 앉아 두 시간을 가야 했다. 나도 그가 했던 그대로 따라 하기로 했다. 그래서 《쥐드도이체 차이퉁 마가친》을 꺼내 낱말퍼즐을 찾아 빈칸을 채워 나갔다. 까다로운 설명에 고심하며 정답이 뭘까 궁리하지 않고 첫 번째 줄 가로에 힘주어 적었다. '멍청한 하마'. 그 아래에는 '편견'을 적었다. 세로 낱말이 엉터리였지만 개의치 않고 계속 채워 나갔다. '하나님 광기'와 '파시스트'. 그렇게 적다 보니 우연찮게도 '미친 여편네'라는 낱말을 쓸 수 있었고 '광신도'라는 말도 넣을 수 있었다. 이것은 '광란'으로 연결되었고 의도하지 않았는데 세로로 '하하'라는 낱말도 생겨났다. 그 외에도 '메추라기' '지옥' '고문'이라는 낱말까지 적을 수 있었다. 이렇게 빨리 낱말퍼즐을 끝낼 수 있는 사람은 아마도 세상에 없을 것이다. 세다리스가 나를 봤다면 뿌듯했으리라. 그 역시 《뉴욕 타임스》의 어려운 낱말퍼즐을 이런 식으로 풀었으니까.

그러나 이때 문득 세계인권선언과 독일 헌법의 내용이 떠올랐다. 독일 헌법 제4조에 의하면, "신앙과 양심의 자유, 종교적·세계관적 고백의 자유는 불가침이다. 종교 행사를 방해받지 않을 자유는 보장된다."

나는 사이언톨로지 책을 읽었을 뿐이고 그녀는 사이언톨로지에 대한 자신의 생각을 무언으로 표현했을 뿐이다. 나를 욕하지도 않았고 책을 빼앗지도 않았다. 그리고 고맙게도, 나를 다음 역에서 하차시키라고 역무원에게 요구하지도 않았다. 그녀는 조용히 일어나서 다른 자리로 갔을 뿐이며 그것은 그녀의 정당한 권리다. 몸에서 나는 냄새가 싫어서든, 읽고 있는 책이 맘에 안 들어서든, 그건 중요하지 않다.

낱말퍼즐에 적은 단어들을 보니 후회가 되었고 퍼즐을 만든 사람에게도 미안했다. 어려운 퍼즐로 독자들을 즐겁게 해 주고자 매주 몇 시간씩 고민했을 텐데, 분풀이로 온갖 나쁜 말들을 거기에 적어 넣었으니…….
나의 환생 계좌에 분명 업보로 기록될 것이다.

한편, 그녀가 배워야 할 점이 있다는 생각도 들었다. 종교가 다르다고 그 사람을 다르게 대해서는 안 된다!

그녀는 내가 다른 종교를 믿는다고, 그것도 자기 맘에 안 드는 종교를 믿는다고 나를 다르게 대했다. 나는 이런 내용을 대변하는 낱말들을 다시 적기 시작했다.

화난 손놀림으로 죽죽 선을 그어 지우고 다시 적고 다시 지우기를 반복하고 있을 때, 두 아가씨 중 한 명이 말을 걸었다. "저기요, 그런 형편없는 사이비 종교를 정말 믿는 건 아니죠?"

나는 얼굴에 물음표를 띠며 그녀를 보았고, 낱말퍼즐 천재가 아니라 그저 빈칸에 쓸데없는 말들을 적고 있는 중이라고 대답하려는 순간, 그녀가 뭘 물어 봤는지 알아차렸다. 나는 잡지를 다시 가방 안에 넣었다.

"아니요, 종교에 대해 연구하는 중이라 사이언톨로지 안내서도 읽는 겁니다."

"그렇죠? 그럴 줄 알았어요. 그런 사람으로 보이진 않았거든요."

"그런 사람이라면, 어떤?"

"사이언톨로지 신자 말이에요. 좀 다르잖아요."

"그래요? 어떻게요?"

"그냥 어딘지 모르게요. 딱 꼬집어 말하긴 힘들지만. 약간 정신이 나갔다고나 할까. 외계인 같은? 아무튼 좀 달라요."

낱말퍼즐을 다시 꺼내서 아가씨들에 대한 생각을 적을까 잠시 고민했다.

그때 더 중요한 생각이 났다. 어쩌다 한번 떠오르는 중요한 생각인데다 대부분 금방 잊어버리므로 나는 얼른 수첩을 꺼내 기록했다. 나는 기차에서 세 사람과 함께 앉았고, 사이언톨로지 책을 읽는다는 이유만으로 셋 모두가 나를 부정적으로 생각했다. 찢어진 청바지나 손목의 문신, 혹은 겨드랑이에서 나는 냄새 때문이 아니라 책 한 권 때문에 그들은 나를 째려보고 자리를 피하고 미친 사람 취급을 했다. 확신컨대, 독일에서 사이언톨로지는 정말로 최악의 이미지를 갖고 있다.

나중에 동료 요하네스에게 이 얘기를 하자, 그는 흥분을 가라앉히지 못했다. 그는 사이언톨로지 신자가 아니다. 그러나 전문가 뺨치는 토론자이자 술자리 철학자다. 1994년의 불가리아 국가대표 축구팀[1994년 월드컵에서 불가리아는 4강까지 진출하는 전무후무한 기록을 세웠다.]의 팬을 닮았고 라인하르트-메이[독일을 대표하는 싱어송라이터] 숭배자로서 나를 라인하르트-메이교 신자로 만들려고 몇 년째 헛수고를 하는 중이다.

"궁금한 게 있는데 말이야." 요하네스가 운을 뗐다. "기독교 전통이 강한 독일이 과연 이슬람교 신자들을 받아들일 수 있는지 의문을 제기하는 사람들이 많잖아. 그런데 이상하게도 불교에 대해서는 아주 긍정적이란 말이지. 정치적 배경 같은 거 따지지 말고 순수하게 신학적인 면만 보면, 기독교와 이슬람교의 차이는 기독교와 불교의 차이에 비하면 진짜 별것 없잖아. 기본적으로 신의 존재나 사후세계에 대한 입장만 비교해도 그렇고. 정말 이상하지 않아?"

몇 년 전에 레인저스 FC와 셀틱 FC의 363번째 경기를 보러 글래스고에 갔던 일이 떠올랐다. 두 팀 모두 글래스고를 연고로 하는, 세상에서 가장 오래된 라이벌로 사람들은 두 팀의 경기를 '올드 펌 더비Old Firm Derby'라고 부르는데, 경기가 있는 날엔 늘 팬들 사이에 난투극이 벌어지고 각종 사고가 일어난다. 이른바 '올드 펌 위크엔드'에는 병원으로 실려 오는 응급환자가 평소보다 아홉 배가 많다. 두 팀을 충돌시키는 불씨는 축구보다 팬들의 종교 및 정치 성향과 관련이 더 깊다.

문제는 내가 가톨릭 신자이면서 레인저스의 열성 팬이라는 사실이다. 축구 팬들은 술을 시킬 때, 같은 맥주라도 자기네 팀 이름을 붙여 'FC ○○ 맥주' 달라고 하는데, 나도 '레인저스 맥주'를 주문한다. 그러나 레인저스 팬들은 거의 모두가 개신교 신자들이다.

이날 레인저스는 0 대 2로 졌다. 그러나 더 잊을 수 없는 것은, 내가 주말 내내 나의 종교를 입 밖으로 꺼내지 않은 일이다. 한번은 술집에서 기네스 네 병을 마시고 용기를 내어 나도 기독교 신자라고 말한 적이 있다. 그러자 옆에 앉은 사람이 오랜 친구처럼 어깨를 두드리며 말했다. 어찌나 세게 두드리던지 척추 세 개가 빠졌다가 다시 붙는 줄 알았다. "개신교라고 콕 찍어서 말해야지, 친구! 사탄숭배자보다 재수 없는 게 가톨릭 신자거든!" 술집에 모인 사람들 모두가 레인저스의 응원가인 〈팔로, 팔로Follow, follow〉를 목청껏 합창했다.

나는 그때 이미 속으로 생각했다. '뭐 이런 개떡 같은 생각이 다 있나!'

디트푸르트에 있는 프란체스카 수도회를 소개하는 기사를 읽은 적이 있다. 기사 제목이 〈세계적 종교가 하나로 합쳐지다〉였는데, 이 수도회가 1977년부터 일본식 명상을 해 왔다는 내용이었다. 말하자면 이 수도회는 불교의 참선과 기독교의 묵상이 만나는 곳으로, 독일어권에서 가장 오래된 '기독교적 참선 수도회'인 셈이다. 그리고 그 즈음에 누군가 내게 미하엘 겐치Michael Gentschy의 책,《요가와 기독교 영성Yoga und christliche Spiritualität》을 추천했다.

다양한 종교를 통합하거나 적어도 생산적인 대화를 하려는 이런 시도들은 아주 멋진 일이며 이런 시도들이 더 늘었으면 좋겠다. 나는 내 개인적인 경험을 통해, 그리고 프란체스카 수도회와 미하엘 겐치의 책을 통해, 기독교와 이슬람교보다 기독교와 불교가 훨씬 생산적으로 서로에게 다가선다는 요하네스의 말에 완전히 동감하게 되었다. 그러거나 말거나 스코틀랜드에는 '개신교적 가톨릭 수도회'가 없고 《탈레반과 기독교 영성》이라는 책도 아직 나오지 않았다.

바하이교를 세운 바하 알라의 글에서 나는 흥미로운 내용을 발견했다. 바하 알라의 주장에 따르면, "모든 종교는 자연적인 변화를 겪는다. 이런 변화는 계절이 바뀌듯 반복된다. 그러므로 모든 종교에는 유통기한이 있다. 유통기한이 다 된 종교는, 지속적으로 발전하는 문화와 발맞추기 위해 다른 종교로 대체될 것이다." 석가모니는 그가 살았던 시대의 사람과 장소에 맞는 지혜를 전하는 선지자였고 예수나 무함마드 역시 그가 살았던 지역과 그 시대 사람들에게 충고하는 예언자였다. 그리고 이제 바하 알라의 차례라는 것이다. 그러나

구원 확률 높이기 프로젝트

언젠가는 다시 새로운 예언자가 와서 그를 대체할 것이라고 한다.

멋진 생각인 것 같다. 다만 나는 유통기한이 지났다고 고백하는 종교를 지금까지 본 적이 없다. 바하이교 스스로도 현재 전성기에 있고 유통기한의 끝은 아직 보이지 않는다고 말한다. 한마디로 모든 종교의 유통기한은 우리가 죽고도 한참 후인 미래에 있다.

내가 보기에, 바하이교의 세계관은 범신앙론의 세계관과 아주 가깝다. 바하이교는 모든 종교의 일치와 생산적인 대화를 가장 중요하게 여기기 때문이다. 범신앙론의 세계관 역시 한 종교가 모든 질문에 답할 수 있는 게 아니라 모든 종교의 답을 합해야 모든 질문에 답할 수 있다고 여긴다.

물론 범신앙론과 바하이교는 다르다. 사후에 대한 질문에서 바하이교는 명확한 태도를 보인다. 바하이교는 물질세계로의 육체적 환생은 없다고 가르침으로써 여러 동양 종교들과 시각을 달리한다.

나는 전체적으로 바하이교에 매우 공감한다. 지금까지 바하이교에 대해 왜 그렇게 아는 게 없었는지 놀랍다. 이렇게 현대적이고 민주적인 종교라면 당연히 독일에서 명성을 누려야 마땅한데 말이다.

미국의 정치학자들은 이런 이미지 현상에 대해 '낮은 정보의 합리성'이라는 개념을 도입했다. 대부분의 유권자들은 후보의 주요 공약을 기반으로 결정하지 않고 본능적으로, 또 개인적인 소소한 디테일을 기반으로 결정한다. 미국 대통령 선거에서 오바마가 선출된 것이 그 좋은 예다. 2008년 가을에 오바마를 선택하도록 유권자들을 설득한 것은 상세하고 믿을 만한 공약이 아니라 후보의 카리스마였다. 대히트를 친 'Yes, we can'이라는 슬로건과, 적지만 핵심적인 약속들이었다.

이런 '낮은 정보의 합리성'은 종교에도 있다. 14대 달라이 라마, 텐진 갸초가 가장 최근의 사례다. 그는 카리스마가 있다. 인터뷰를 보면 그는 현명함뿐 아니라 온화함과 겸양이 돋보인다. 또한 그는 비폭력이나 존중 같은 중요한 가치를 위해 열정적으로 싸운다. 여기에 추방과 망명으로 점철된 그의 굴곡진 생애가 더해진다. 그 모든 고난에도 불구하고 그는 삶의 기쁨과 인내심을 잃지 않았다.

달라이 라마의 책들은 윤리의 기초를 다루고 지금의 삶에서 행복할 수 있는 길을 제시한다. 달라이 라마 스스로 자신의 잘못을 꾸밈없이 고백하고 앞으로 고치리라 다짐한다. 솔직히, 이런 사람을 어떻게 안 좋아할 수 있겠는가? 실제로 한 친구도 내게 이렇게 물은 적 있는데, 그는 예전에 달라이 라마의 운전사 노릇을 할 기회가 있었고 그 후로 틈만 나면 달라이 라마 얘기를 하며 감탄했다.

티베트 민족의 대표가 보여 주는 카리스마는 잘 알려진 몇몇 기본 가치와 연결되어 불교가 '쿨한 종교'로 통하도록 했다. 반면 이슬람교는 이른바 '비호감 종교'가 되었고 더 나아가 이슬람교를 두려워하는 사람들도 많다. 무엇보다 유력 신문들이 이슬람교의 부정적인 면을 부각시키거나 괴상한 인상을 주는 내용을 머리기사로 다룬 탓이다. 타 종교를 더 존중해야 한다는 내용은 토론 주제에서 사라졌고, 오히려 타 종교에 너무 큰 관용을 베푸는 게 아니냐며 의문을 제기한다.

"우리가 두려워해야 할 단 한 가지는 두려움 그 자체입니다. 두려움은 우리에게 필요한 긴장감을 온통 마비시켜 후퇴해야 할 때 오히려 공격하게 만들 위험이 있기 때문입니다." 루스벨트 전 미국 대통령의 말이다. 그리고 많은 사람들이 이슬람교를 두려워한다. 이런 두려움 때문에 토론 자체가 불가능해 보인다.

이런 두려움의 시발점이 언제인지는 명확하다. 2001년 9월 11일 뉴욕 시간으로 8시 46분. 그 전에는 '이슬람 비판'이라는 개념이 없었다. 세계가 변한 날이자 두려움이 퍼진 날이다. 이 두려움은 정말로 근거가 있는가? 당연하다고 말하는 사람도 있고 패닉에 불과하다고 말하는 사람도 있다. 그리고 양측은 책과 기사와 블로거 들을 서로 욕한다. 이성적인 토론이 불가능하다.

이슬람교 신자 중에 가장 유명한 사람은, 토크쇼에서 온화한 미소로 자비와 삶의 기쁨을 말하는 카리스마 넘치는 이맘[이슬람교 **공동체를 통솔하는 지도자**]이 아니라, 2001년 9월 11일 테러의 배후 조종자로 통하는 오사마 빈 라덴이다. 알고 보면 다른 종교들보다 우리와 훨씬 가까운 한 종교가 그렇게 우리에게서 멀어지고 소외된다. 그리하여 마침내 두려워하는 편이 나은 종교가 되고, 적지 않은 사람들이 주장하듯, 두려워해야 하는 종교가 된다.

범신앙론자가 되려는 나의 프로젝트에서 종교의 이미지는 중요한 요소다. 종교는 사후에 무슨 일이 벌어질지 대답해야 한다. 그리고 사후에 무엇을 얻게 될지 결정하는 기준과 인간이 지향해야 할 도덕적 기준을 제시하고 불의가 있는 곳에 뛰어들어야 한다. 종교 지도자들은 믿는 사람들의 모범이 되어야 한다. 지도자를 신뢰할 수 없는데, 어떻게 그 종교를 신뢰할 수 있겠는가? 그리고 종교를 신뢰할 수 없는데, 어떻게 종교의 규율을 지키려 노력할 수 있겠는가?

하랄트 마르텐슈타인Harald Martenstein은 몇 년 전에 '마르텐슈타인이 화나다'라는 제목으로 시사 주간지 《차이트》에 칼럼을 연재하여 세계적 종교들을 비판했다. 나는 이 칼럼을 아주 재미있게 읽었는데, 내가 존경하는 마르텐슈타인의 칼럼이기도 했지만 무엇보다 종교의 이미지를 함축적이고 도발적으로 총괄해 주었기 때문이다.

마르텐슈타인에 따르면, 기독교는 존경받는 종교가 아니라 그저 허용되는 종교가 되기를 자처했다. 정치가들은 여론의 영향이 중요한 선언을 할 때만 기독교에 기댄다.

반면 이슬람교는 곤란한 상황에 처했다. 이슬람교는 점점 진지하게 정색을 할 테고 그럴수록 점점 더 공감 능력을 잃을 것이다. 이슬람교에서는 의문을 제기하는 것이 허락되지 않는다. 그런데 민주주의 교육을 받은 사람들은 권위에도 의문을 제기할 수 있어야 한다고 반박한다.

마르텐슈타인은 유대교에 엄격함과 권위주의와 거만함의 이미지를 배정했다. 규율과 금지가 613개나 된다. 유대교 신자들은 스스로 신으로부터 특별한 선택을 받았다고 믿는다.

힌두교는 신앙 공동체라기보다는 관료 체계와 더 많이 닮았다.

구원 확률 높이기 프로젝트

유교는 지금의 삶에 필요한 실질적인 지혜를 제시하지만 사후에 대한 물음에는 제대로 답하지 않는다.

마르텐슈타인은 유일하게 불교만 비판을 가장하여 칭송했다. "불교는 진짜라고 하기엔 너무 아름답지만, 솔직히 우리 모두 이 종교를 따라야 한다." 하지만 불교의 가르침은 유럽 사람들의 성향, 예컨대 남보다 앞서려는 야망과 발전 지향 등 많은 것에서 모순된다. 우리 유럽 사람들은 우리의 감정, 황홀과 환호, 다툼까지도 사랑한다. 애석하게도 불교와는 맞지 않는다.

나는 연재를 읽으면서 감동을 받았다. 그러면서 문득, 마르텐슈타인이 모든 종교를 칭송했다면 어땠을까 하는 생각이 들었다. 이 연재에 대한 독자들의 반응이 정말 재밌었는데, 비판적이고 풍자적인 이 칼럼은 종교 지도자들의 항의를 전혀 받지 않았다. 그런데 하필이면 불교 신자들이 격하게 항의했다. 그래서 마르텐슈타인은 〈참선과 분노〉라는 글에서 불교 신자들의 반응에 대한 자신의 생각을 썼다. "나는 오늘 눈먼 친구에게 불교를 이렇게 설명할 것이다. 이슬람교가 너무 느슨하고 쉽다고 느끼는 모든 사람에게 강력히 추천하는 종교다!"

레겐스부르크로 가는 기차에서 겪은 사이언톨로지 일화와 마르텐슈타인의 연재 덕분에 나는 종교 이미지에 더욱 관심을 갖게 되었다. 미국 대학들이 공동으로 연구한 〈상표, 사람, 종교에 대한 이미지 조사〉가 있는데, 이들이 쓴 방법 중에 '3초 테스트'라는 것이 있다. 대개 마케팅 전략가들이 시장 연구에 사용하는 방법으로, 응답자는 이름을 듣고 3초 안에 떠오르는 단어를 말해야 한다. 광고 기획자들에게도 이 테스트는 매우 중요한데, 그들은 광고를 통해 특정 이미지를 소비자들에게 주입해야 하기 때문이다. 예를 들면 사람들은 '말보로'를 듣고 폐암이나 연기 자욱한 술집이 아니라, 고단한 일과를 마치고 저녁에 모닥불 옆에 편히 앉아 파이프 담배를 물고 있는 카우보이를 떠올린다.

이 상표는 말보로맨이 등장하기 전에는 여성용 담배였다. 1954년 광고 기획사 레오 버넷이 카우보이를 제안했고 1965년부터 말보로 광고에 카우보이가 등장했다. 카우보이 역할을 맡았던 영화배우 두 명이 그 사이 폐암으로 죽었어도 광고는 여전하고 말보로맨은 가상인물 중에서 가장 영향력이 큰 사람으로 통해, 미키마우스와 〈스타트렉〉의 커크 선장보다 앞선다.

나는 프로젝트 초반에 '3초 테스트'를 하고 프로젝트가 끝날 즈음에 다시 해서 그동안 나의 인식이 정말로 바뀌었는지 확인해 보기로 했다. 그래서 곧바로 종교별로 연상되는 단어들을 녹음했다.

애플사	아이폰, 스티브 잡스, 독재자, 쿨한 디자인
무신론	신은 없다, 리처드 도킨스, 과학자, 물리학
바하이교	일치, 신흥종교, 유통기한
불교	달라이 라마, 환생, 티베트, 소림사 스님들
기독교	종교세, 예수, 십자가, 금지, 경건주의
힌두교	카스트 제도, 부당함, 5000명의 신, 인도

구원 확률 높이기 프로젝트

이슬람교	테러리즘, 9월 11일, 무함마드, 위협
유대교	영화 〈쇼아〉, 홀로코스트, 추방, 다윗의 별, 이스라엘, 약속의 땅
유교	지혜, "공자께서 말씀하시길", 입신양명, 학자
허무주의	아무것도 없다, 영화 〈위대한 레보스키〉, 슬프다
사탄숭배	악, 주술, 염소 제물, 공동묘지
사이언톨로지	외계인, 전파 감지기, 테탄, 착취, 탈퇴자들
시크교	터번, 인도, 환생
도교	음양, 풍수, 비법
조로아스터교	차라투스트라는 이렇게 말했다, 니체, 글쎄!

이럴 수가! 나는 기차에서 자리를 옮겼던 여자와 별반 다를 게 없었다. 나는 대부분의 종교에 대해 무지하거나 무관심했고 거만한 이미지의 종교에는 편견과 무의식적 혐오를 갖고 있었다.

사이언톨로지는 나의 연상에서도 나쁜 이미지였고, 가톨릭 집안에서 자란 걸 감안하면 유일신 종교들이 제일 친근해야 하지만 그다지 좋은 평가를 얻지 못했다.

우리가 얼마나 성급하게 남을 판단하는지, 그리고 이런 판단이 때때로 얼마나 끔찍한 실수일 수 있는지 나는 확실히 깨달았다. 이슬람교는 예수를 어떻게 생각할 것 같냐고 기독교 신자들에게 물었다. 이슬람교는 기독교의 구원자인 예수를 부정적으로, 혹은 적대적으로 생각할 거라고 대답한 사람이 50퍼센트를 넘었다. 예수의 존재를 인정하지만 그냥 무시할 거라고 답한 사람이 35퍼센트였고, 예수를 긍정적으로 생각한다고 답한 사람은 겨우 10퍼센트였다.

《코란》에는 예수 그리스도를 진지하게 다루는 구절이 아주 많다. 그 중 3장에서 발췌한 내용을 소개하겠다.

그의 이름은 메시아 예수이니라. 현세에서는 마리아의 아들이고 내세에서는 알라와 가까운 분이시라. 그는 요람에 누워서, 그리고 성장해서 사람들에게 말할 것이며 의로운 자들 가운데 있게 되리라. 마리아가 말하길, "제가 어떻게 아이를 가질 수 있습니까? 어떤 남자도 저를 스치지 아니하였습니다." 알라의 뜻이라면 그렇게 되리라. 그분이 어떤 일을 하고자 할 때 말씀하시나니, 있어라 그러면 있느니라. 그분은 《성서》와 지혜와 율법과 복음을 그에게 가르치시어 이스라엘 자손에게 선지자로 보내리라.

이렇듯 예수 그리스도는 이슬람교에서 선지자로 존경받을 뿐 아니라 죄 없이 살고 평생 흠을 남기지 않은 유일한 사람으로 인정받는다. 무함마드도 깨달음을 얻기 전까지는 완벽하게 살지 못했다. 또한 《코란》은 마리아의 동정잉태를 얘기하고 예수의 기적을 설명하며 알라와 아주 가깝고 알라로부터 높여질 사람으로 존경한다. 설문조사가 보여 주듯, 다만 기독교 신자들이 이 사실을 모를 뿐이다. 무지에서 편견이 나온다.

우리 모두는 종교에 편견을 갖고 있다. 대부분의 편견은 각 종교를 충분히 공부하지 않아서 생긴다. 무지와 무시가 편견과 편협을 낳는다.

프로젝트 초반에는, 사후에 대한 생각을 반드시 한 가지로 정해야 한다고 생각했다. 천국에 가고 싶은지, 아니면 차라리 다시 태어나고 싶은지 언젠가는 결정해야 할 거라고 생각했다. 이것이 종교 간의 가장 두드러진 차이라고 여겼다. 그런데 시크교는 이 두 생각을 통합한다. 착하게 산 사람들은 죽은 후 곧장 신과 하나가 될 수 있다. 착하게 살지 않은 사람들은 다시 태어남으로써 두 번째 기회를 얻거나 연속해서 8000만 번을 여러 동물로 변신하며 살아야 한다. 길고도 긴 동물세계 여행을 마친 후라야 비로소 이들도 신과 하나가 될 수 있다. 이런 식으로 천국과 지옥과 환생이 통합된다. 사후에 대한 질문에 이것이 진짜 정답일지 누가 알겠는가!

종교에 관한 책을 읽었다고 해서, 기차에서 내가 겪은 것처럼 그런 반응을 보인다면 그것은 분명 종교에 대한 편견이다. 기차에서의 경험은 매우 흥미로웠고 각 종교의 이미지를 알아보는 방법으로 안성맞춤이라는 생각이 들었다. 나의 실험은 당연히 학문적 실험도 아니고 주목받을 만한 설문도 아니다. 그러나 종교의 이미지에 대한 대략의 분위기는 파악하게 해 준다.

첫 번째 기회는 이틀 후 뮌헨에서 베를린으로 가는 비행기 안에서 생겼다. 나는 좌석이 넷인 줄에 앉았다. 짧은 비행인데도 뭔가 먹을 것을 받아 든 사람들 틈에. 왼쪽에는 대략 사십대로 보이는 남자가 앉았는데 팔걸이 다툼에서 나를 이기기에 충분할 만큼 뚱뚱했다. 오른쪽에는 팔걸이가 필요 없어 보이는 작은 체구의 금발 여자가 앉았다.

제목을 보는 순간 백이면 백 모두 부정적인 반응을 보이는 데에 재미가 붙은 나는 다시 사이언톨로지 책을 꺼내 제목이 잘 보이게 들었다. 왼쪽에 앉은 사람? 코를 곤다. 이 남자는 진짜 피곤한 좋은 사람이거나 내 책에 얼마나 무관심한지를 아주 인상 깊게 표현한 것이리라. 반면 오른쪽에서는 저항이 있었다. 여자는 살만 루시디[Salman Rushdie, 인도에서 태어난 영국 소설가. 신화와 환상, 현실이 혼합된 마술적 사실주의 작가]의 책을 꺼냈다. 아하, 한번 해보시겠다!

"흥미로운 책이네요."

"음—." 그녀는 눈길도 주지 않았다.

"저도 꽤 흥미로운 책을 읽고 있어요. 약간 정신없긴 하지만 나름 재밌어요."

나는 책표지를 그녀의 코앞에 불쑥 내밀었다. 그녀는 표지를 볼 수밖에 없었다. 어차피 일어나서 다른 자리로 갈 수도 없었으니까.

"그래요?" 여전히 눈길 한번 안 주고 아이팟 이어폰을 귀에 꽂았다. 그녀는 정말 음악을 들었거나 나와의 대화에 얼마나 무관심한지를 아주 인상 깊게 표현한 것이리라.

나의 실험은 계속되었다. 총 6개월 동안 정확히 기차에서 쉰네 번, 비행기에서 열여섯 번. 대략 열 권의 책이 투입되었다. 달라이 라마의《새천년을 위한 윤리》, 노자의《도덕경》, 공동번역《성경》,《코란》,《탈무드》, 공자의《중용》, 힌두교 경전인《바가바드기타》, 론 허버트의《사이언톨로지: 사고의 기초》, 리처드 도킨스의《만들어진 신》. 모두가 보는 앞에서 읽기 위해 6개월 동안 이 책들을 틈만 나면 꺼내 들었다.

무관심한 반응이 대부분이었다. 아무도 말을 걸지 않았고 자리를 옮기는 사람도 없었다. 비행기에서는 대체로 습관처럼 출발하자마자 모두들 잠을 잤다.

나는 '3초 테스트'와 '책 실험'을 친구, 동료, 친척 들에게도 해 보았다. 종교에 대한 설명이나 인물 혹은 책을 연상하면 '중간'으로 평가했다. 파괴적 사건, 불쾌감, 욕은 '부정'으로 평가했고, 아름다운 묘사와 칭송은 '긍정'으로 평가했다. 예를 들어 기독교에서 '예수 그리스도'를 연상하면 중간에 넣었고, '구원자'라고 하면 긍정에 넣었다. 사이언톨로지에서 '전파 감지기'는 중간으로, '착취' 혹은 '사이비 종교'는 부정으로 평가했다.

두 테스트의 결과는 공식적으로 발표할 만큼 사회적 총괄에 못 미쳤고 학문적 요구도 채우지 못했지만, 내가 현재 자주 만나는 234명의 현주소는 대략 파악할 수 있었다.

종교	책 실험			3초 테스트		
	긍정	중간	부정	긍정	중간	부정
기독교	8%	92%	0%	22%	54%	24%
도교	14%	84%	2%	33%	63%	4%
불교	26%	74%	0%	38%	60%	2%
힌두교	6%	88%	6%	6%	69%	25%
유교	2%	98%	0%	12%	86%	2%
유대교	10%	86%	4%	17%	58%	25%
이슬람교	2%	82%	16%	3%	61%	36%
조로아스터교	0%	100%	0%	6%	94%	0%

사이언톨로지	2%	72%	26%	3%	49%	48%
바하이교	–	–	–	2%	97%	1%
허무주의	–	–	–	4%	61%	35%
사탄숭배	–	–	–	2%	32%	66%
무신론	14%	70%	16%	5%	34%	61%

종교별로 가장 많이 연상된 낱말 세 개는 다음과 같다.

무신론	슬프다, 신은 없다, 믿지 않는 자
바하이교	모른다, 신흥종교, 인도
불교	달라이 라마, 평화, 명상
기독교	교황, 벌, 종교세
힌두교	카스트, 소, 환생
이슬람교	테러, 남자, 무함마드
유대교	홀로코스트, 돈, 할례
유교	"공자께서 말씀하시길", 지혜, 달력
허무주의	지루하다, 자유, 거만하다
사탄숭배	악, 나쁘다, 미쳤다
사이언톨로지	착취, 사이비 종교, 돈
시크교	터번, 왕, 인도
도교	중국, 모른다, 음양 문양
조로아스터교	그게 뭐? 몰라! 니체

책 실험은 지난 5년 동안 내가 가졌던 이미지와 대충 비슷한 결과여서 그다지 놀랍지 않았다. 그러나 3초 테스트에서 친구, 동료, 친척 들이 연상한 낱말과 내가 연상했던 낱말이 아주 많이 일치해서 조금 놀랐다.

구원 확률 높이기 프로젝트

프로젝트를 시작할 당시의 나처럼 그들도 다른 종교에 무지한 것 같았다. 무지가 편협을 낳는다. 더 나아가 부당한 평가를 하게 만든다. 그래서 어떤 종교들은 큰 사랑을 받고 기뻐하는데, 어떤 종교들은 심각한 이미지 문제를 안고 있다. 친구이자 동료인 요하네스는 이렇게 덧붙였다. "90퍼센트가 같은 의견이라면, 그것은 진실이거나 경계할 일이다."

나도 같은 의견이다. 그러나 공공장소에서 종교와 관련된 책을 읽을 때는, 낱말퍼즐이 들어 있는 《도이체 차이퉁 마가친》을 항상 가지고 다녀야 한다. 재빨리 모면해야 할 위급한 상황이 언제 닥칠지 모르니까.

7장

고난의 고해성사

전송 버튼을 클릭하는 순간 벌써 후회가 되었다. 금세 잊어버린다 해도 아쉬울 것 없는 아이디어지만, 반짝하고 떠오르는 그 순간에는 아주 멋져 보이고, 그래서 신나게 친구들한테 설명하면 그 순간 웃음거리가 되고 마는 그런 아이디어를 다들 잘 알 것이다.

내 경우는 웃음거리 그 이상이었다. 나는 반짝하고 떠오른 아이디어에 감탄할 뿐 아니라 확신에 차서 바로 실행에 옮겼다. 일부터 저질러 놓고 친구들과 아내에게 알렸다.

아내는 그 아이디어 때문에 약 2만 유로는 손해 볼 거라고 했다. 나는 아내의 계산법을 잘 알았으므로 이번 계산도 별로 신뢰하진 않았다. 맨해튼에서 세인트패트릭 대성당의 높이를 가늠할 때 아내는 "아주 높아!"라고만 했었고, 진짜 높이(99미터)를 알았을 때 "거봐, 내 말이 맞지?"라고 했었다.

내가 뭘 더 겁냈는지 솔직히 잘 모르겠다. 끔찍한 상상이 현실이 될까봐? 아니면 미처 상상하지 못한 더 끔찍한 일이 있을까봐?

그때 나의 심정은 다음 상대로 바이에른 뮌헨을 맞아야 하는 분데스리가 하위권 팀의 감독과 비슷했다. 그는 좋은 결과(현실적으로 0:2로 패하는 결과)를 희망하는 한편, 뮌헨 선수들이 미친 듯이 뛰는 바람에 자기 선수들이 그만 겁을 먹었을 때 생길지도 모르는 재앙을 두려워한다.

아는 모든 사람에게 나는 짧은 메일을 보냈다. 문제는 이 짧은 메일이 아니라 답장으로 받을 내용이었다. 그것은 위험한 폭탄이었다. 나는 좋은 답장(현실적으로 안 좋은 답장 몇 개는 예상했다)을 희망하는 한편, 몇몇 친구들이 미친 듯이 답장을 쓸 때 생길지도 모르는 재앙이 두려웠다. 주소록에 적힌 이름 하나하나를 보며 최악의 답장들을 상상했다. 그들은 내게 무슨 짓을 했을까? 그들 중 누가 나를 속였을까? 내 여자 친구와 잔 사람도 있을까? 운전학원 강사에게 돈을 찔러 주어 내가 면허시험에서 떨어지게 훼방을 놓은 사람은? 내게 답장을 보낼 만큼 용감한 사람이 있기는 할까?

내가 정말 답장을 받고 싶었는지 확신할 수 없지만, 그래도 모든 것을 알고 싶었다.

어쩌면 정말로 답장을 보낼까봐 두려웠는지도 모른다. 'sueddeutsche.de'[《쥐드도이체 차이퉁》 홈페이지. 《쥐드도이체 차이퉁》은 남부 독일에서 발행되는 진보 성향의 일간신문으로, 독일에서 가장 영향력 있는 권위지다.]가 얼마 전에 독자들에게 어두운 비밀을 익명으로 적어 달라고 요청했는데, 비밀을 털어놓은 독자가 2000명이 넘었다. 초반의 글들은 '짜릿한 순간'이라고 불러도 좋을 만큼 순진하고 무해한 고백들이었다. "나는 신문이나 책을 사면 항상 냄새를 맡는다." "나는 CSU[기독사회연합. 바이에른 주 집권당으로 보수성이 강한 정당.]를 찍은 적이 있다." "나는 단추가 손에 닿는 걸 싫어한다." 괴상한 고백들도 있었다. "나는 직원이 30명인 중소기업의 사장이다. 내가 지금 뭘 하는지 모르겠다." "나는 지금까지 한 번도 세금을 내지 않았다."

내가 보낸 메일의 내용은 다음과 같다.

"여러분, 과거 언젠가 여러분은 내게 뭔가 나쁜 일을 저질렀을 겁니다. 나는 여러분 모두를 용서하고 싶습니다. 어떤 나쁜 일을 저질렀는지 3주 안에 고백하면 무조건 다 용서하겠습니다. 말하자면 이 편지는 '해방의 편지'입니다! 탓하려는 것이 아니라 그저 알고 싶을 뿐입니다. 위르겐 드림."

얼마 전 페이스북을 통해 진행했던 설문 때문에 두려움이 더 컸는지도 모른다. 나는 '새 책을 위한 이벤트'라는 아주 거만한 페이지를 만들고 질문을 올렸다. "용서를 구하고 싶은 사람은 누구이고, 어떤 잘못을 용서받고 싶습니까?" "왜 아직까지 용서를 구하지 못했습니까?"

놀랍게도 몇 시간 후부터 벌써 답변들이 올라오기 시작했다. 모두 개인적으로 모르는 사람들이었고 답변들은 대단히 솔직했다. 물론 개중에는 피식 웃게 하는 내용도 끼어 있었다. "사촌. 아주 오랫동안 연락을 하지 않았다. 하지만 사촌이 연락을 하지 않았기 때문에 나도 연락을 하지 않은 것이다."

대부분은 곰곰이 생각하게 했다. "나 자신에게 용서를 구하고 싶다. 나는 내가 하고 싶은 걸 하지 않고 다른 사람이 시키는 것을 했다."

사랑스러운 것도 있었다. "얼마 전에 죽인 거미에게 미안하다고 말하고 싶다. 거미는 아무 짓도 안 했는데 나 혼자 겁에 질려 그만 죽이고 말았다."

특히 두 사람의 대답이 인상 깊었다. 전혀 모르는 사람들이 쓴 것이어서 더욱 그랬다.

첫 번째 대답: "우선은 아이들에게 미안하다. 이혼, 마약(비록 아이들은 모르지만), 많은 시간을 같이 보내지 못한 일 등, 내가 젊었을 때 잘못한 것들, 혹은 절대 하지 말았어야 할 일들에 대해 용서를 구하고 싶다. 그 다음엔 어머니에게. 어머니와 나는 사이가 안 좋으니까. 마지막으로 나 자신에게. 나는 나 자신을 하찮게 여긴 적이 많다. 그래서 전남편의 학대 같은 여러 어려운 상황을 초래했다. 하지만 다 지나간 일이다. 아직까지 용서를 구하지 못한 이유? 아이들은 아직 너무 어리다. 이해할 수 있는 나이가 될 때까지 기다릴 참이다. 어머니하고는 현재 연락을 안 하고 산다. 그리고 어머니의 잘못을 용서하지 못하는 내가 어머니에게 용서를 구하는 건 좀 이상하다. 어머니는 당신의 잘못을 인정하지 않으니까 내게 용서를 구하는 일도 없을 것이다. 그리고 나 자신…… 언젠가 용서할 준비가 되면 모든 것을 용서할 수 있을 것이다."

두 번째 대답: "내 인생에서 용서를 구하고 싶은 사람은 두 명이다. 어머니와 아버지. 나는 열세 살 때 큰 잘못을 저지르고 집에서 도망쳤다. 그때 왜 그랬는지 지금도 모르겠고, 부모님께 저지른 나의 잘못을 나조차 용서할 수 없다. 나는 집을 나와 6개월 동안 연락을 끊었고 급기야 경찰이 나를 찾아다녔다. 당시 부모님이 얼마나 힘들었을지 이제야 알겠다. 안타깝게도 나의 잘못은 돌이킬 수가 없다. 그저 용서를 빌 수 있을 뿐이다. 그러나 바로 그것을 또한 할 수 없다. 우리는 그때 얘기를 다

구원 확률 높이기 프로젝트

시 꺼내지 못한다. 너무 늦기 전에, 내일보다는 오늘 용서를 빌어야 한다는 걸 잘 안다. 그런데도 나는 부모님께 그저 작은 선물이나 하면서 나의 괴로운 심정을 달랜다. 그냥 부모님 앞에 서서 '죄송해요. 돌이킬 수 없는 일이지만 저를 용서해 주세요'라고 말하고 싶다. 나는 평생 죄책감 속에서 살았다. 언젠가는 용서를 빌 수 있기를 희망한다. 너무 늦지 않게……."

솔직히 말해 이 두 대답은 인상 깊은 걸 넘어 충격적이었다. 이들은 전혀 모르는 사람 앞에서 이토록 솔직하면서, 정작 그들의 인생에서 가장 중요한 사람들 앞에서는 그렇게 하지 못했다. 그들이 마침내 모든 걸 말끔히 정리하는 데 성공한다면 아마 그것이 세상에서 가장 멋지고 중요한 일일 것이다.

용서를 구하는 일이 왜 그토록 어려울까 하는 물음이 내 머리를 떠나지 않았다. 부모님이든 아이들이든 용서를 받고 싶은 사람에게 가는 것은 너무나 당연하다. 그런데 거기에 장애물이 있는 것 같다.

내 생각에, 용서를 빌지 못하는 이유는 딱 하나다. 자신의 독립성을 잃고 결과적으로 자유를 잃을까 두려워서다. 잘못을 고백하는 사람은 상대방과의 독립적 관계에서 무릎을 꿇는 셈이다. 몸을 낮추고 상대방이 용서하기만을 바라야 한다. 어쩌면 용서에 조건이 따를 수도 있고 나중에 보복을 받을 수도 있다. 반면에 잘못을 고백하지 않으면 독립적 관계는 유지된다.

잘못을 고백하는 일이 얼마나 고통스러운지 나는 잘 안다. 잘못을 고백해야 할 때가 되면 나는 치과에 가야 할 때처럼 몸까지 아프다. 나는 내가 한 행위에 당당하게 책임을 지지 못하는 경우가 자주 있다. 잘잘못을 떠나 비판을 받으면 곧바로 무너지고 만다. 잘못이 분명할 때는 나의 행위를 정당화할 수 있는 핑계를 찾고 그것으로 나를 긍정적으로 포장하려 애쓴다. 그리고 내 잘못으로 빚어진 결과를 최대한 축소하려고 애쓴다.

다른 사람들도 마찬가지일 텐데, 이것은 아마 정의의 잣대를 마음 내키는 대로 늘리거나 줄이기 때문일 것이다. 신문에서 범죄 기사를 읽으면 범인이 잡혀서 합당한 벌을 받아야 한다고 생각한다. 단지 유명하니까 유명해진다면 나는 그들의 명성을 비웃는다. 어떤 유명인이 단지 유명하다는 이유로 자서전을 내고 그것이 베스트셀러 순위에서 내 책보다 높으면 나는 부당하다고 여긴다. 그러면서 내 책《왜 우리는 끊임없이 거짓말을 할까》역시 유명인의 자서전 못지않게 쓸데없는 얘기가 많다는 걸 꽁꽁 숨긴다. 그리고 나보다 훨씬 훌륭한 작가들의 책보다 내 책이 높은 순위에 있는 것을 부당하다고 여기지 않는다.

부당한 대우를 받았다고 느낄 때 나의 정의감은 유난히 강해진다. 반대로 부당하게 특혜를 누렸을 때는 기꺼이 침묵한다. 포커와 비슷한데, 내가 이기면 나의 과감성, 확률을 계산하는 능력, 예측하는 기술 덕분이고, 내가 지면 그냥 더럽게 재수가 없는 것이다.

이런 까닭에 친구와 친척들, 특히 아내가 나의 최대 강점이 정의감이긴 하지만 바로 그 점 때문에 내게 잘못한 사람을 진심으로 용서하고 사

구원 확률 높이기 프로젝트

과를 받은 후 깨끗하게 잊는 능력이 부족하다고 했던 것이리라. 또한 아내는 내가 잘못을 인정하고 용서를 구할 준비가 전혀 안 되었다고 지적했다. "당신은 잘못을 인정하는 대신 당신보다 더 크게 잘못한 사람을 찾아내서 계속 그 사람만 강조한다니까."

당연히 나는 나의 '건강한' 정의감을 잃고 싶지 않다. 하지만 모범적인 범신앙론자가 되려면 용서하는 법을 배워야 한다.

정의와 처벌은 우리 사회의 중요한 토대다. 도둑이 처벌받지 않고 신에게뿐 아니라 법정과 피해자에게도 용서를 받는다면 도둑은 아마 계속 훔칠 것이다. 도대체 뭐가 무서워 도둑질을 그만두겠는가! 그래서 나는 범죄자 처벌이 대단히 중요하고 옳다고 생각한다. 잠재된 범죄자에게 겁을 주는 효과 때문에라도 처벌은 반드시 필요하다. 그러나 처벌은 어디까지나 처벌에 머물러야지, 보복이 되어서는 안 된다.

사형 제도를 다룬 한 다큐멘터리를 보면서 나는 곰곰이 생각에 잠긴 적이 있다. 다큐멘터리는 미국에서 벌어진 한 사건을 소개했는데, 희생자의 부모가 살인자의 처형 장면을 지켜보겠다고 요청했다. 사형수의 마지막 소원이 혼자 처형되는 것임을 전했는데도 이들은 계속 권리를 주장했다. "그 짐승이 죽는 걸 내 눈으로 직접 봐야겠어요." 결국 그들의 요청이 받아들여졌다. 그리고 다음 장면에서 그들은 교회에 나가 자신들의 죄를 용서해 달라고 기도했다.

그들의 신앙에 맞게, 아들을 죽인 살인자도 용서했어야만 할까?

살해당한 아이의 부모가 정의와 용서 중 하나를 결정해야 했을 때 어떤 갈등이 있었을지 충분히 상상이 된다. 다행히 나는 지금까지 그런 끔찍한 경험을 하지 않았다. 그럼에도 불구하고 나는 다른 사람을 용서하는 일이 얼마나 어려운지, 혹은 얼마나 쉬운지 직접 경험해 보고 싶었다. 그리고 다른 사람에게 용서를 구하는 일이 얼마나 어려운지도.

그래서 나는 고난의 고해성사를 시작했다. 내가 가장 후회하는 잘못을 제삼자에게 고백하고 용서를 구하는 한편, 내게 잘못한 사람을 용서하기로 했다.

많은 종교에서 강조하는 것 역시 회개와 용서, 죄에 대한 벌이다.

《코란》은 기본적으로 알라를 절대자이자 자비로우신 분으로 선언한다. 9장을 제외한 모든 장이 똑같이 시작한다. "자비로우시고 자애로우신 알라의 이름으로." 24장 22절에서는 "용서하고 너그러워야 한다. 너희는 알라께서 너희를 용서하시길 원하지 않느냐?"라고 묻는다.

불교: "너에게 고통을 주는 사람이라도 결코 해치지 말고 용서하라."

시크교: "용서의 정신이 없기 때문에 수많은 사람들이 파멸한다. 네 안에서 나오는 나쁜 감정을 진정시키고 온 세상이 너의 친구임을 알라."

공자도 멋진 말을 남겼다. "사람들은 용서하고 그 일을 잊을 수 있지만, 자신이 용서했다는 사실만큼은 오래 기억되길 바란다."

유대교의 가르침에 따르면, 완벽한 인간은 없다. 《탈무드》는 신의 자비를 열세 가지 요점으로 설명한다.

"인간이 아직 죄를 짓지 않았을 때, 인간이 죄를 지을 것임을 알 때도

구원 확률 높이기 프로젝트

신은 자비롭다. 인간이 죄를 지은 후에도 신은 자비롭다. 자비를 받을 자격이 없는 사람에게조차 신은 자비롭다. 신은 자비롭기 때문에 죄인의 벌을 가볍게 한다. 자비를 받을 가치가 없는 사람에게도 신은 자비롭다. 신은 쉽게 분노하지 않는다. 신은 다정하다. 신은 진실하므로 회개하는 죄인을 용서한다는 약속을 지킨다. 아브라함, 이삭, 야곱의 후손들이 경험한 것처럼, 신은 우리의 후손들에게 다정하다. 알고 지은 죄라도 회개하면 용서한다. 알고도 신을 화나게 했더라도 회개하면 용서한다. 신은 실수로 저지른 죄를 용서한다. 신은 회개한 죄를 잊는다. 믿음이 있는 유대인은 이웃에게 이와 같이 해야 한다."

힌두교는 '크샤마', 곧 용서를 청하고 용서를 하라고 요구한다. 인도 서사시 《마하바라타》는 '연민과 자비는 최고의 선善'이라고 표현했다. 또한 여러 문서에서 크샤마가 언급되는데, 존귀한 자의 노래, 《바가바드기타》도 용서에 대해 가르친다.

여러 종교가 용서하는 법과 용서받는 법을 가르친다. 기독교의 용서와 회개와 벌은 특히 인상적인데, 예수 그리스도가 활동하던 시대를 고려하면 더욱 그렇다. 예수를 신의 아들로 인정하든, 예언자로 보든, 인류 역사에서 가장 매력적인 인간으로 보든, 아브라함을 믿음의 조상으로 둔 종교에서는 예수의 생애와 가르침이 안식을 준다.

우리는 《구약》에 묘사된 하느님을 잘 안다. 그리고 그곳에 등장하는 '눈에는 눈, 이에는 이' 법칙, 하느님이 인간들에게 보낸 전염병, 믿지 않는 자들 때문에 노하신 하느님이 몽땅 쓸어버리려 했던 마을들도 잘 안다.《구약》의 하느님은 분노로 가득한 '벌주시는 하느님'이다. 리처드 도킨스는 신을 "모든 문학 인물 중에서 가장 불편한 인물"이라고 묘사했다. 토머스 제퍼슨도《구약》의 신을 "놀라운 인물! 무자비하고 변덕스럽고 불공평한 보복 중독자"로 묘사했다. 그리고 윈스턴 처칠의 아버지 랜돌프는 시원하게 내뱉었다. "오, 주여! 당신은 정말 빌어먹을 주님이십니다!"

나는 도킨스나 제퍼슨 혹은 랜돌프만큼은 아니지만,《구약》의 하느님이 친절한 신은 아니라고 확신한다.

예수가 활동하던 시대의 정치적 상황은 유대인들에게 굉장히 복잡했다. 이들은 백 년째 로마제국의 지배를 받아왔다. 로마제국에 대응하는 방식에 따라 네 파로 나뉘었는데, 사두개파는 지배자의 편에 섰고, 엣세네파는 은둔했고, 바리새파는 모세의 율법을 엄격하게 지킴으로써 쇄신을 꾀했으며, 열심당은 폭력혁명을 이끌어 예루살렘을 파괴했다.

예수는 다섯 번째 대응 방식을 제시했다. 그는 지배 세력에 동참하지 않았고 은둔하지 않았으며 군사적 저항도 원치 않았다. 정신적으로 바리새파와 가장 가까웠지만 신의 거룩함보다 자비를 더 강조했다. 작은 차이지만 결국 아주 큰 차이가 되어, 바리새파와 하나가 될 수 없었고 예수는 십자가에 못 박혀 죽어야 했다.

어쩌면 나는 가톨릭 신자로 자란 탓에 예수의 말을 너무 자주 들은 나머지 인상 깊게 인식할 기회가 없었는지도 모른다. 아무튼 신의 아들이 가르친 내용은 당시와 마찬가지로 오늘날에도 파격적이다. 대부분의 사

구원 확률 높이기 프로젝트

람들은 세상의 온갖 수단을 동원해서라도 사탄을 무찔러야 한다고 확신한다. 우리는 정의를 외치며 범죄자들이 처벌되기를 바란다. 범죄자가 처벌되지 않는 걸 우리는 견디지 못한다. 열심히 일한 대가를 받는 건 당연하다고 생각하며, 자신의 부를 위해 열심히 일한 사람일지라도 상을 받을 자격이 있다고 여긴다. 어떤 사람들은 태어날 때부터 남보다 좋은 조건 속에 놓여 있다. 우리는 이런 사실을 잘 안다. 그러면서도 어떻게든 세상이 공평하게 돌아가기를 희망한다. 그 희망이 그저 멋진 유토피아에 불과할지라도 말이다. 모든 불공평에도 불구하고 우리는 정의에 대한 믿음을 버리지 않는다. 죽은 뒤에라도 신의 정의가 실현되기를 희망하기 때문이다. 신의 정의를 믿는 마음은 예나 지금이나 똑같을 것이다. 아버지가 즐겨 말했던 것처럼. "테레사 수녀와 히틀러가 죽은 뒤에 똑같은 운명을 맞는 게 말이 돼?"

그런데 목수의 아들이 와서 모두가 옳다고 여겼고 정의라고 생각했던 것과 정반대의 것을 요구했다. 우리는 원수를 사랑해야 하고 우리를 저주하는 사람에게 복을 빌어 주어야 한다. 한쪽 뺨을 맞으면 방어하거나 법정에 판결을 요구하는 대신 다른 쪽 뺨도 대주어야 한다.

예수는 유산을 탕진하고 돌아온 아들이 배척은커녕 환영을 받는 '탕자의 비유'를 들려주었다. 다친 이방인을 길가에 버려두지 않고 도와준 사마리아 사람을 칭찬했다. 죄인을 용서했고 세리들처럼 손가락질 받는 사람들과 공공연히 대화했다. 그리고 창녀들을 업신여기지 않았다.

그렇게 볼 때 예수는 최초의 혁명가였다.

그리고 나는 내가 예수 그리스도와 얼마나 다른지 깨달았다. 나는 단 한 번도 뺨을 대주지 않았다. 나를 욕하는 사람에게 복을 빌어 주지 않았다. 그리고 아들이 유산을 모두 탕진하고 집으로 돌아왔을 때 과연 잔치를 열게 될지 잘 모르겠다. 아마 아들에게 〈레위기〉를 읽게 하고 진심으로 부모에게 용서를 구하라고 요구할 것이다. 돼지를 잡아 잔치를 열지 말지는 그다음 일일 것이다.

〈요한복음〉은 "이런 사람을 본 적이 없다"라고 말하고, 영국 작가 허버트 조지 웰스는 이렇게 말한다. "이 사람은 살짝 돌았거나, 아니면 그의 메시지에 비해 우리의 심장이 아직은 너무 작은 것이리라."

나는 회개와 용서의 매력에 흠뻑 빠졌다. 대부분의 종교가 회개와 용서를 중심에 둔다. 그런데도 왜 십계명에는 용서하라는 말이 없을까? "하느님과 이웃에게 용서를 비는 것을 잊지 마라." 이런 계명 하나쯤은 있어야 할 듯한데…….

나는 기독교의 용서에 특히 관심을 갖게 되었다. 내게 위로와 희망을 주기 때문이다. 살면서 무슨 일을 저질렀든 회개하고 용서를 구하기만 하면 된다. 죄를 기록해 두었다가 너무 많아지면 구원의 기회를 영영 박탈하는 그런 기록부는 없다. 마지막이 오기 전까지는 죄의 기록을 지울 기회가 얼마든지 있다. 누군가 내게 와서 "이런, 친구! 이제 겨우 서른하나인데, 경기가 끝나 버렸군. 앞으로 뭘 하든 자네는 절대 구원받지 못할 거야"라고 말하는 상상은 너무나 끔찍하다. 그렇기 때문에 기독교의

구원 확률 높이기 프로젝트

용서는 나를 안도하게 한다.

필리핀은 회개와 용서 규칙이 아주 엄격하다는 얘기를 그곳에서 나고 자란 장모님께 들었다. 나는 그 규칙을 직접 확인하기 위해 아내와 함께 필리핀으로 갔다.

민다나오 섬에는 특별한 치유 능력을 가졌다고 소문이 난 남자가 있다. 그는 치유 능력을 잃지 않기 위해 매년 한 번씩 이른바 고난의 '십자가의 길'을 걷는다. 그는 시청에서 해변까지 5킬로미터를 걸으며 스스로 채찍질을 가한다. 그가 바르고 정의롭게 살았다고 모두가 인정하더라도 그는 자신의 죄를 회개하기 위해 면도날이 가득 든 자루로 등을 때린다. 마침내 인도양 해변에 도착하면 그의 몸에서는 피가 뚝뚝 떨어진다. 그 대로 바닷물로 들어가 몸을 씻고 나오면 몸에 난 상처는 말끔히 사라지고 없다.

이 이야기를 허풍이라며 무시해 버릴 수도 있다. 바닷물이 피를 씻어 냈고 바다의 염분이 상처를 빨리 아물게 했다고 반박할 수도 있다. 하지만 허풍이 아니고 염분 덕이 아닐 수도 있다.

수도 마닐라에서 북쪽으로 70킬로미터 떨어진 루손 섬에 루벤 에나호라는 남자가 있다. 그는 2010년 현재까지 벌써 스물네 번이나 성금요일에 십자가에 못 박혔다. "고통스럽고 힘듭니다." 에나호는 여느 마을 주민들처럼 십자가를 끌고 마을을 한 바퀴 돈 다음, 18센티미터나 되는 긴 못을 손과 발에 박게 한다. 그런 다음 5분 동안 십자가에 매달려 있다가 사람들의 도움을 받아 다시 내려온다. "최대한 오래 매달려 있을 겁니다. 그러기로 하느님과 약속했거든요."

에나호는 십자가에 매달림으로써 자신의 죄를 용서받고자 한다. 이 의식이 관광상품이 되는 것을 막기 위해 외국인들의 참여를 금지했다. 그런데도 2010년에 만 명 이상이 모여들었다. 2010년 이 마을에서 십자가에 못 박힌 사람은 총 서른세 명이나 되었다.

이런 극적인 방법은 필리핀 사람들에게도 낯설지만, 확실히 필리핀에서 죄의 용서는 서구 국가들보다 엄격했다. 〈프롤로그〉에서 설명했던 귀신 쫓는 의식도 같은 맥락이다. "아픈 지 꽤 됐는데 점점 심해진대." 장모님이 귀띔해 주셨다. 기도를 해도 약을 먹어도 소용없어서 귀신 쫓는 의식 말고는 다른 선택이 없었단다. 성수가 뿌려질 때마다 여자는 비명을 지르며 몸부림쳤다. 장정 넷이 겨우 붙잡고 있었다. 결국 여자는 기절했고 다시 정신이 들었을 때 고통은 모두 사라져 있었다. 그녀는 아무것도 기억하지 못했다.

필리핀에서 겪은 이 놀라운 사건 때문에 나는 회개와 용서의 매력에 더욱 빠져들었다. 그래서 프로젝트 기간 동안 기독교의 규율대로 회개와 용서를 실천하기로 했다. 첫째, 기독교의 회개와 용서가 가장 간단명료해 보였기 때문이고, 둘째, 그런 식으로 나의 믿음을 가장 빨리 확인할 수 있다고 믿었기 때문이다.

죄를 고백하고 용서를 비는 내 계획을 열여덟 살짜리 조카에게 말하자 이렇게 대꾸했다. "거짓말 프로젝트 때는 갈비뼈에 금이 가고 생채기만 몇 군데 났었죠? 내가 장담하는데, 이번에는 눈두덩이 시퍼렇게 멍들고 적어도 팔 하나는 부러질걸요!" 아내는 옆에서 웃기만 했다.

"예전에 나한테 크게 잘못한 일이 있는지 잘 생각해 봐. 무슨 얘기를 듣게 될지 벌써부터 기대되는걸."

당연히 거짓말이다. 사실은 내가 어떤 고백을 듣게 될지 너무너무 겁이 났다. 하지만 이제 돌이킬 수 없는 일이었다. 아내는 벌써 열심히 생각하고 있었다. 우리는 10년도 더 된 사이다. 10년이면 분명 그사이 내가 몰랐던 뭔가 끔찍한 일이 있었을 것이다.

"잘못을 고백하기만 하면 정말 다 용서할 거야?"

"물론이지. 용서하고 바로 잊을 거야."

말을 끝내기도 전에 벌써 속이 울렁거렸다. 몇 년 전부터 따로 만나고 있는 남자가 있다고 고백하면 어쩌지? 우리의 아들이 사실은 우리 아들이 아니라 그녀의 아들이라고 한다면? 아들의 거대한 엄지발가락을 보면 내 유전자가 그 안에 있는 게 확실하지만 아들의 얼굴을 보면⋯⋯. 그래, 내 유전자가 적게 들어 있어서 정말로 다행이다. 덕분에 아내처럼 아주 예쁘게 생겼다.

"나쁜 맘을 먹었거나 속으로 몰래 악담한 것도 괜찮아!" 나는 얼른 덧붙였다.

"그런 거라면 몇 개 있을 거야!"

벌써 겁이 나고 화가 났다. 절대 화내지 않고 용서하리라 다시 다짐을 했다.

바로 그 순간 첫 번째 답장이 왔다. 결혼식 증인이었던 토마스가 보냈다. 사실 토마스는 반쪽짜리 결혼식 증인이다. 증인을 서 주기로 하고서 정작 결혼식에는 오지 않았기 때문이다. 그는 결혼식 차를 몰고 교회로 오다가 구렁에 빠져 다리를 다쳤고, 어쩔 수 없이 그의 아버지가 목욕가운 차림으로 황급히 결혼식장에 왔었다.

"얌마! 내가 그럴 사람으로 보이냐? 설령 숨기는 게 있대도 너 같으면 그걸 순순히 고백하겠어? 추신: 다음 주 토요일 고기 파티 잊지 마!"

안도의 숨을 쉬어야 할지, 실망해야 할지 기분이 묘했다. 친구를 믿지 못한 나 자신에게 화를 내야 할까? 나는 정말로 15년 지기 친구가 내게 뭔가 나쁜 짓을 했고 그걸 지금까지 비밀로 했을 거라고 예상했었다. 나란 놈은 참! 궁색하고 초라한 기분이 들긴 했지만 의심을 쉽게 거둘 수가 없었다. 잘못한 일이 분명 있는데 고백하기 싫은 것 같았다.

다시 문자가 왔다. 이번에는 10년 넘게 못 만난 옛날 축구 친구였다. "옛날에 너의 여자 친구를 나도 좋아했었어. 그녀와 자고 싶었지. 실제로 시도도 여러 번 했었어. 애석하게도 모두 실패했지만……."

이 답장은 훨씬 맘에 들었다. '애석하게도'라는 말이 조금 거슬리긴 했지만. 워낙 옛날 일이고 결국 실패했으므로 전혀 화가 나지 않았다. 한편, 축구 친구가 실패한 것을 나중에 그녀의 이웃이 성공했던 일이 떠올랐다. 그때 나는 생일 케이크를 바닥에 내동댕이쳐 그녀의 집을 엉망으로 만들었다. 작은 케이크 하나가 부를 엄청난 화를 그땐 미처 몰랐었다. 그리고 내가 그런 식으로 폭발했다는 것도 여전히 연구 대상이다.

"용서한다, 친구야. 모두 잊어 줄게. 괜찮아. 어차피 다른 사람이 성공했거든."

막 답장을 보냈을 때, 다른 문자가 또 들어왔다. 이번 문자는 좀 강했다. 시청 결혼식 증인이 보낸 것인데,[독일은 한국처럼 혼인신고 서류만 작성해서 제출하면 끝이 아니다. 시청에 혼인신고 서류를 접수하고 지정된 날짜와 장소에서 증인 출석 하에 간단한 결혼식을 치러야 하는데, 이것을 시청 결혼식이라 부른다.] 그 역시 반쪽짜리 결혼식 증인이다. 그는 시청 결혼식 때 신분증을 가져오지 않아서 시청 직원의 저항을 겨우 뚫고 서류에 서명할 수 있었다.

"옛날에 너한테 너무 화가 나서 아는 형들한테 손 좀 봐 달라고 부탁한 적이 있어……."

나는 숨을 깊이 내쉬어야 했다. 범인이 결혼식 증인이었다니! 열여섯 살 때 디스코 파티 후 집으로 오늘 길에 괴한 두 명이 야구 방망이를 들고 쫓아와서 공포에 떨었던 적이 있다. 그날 밤의 사건은 단순한 우연이 아니었다!

바로 용서하기가 힘들었다. 후회한다거나 미안하다는 말도 없었다. 야구 방망이 패거리들이 앞쪽에도 있을지 모른다는 공포에 죽어라 집으로 도망치던 나를 생각하며, 그가 지금도 혼자 낄낄대고 있을 것만 같았다. 그 친구도 나처럼 집 앞에 깡패들이 기다리고 있다는 공포로 적어도 한 시간은 방에서 벌벌 떨면서 그때 일을 뼈저리게 반성했으면 좋겠다는 생각이 들었다. 하느님이 벌을 내리시길 바랐을 뿐 아니라 복수할 마음까지 들었다. 하지만 이내 나의 약속을 상기했다. 맘에 담아 두지 않기, 비난하지 않기, 조건 없이 용서하기. 정말로 쉽지 않았다.

"용서!" 나는 대범하게 답을 보냈다. "하지만 잊지는 않겠어. 너무 재미있는 사건이기도 하고 나중에 아들이 불량배들에게 맞을까봐 겁낼 때 이 얘기를 해 주고 싶거든."

문자가 또 왔다. "방송 작가가 될 뻔했던 일 기억해? 너도 원하는 일이고 능력도 충분하다는 걸 잘 알면서도 그때 내가 훼방을 놨어. 솔직히 너 때문에 내가 일자리를 잃을까봐 겁이 났거든. 피디가 나보다 널 더 좋아할 것 같더라고."

나는 당혹스러웠다. 그리고 화가 났다. 이 친구가 정말로 그랬다고? 아니, 어떻게, 이 친구가! 이 비열한 자식! 그놈만 아니었으면 나는 지금쯤 하랄트 슈미트[독일의 유명 배우이자, 방송인. 최고 인기를 누리는 심야 토크쇼 〈하랄트 슈미트 쇼〉의 진행자이기도 하다.]와 일하는 작가가 되었거나, 〈타트오르트〉[1970년부터 시작된 독일 형사 드라마. 현재까지도 높은 시청률을 기록하며 방영되고 있다. '타트오르트'는 범행 현장이라는 뜻이다.] 대본을 쓰거나, 아니면 할리우드로 진출해 시나리오를 쓰고 유명한 소설가로 살 수도 있었다.

나는 아주 잠깐 이 친구를 증오했다. 몸을 떨며 제대로. 하지만 이내 이성을 되찾았다. 내가 미워서 나를 해치려고 그런 게 아니라 그저 자신을 위하고 가족을 먹여 살리기 위해 그랬을 거라는 생각이 들었다. 또한 방송 작가는 못 되었지만 내 인생은 모든 것이 아주 잘 풀렸다. 당시 내 꿈이 좌절된 것을 원망할 이유가 전혀 없었다. 그래서 용서했고 용서한다는 답을 보냈다.

하지만 내가 정말로 그를 용서했는지는 잘 모르겠다. 내가 실업자이고 아직도 그때 놓친 기회를 아쉬워하며 슬퍼한다면 과연 이렇게 관대할 수 있을까? 이 친구가 나중에 뭘 부탁하면, 게다가 그것이 취직 부탁이라면, 과연 나는 어떻게 할까? 친구의 고백 때문에 내 태도가 달라지는 일은 없어야 한다고, 나는 굳게 다짐했다. 그러나 정말 그럴 수 있을지는 잘 모르겠다. 언젠가 그가 우리 회사에 지원을 하고 사장이 그에 대해 묻는다면 분명 나의 다짐이 흔들릴 것 같다.

나는 부모님과 아내, 동료들을 포함하여 총 94명에게 잘못을 고백하라는 이메일을 보냈다. 답장 네 통을 받았을 때 벌써 나는 남을 용서하는 일이 쉽지 않음을 깨달았다. 그리고 나의 잘못을 다른 사람에게 고백할 일이 두려웠다. 하지만 어쩌랴! 어차피 천국으로 가는 길은 가시밭길이라 하지 않던가.

나는 겁이 났다. 아직 받아야 할 답장이 90통이나 남았다. 그리고 나 역시 잘못을 고백하고 용서를 구해야 했다.

나는 15년 만에 처음으로 고해소에 가기로 결심했다. 그러나 나의 잘못에 어떤 배경이 있는지 잘 모르거나 아예 모르는 낯선 사제에게 죄를 열거하기는 싫었으므로 성당의 고해 의자에 무릎을 꿇고 싶지는 않았다. 차라리 익명 고백 사이트 'beichthaus.com'에 가서 고해를 하는 편이 나아 보였다. 이 사이트에 올라온 대략 1만 5000개의 고백들과 밑에 달린 덧글들은 정말로 흥미진진하다.

　나는 내 잘못을 적당히 객관적으로 판단할 수 있는 사람, 그러니까 나를 잘 알지만 나의 삶과는 무관한 사람에게 고백하기로 마음먹었다. 먼저 나의 잘못을 전부 고백하고 그중 가장 큰 잘못을 정해 그것을 바로잡을 방법을 함께 찾은 다음, 당사자를 찾아가 솔직하게 사과하기로 마음을 정했다.

　내가 잘못한 건 알지만 그 일을 후회하거나 진심으로 뉘우치지 않는다면 어떻게 될까? 화가 나서 케이크를 바닥에 내동댕이쳤던 사건의 경우, 분노를 못 이기고 그런 행동을 했으니 잘못된 행동일 수 있지만, 나는 그때나 지금이나 그 일을 후회하지 않는다.

　예전에 연옥을 상상할 때 나는 항상 거대한 고해 영사기를 떠올렸다. 나를 아는 사람들과 넓은 영화관에 앉아 내가 저지른 크고 작은 잘못들을 같이 봐야 한다. 그리고 그들의 눈을 하나하나 봐야 한다. 상상만 해도 정말 끔찍한 일이지만 용서를 받으려면 어쩔 수 없다.

　고해를 들어 줄 사람으로 나는 대학 시절부터 알고 지낸 아담을 선택했다. 그는 중소기업에서 회계 업무를 담당하고 교회에서 평신도 설교자로 활동한다. 나는 아담에게 고해성사가 아니라 대화를 하고 싶다고 말했다. 과거에 저질렀던 잘못들을 얘기하고 그것을 어떻게 처리할지 의논하고 싶다고 설명했다. 그는 기꺼이 몇 시간을 내겠다고 흔쾌히 답했다. 몇 시간이라고? 고백할 것이 아주 많다는 걸 어떻게 알았지? 이 녀석이 나를 그렇게 잘 알고 있을 줄은 몰랐는데…….

시작하기 전에 먼저 나의 고민부터 해결하기로 했다. "잘못을 인정하긴 하지만 개인적으로 잘못이라고 생각하지 않거나 진심으로 뉘우치지 않는 일은 어떻게 해야 할까?"

"까다로운 문제군." 아담이 신중하게 말을 이었다. "용서의 필수조건이 회개니까 말이야. 조금 확대해서 생각해 보자. 각자 나름의 규칙을 세우고 혼자 그 규칙을 지키며 사는 경우, 이를테면 골목길을 시속 70킬로미터로 달리는 게 옳다고 여기는 사람이 있다고 치자. 그는 자기가 옳다고 여기는 대로 행동했지만 교통법규로 보면 분명 위법 행위를 한 거야. 스스로 잘못이라고 여기는 것만 죄로 인정하려면 각자 계명을 만들어 각자 지키며 사는 종교를 설립하는 수밖에 없지."

그래서 우리는 계명에 명시된 죄는 무조건 죄로 보고, 필요하다면 회개를 강요할 수 있다고 합의했다.

대략 어떤 잘못을 했는지 파악하기 위해 나는 일단 가톨릭교회의 십계명을 기준으로 살펴볼 작정이었다.

"괜찮은 생각이긴 한데⋯⋯." 아담의 생각은 좀 달랐다. "다른 사람에게 잘못한 일을 사과하고 싶다고 했잖아. 그런데 십계명을 기준으로 하면 하느님께 용서를 빌어야 할 잘못까지 다뤄야 할 테니, 신학에서 말하는 인간의 나쁜 본성 일곱 가지를 기준으로 하면 어떨까?"

순간 눈앞이 환해졌다. 우리는 일곱 가지 나쁜 본성을 기준으로 확정했다. 이것은 다른 종교에도 등장할 뿐 아니라, 용서에 관한 답을 기독교만 줄 수 있는 건 아니므로 십계명보다 훨씬 괜찮은 기준이었다. 힌두교에는 여섯 가지 죄악이 있다. 욕심, 분노, 탐욕과 욕망, 정신적 암흑, 자만, 시기와 질투. 간디는 현대에 맞춰 일곱 가지 중죄를 정했다. 노동 없는 부富, 양심 없는 쾌락, 인격 없는 지식, 도덕 없는 경제, 인간성 없는 과학, 희생 없는 신앙, 원칙 없는 정치. 불교에는 세 가지 마음의 독이 있다. 탐욕, 성냄, 어리석은 마음. 이 세 가지에서 인간의 나쁜 행위가 나온다. 유교에는 나쁜 행위를 명시하기보다 올바른 행위를 강조하는데, 다섯 가지 덕(인, 의, 예, 지, 신)이 있고 이것은 다시 세 가지 사회적 의무(충, 효, 예)로 이어진다.

우리는 나의 삶에 대해 여러 시간을 얘기했다. 아담에게 얘기할 때마다 내가 지금까지 굉장히 많은 잘못을 저질렀다는 사실이 점점 더 명확해졌다. 내가 형편없는 놈이라는 생각이 들었다. 그리고 대부분의 일화에서 거의 울먹였는데, 내가 저지른 잘못을 생각하니 마음이 너무 아팠기 때문이다.

이런 심정을 아담에게 솔직하게 털어놓자 그는 큰 소리로 웃었다. "자신의 과거를 성찰하여 잘못을 떠올린다면 아마 다른 사람들도 거의 다 너랑 비슷할 거야. 바로 그래서 후회하고 사과하는 게 가능한 거고."

얘기를 시작한 후 일곱 시간이 흘렀다. 나는 설명을 끝냈고 나의 정신도 같이 끝났다.

완전히 텅 빈 기분이었다. 누군가 청소기를 내 기억에 대고 그 안에 쌓인 끔찍한 것들을 모두 빨아들인 것 같았다. 텅 빈 것 같긴 한데 가벼워지기는커녕 더 무겁고 우울했다.

구원 확률 높이기 프로젝트

"당연하지." 아담이 기운을 북돋아 주었다. "잘못을 후회하고 회개도 했지만 그렇다고 그게 사라진 건 아니니까. 아직 아무것도 정리되지 않았어. 이제부터가 진짜 시작이야."

우리는 나의 잘못을 하나하나 요약하여 일곱 가지 나쁜 본성(교만, 탐욕, 식탐, 음란, 분노, 시기, 나태)으로 분류했다. 흥미롭게도 특별히 과한 나쁜 본성은 없었다. 그러니까 나는 심하게 음란하거나 분노하거나 교만하지 않았다. 나는 일곱 가지 나쁜 본성을 고르게 가지고 있었다. 말하자면 나는 보통으로 나쁜 사람이었다.

"잘못의 경중을 따지지는 말자." 아담이 제안했다. "너의 잘못으로 마음을 다친 사람이라면 모두 찾아가서 사과해야 하지 않겠어? 각 본성에 맞춰 반드시 사과해야 할 사람을 하나씩 고른 다음, 그 사람에게 용서를 빌고 정리하는 게 좋겠어. 그런 다음에는 당연히 자신과도 깨끗이 정리하고 다시는 같은 잘못을 저지르지 않도록 노력해야겠지."

기독교의 신은 회개만으로 만족하지만, 다른 여러 종교에서는 좋게 되돌리는 것을 중심에 둔다. 예를 들어 유대교의 용서는 속죄일에 의식을 통해 가능한데, 속죄일은 유대교에서 매우 중요한 축일이며 참회와 속죄 기간의 절정이자 결말이다. 그런데 속죄일은 신에게 지은 죄를 속죄하는 날이다. 《탈무드》는 용서에 대해 이렇게 말한다. "신에게 지은 죄는 속죄일에 용서되지만, 이웃에게 지은 죄는 그 이웃이 용서해야 비로소 용서된다."

나는 용서를 빌어야 할 일곱 명을 골랐다. 사과를 포기하고 눈 딱 감고 그냥 살던 대로 살아도 아무 문제가 없겠지만, 용기를 내서 솔직하게 잘못을 고백해야 내 기분이 좋아질 것 같았다. 살면서 이렇게 대화를 두려워했던 적은 아마 없을 것이다.

내가 사과해야 하는 사람은 심판, 친구, 동료, 옛날 동료, 예전 여자친구, 아내, 마지막으로 나 자신, 이렇게 일곱 명이다. 용서를 빌어야 하는 잘못이 무엇인지는 여기에 밝히지 않을 것이다. 당사자를 존중해서이기도 하고 나의 잘못을 공개하기 싫어서이기도 하다.

나는 전화를 하거나 메일을 보내거나 직접 만나서 사과했다. 고백건대, 나는 사과할 때마다 불안과 공포를 맛보았다. **아비투어[독일의 대학 입학 자격시험]** 구두시험 때도, 첫 번째 작품 발표 때에도 이때만큼 긴장하지 않았다. 패닉, 불안감, 두려움이 뒤섞인 심정이었다. 상대방이 어떤 반응을 보일지, 과연 내가 용서받을 수 있을지 알 수 없었으므로.

반응들은 아주 다양했다. "맙소사, 그래, 생각나! 맞아, 정말 나빴어. 하지만 벌써 다 잊었는데, 뭐. 그리고 그 일로 벌써 벌도 받았잖아. 하지만 이렇게 시간이 흐른 뒤에라도 사과를 하는 건 좋은 것 같아. 어지간한 용기로는 힘들었을 텐데. 이걸로 우리 문제는 끝났다고 치자. 그 대신 다시는 그런 일이 생기지 않도록 조심해 줘. 그때 일은 생각하기도 싫으니까."

다른 반응: "메일을 읽고 나서 일단 침을 삼켜야 했어. 당연히 용서하지. 그리고 경의를 표하는 바야. 그런 얘기를 솔직하게 했다는 건 네가

성찰을 깊이 했고 큰 용기를 냈다는 증거니까. 정말 감동했어." 그 뒤로 우리 둘에게 있었던 일을 설명하고 자기가 잘못한 일들을 두 쪽에 걸쳐 나열했다. 그리고 이렇게 끝을 맺었다. "너의 첫 책을 읽었을 때 벌써 너의 글 쓰는 태도가 바뀌었다는 걸 느꼈어. 교만 때문에 나는 아직 그렇게 하지 못했는데 말이야. 하지만 결코 너를 시기하지 않아. 오히려 너를 더 존경하게 되었어."

프로젝트를 하길 잘했다는 생각이 들었다. 이 편지 하나만으로도 보람은 충분했다.

또 다른 편지도 비슷한 반응이었다. 오랜 시간이 흐른 뒤 삶을 되돌아보고 정직하게 자기 실수를 마주할 준비가 된 것을 축하해 주었다. 다른 사람에게도 권하고 싶다고 했다. 그리고 빠른 시일 내에 만나자는 말로 편지를 마쳤다.

충격적인 답장도 있었다. "미안하지만, 도저히 용서가 안 돼. 나는 지금도 종종 그때 일을 생각해. 사과하고 용서한다고 돌이킬 수 있는 일도 아니고. 다른 사람이 그랬더라도 나는 아마 용서 못 할 거야. 게다가 너는 아직 벌도 받지 않았어."

이런 반응에 내가 실망했는지, 아니면 괴로워했는지 잘 모르겠다. 어차피 잘못을 저질렀다면 용서받지 못할 경우도 예상해야 한다. 얼굴을 마주하지 않고 이렇게 편지로 받은 것이 그나마 다행이라고 생각한다.

아내는 탐정처럼 꼬치꼬치 캐물었다. 화를 내는 대신 왜 내가 그런 잘못을 했는지 찾아내려고 몇 시간씩 자꾸 캐물었다. 용서 못 하겠다는 반응보다 아내의 질문 고문이 더 힘들었다. 하지만 아내는 취조를 끝낸 뒤 비교적 쉽게 나를 용서했다. 공격도 없었고 책망의 눈빛도 없었으며 소파에서 잘 필요도 없었다. 솔직히 거짓말 프로젝트와 비교하면 이것은 공원 산책 수준이었다.

마지막으로, 나 자신을 용서해야 했는데 정말 쉽지가 않았다. 아주 솔직하게 나 자신과 대면해야 했던 거짓말 프로젝트 때가 잠시 생각났다. 그때 나는 마음에 안 드는 부분이나 나쁜 성격들까지 모두 그대로 받아들여야 함을 배웠다. 그것들 역시 내 삶이 받은 카드들이기에. 하지만 그 카드들을 항상 올바르게 쓴 건 아니었다. 다른 사람에게 잘못했다는 게 아니라, 올바른 삶과 구원에 이르는 길에 스스로 장애물을 놓았다는 뜻이다.

나는 나에게 잘못한 일, 나에게 고백하고 용서를 빌어야 하는 일들을 꼼꼼히 적었다. 그 내용은 이미 《왜 우리는 끊임없이 거짓말을 할까》에 자세히 소개했으니, 내가 무엇을 나 자신에게 사과하고자 했는지 궁금한 사람은 이 책을 잠깐 들춰 보기 바란다.

나는 그동안 익힌 여러 영적 활동의 도움을 받아 나를 용서하기로 했다. 교회에 가서 하느님과 나의 실수들에 대해 얘기했다. 돌이키고 싶은 일들을 명상했다. 물 위에 떠서 외부의 자극을 완전히 차단하고 내 삶의 면면을 깊이 생각했다.

이 과정은 대략 6개월이 걸렸는데, 나는 이 기간 동안 나를 용서할 수 없어서 괴로웠고 그러느라 다른 사람들과도 잘 지낼 수가 없어서 또 괴로웠다. 그래도 한 가지는 명확히 깨달았다. 죽기 직전에 눈앞에 펼쳐질 영화, 어쩌면 이웃과 절대자 앞에서 상영될지도 모를 영화가 부끄럽지 않으려면 내 삶이 많이 바뀌어야 한다는 걸.

아무튼 6개월의 노력은 확실히 도움이 되었다. 특히 하느님과 나눈 대화와 명상이 나를 더 잘 알고, 잘못을 고백하고, 몇몇 나쁜 본성을 고치는 데 도움이 되었다. 나는 현자가 되지는 않았다. 완벽한 삶을 살지도 않았다. 그러나 분명 더 좋은 사람이 되었다. 자신을 전보다 더 잘 알고 자신과 더 잘 지내는 사람이 되었다. 영성 지수 테스트도 이것을 증명했다. 비록 높은 수치는 아니었지만, 그래도 위쪽 부분에 자리했다.

그러므로 잘못을 고백하라는 나의 요청에 따라 답장을 보낸 사람들의 잘못들도 이제 말끔하게 정리해야 한다.

아주 솔직하게 말하면, 나를 용서하고, 나를 용서한 사람들과 대화를 한 후에야 비로소 다른 사람들의 잘못이 여름방학 캠프 때 들었던 재미있는 이야기처럼 들렸다. 당연히 모든 메일과 문자를 아주 진지하게 대했다. 그들이 답을 보내기 전에 대부분 정말로 깊이 생각했고 고심했다는 걸 잘 알기 때문이다. 고백한 내용은 대략 구타, 배신, 나쁜 생각, 파렴치한 행동, 직장에서 쫓아내려는 시도, 험한 욕 등이었다. 나에게 잘못한 사람들을 용서하는 것이 그다지 힘들지는 않았다. 오히려 반대였다. 예상과 달리 나는 대부분 기분 좋게 용서할 수 있었다.

비록 이따금 화가 나고 심지어 가끔은 실망도 했지만, 대부분 그들이 저지른 잘못 때문이 아니라 그렇게 오랫동안 비밀로 했다는 사실 때문이었다. 나는 용서한다는 답장을 보내면서 이 얘기도 덧붙였다. 이때 범죄자에게 구형하는 판사처럼 굴지 않고, 마땅히 내가 취해야 하는 자세대로, 기꺼이 용서하는 친구처럼 보이려 애썼다.

무엇보다 좋은 건, 잘못을 고백하고 다른 사람에게 용서를 구하는 일이 더는 두렵지 않다는 점이다. 이제부터는 용서를 구하는 일이 점점 줄도록 노력해야 한다.

구원 확률 높이기 프로젝트

태양은 조금, 물은 많이

'Shit happens! 똥 밟았네! 만사가 다 그렇지 뭐!'

1960년대 미국에서 처음 개발되었으리라 추정되는, 짧지만 기발한 표현이다. 누가 이 표현을 처음 썼고 널리 퍼트렸는지는 정확히 알려지지 않았다. 리처드 닉슨이 1960년 대통령선거날 밤에 썼을 수도 있고 어쩌면 지미 헨드릭스가 청년 시절 '공수사단 101'에서 내뱉었을 수도 있다. 영화 〈포레스트 검프〉에서는 개똥을 밟은 주인공이 이 표현을 썼고, 그 장면에서 관객들은 그가 착한 바보라는 사실을 감지한다. 아무튼 이 걸작이 계속 사용되는 한, 여러 기발한 일들과 마찬가지로 누가 저작권자인지는 그리 중요하지 않다.

특별한 원인 없이 나쁜 일이 발생할 때마다 이 걸작이 사용된다. 프랑스에서는 'C'est la vie', 스페인에서는 'Asi es la vida', 독일 라인란트 지방에서는 'Et es wie et es'라고 한다.

나는 미국 버전이 제일 맘에 든다. 욕으로 쓸 수 있기 때문일 거라고 추측하겠지만, 그건 아니다. 종교와 이념을 연구하는 사람들이 이 표현을 이용하여 이른바 '싯 리스트'를 만들었고, 이 리스트는 누리꾼들에 의해 인터넷에서 계속 발전하고 있기 때문이다. '싯 리스트'는 정말 기발하다. 재밌는 건 기본이고 종교와 이념에 관련된 흥미로운 내용까지 담고 있다. 몇 개만 내 맘대로 번역해서 소개하면 다음과 같다.

구원 확률 높이기 프로젝트

싯 리스트

무신론	무슨 똥?
바하이교	똥이 끊일 날이 없다
불교	똥을 밟았다고? 그것이 정말 똥일까?
힌두교	예전에 다 밟았던 똥들이다
이슬람교	똥을 밟았다고? 똥 눈 놈을 죽여!
유대교	왜 우리만 자꾸 똥을 밟지?
가톨릭	똥을 밟았다고? 네 탓이야!
유교	공자께서 말씀하시길: "똥 밟았네!"
개신교	다른 사람에게도 똥을 전하자
사탄숭배	네얏밥 똥!
사이언톨로지	똥을 밟았다고? 오디팅에 참석해!
도교	똥 밟았네!

나는 열세 살 때 부모님과 시카고에 간 적이 있었는데, 거기서 이 리스트를 처음 보았다. 길에서 만난 어떤 남자의 티셔츠에 이 리스트가 적혀 있었다. 그는 아버지에게 담배를 얻어 가면서 우리에게 즐거운 부활절을 빌어 주었다. 나는 천진난만하게 어머니에게 물었다. "정말로 종교들이 저렇게 다 달라요?"

"아마 그럴 거야!"

"그럼 정말로 모든 종교가 세상에 똥이 아주 많고 아무도 그 똥을 치울 수 없다고 생각하는 거예요? 그러니까 내 말은, 우리가 똥을 치울 테니 걱정 말라며 앞에 나서는 종교가 하나도 없냐고요!"

"그러고 보니, 그러네!"

그때 나는 생각했다. "세상 참……!"

싯! 똥 밟는 일이 매일같이 벌어진다. 인간의 책임이 별로 없어 보이는 지진, 허리케인, 화산 폭발, 홍수, 산사태, 가뭄 등의 자연재해가 닥친다. 물론 인간이 지구를 망가트려서 이런 재난이 닥친다고 보는 관점을 무시한다면 그렇다. 그리고 인간에게 직접적인 책임이 있는 살인, 폭력, 아동 성폭행, 절도, 사기, 그 밖의 여러 범죄들이 발생한다. 그러므로 나뿐만 아니라 다른 사람들도 당연히 이렇게 생각할 것이다. "세상 참……!"

살면서 저지른 잘못을 성찰하고 용서를 구하면서, 나는 세상에서 벌어지는 나쁜 일들의 많은 부분에 나도 책임이 있음을 명확히 알게 되었다. 그리고 아담에게 고해를 하는 동안 자주 생각했다. "나란 놈은 참……!"

왜 이런 일들이 벌어질까? 한없이 선한 신이 나서서 이런 일들을 막아 주고 악이 세상에서 판치지 못하도록 해야 하는 것 아닌가? 무신론자들이 신을 믿지 않는 근거로 주로 얘기하는 것도 세상에 만연한 악이다. 여러 연구에 따르면, 교회를 떠나는 사람들 중 다수가 그 전에 슬픈 일을 겪어 믿음을 잃었기 때문이라고 한다. 나는 이런 연구 결과에 크게 공감하는데, 내가 사랑하는 사람들에게 큰 불행이 닥치면 내가 어떤 반응을 보일지 장담할 수 없기 때문이다.

신문 하나로는 부족할 만큼 매일 똥 밟는 일이 많이 발생하는 것이 그저 당사자의 책임일까? 그렇다고 하면, 신이 존재하는데도 나쁜 일이 생기는 이유가 희미하게나마 설명된다. 그리고 나쁜 일이 생김에도 불구하고 신은 언제나 선하고 전능할 수 있다. 아니면, 사탄을 위험한 유혹자 혹은 악의 근원으로 보고 나쁜 일의 책임을 모조리 사탄에게 미뤄도 될까?

고백건대, 세상을 원망하던 사춘기 태도를 완전히 버릴 만큼 지금까지의 내 삶은 꽤 행복했다. 그리고 헤밍웨이가 《누구를 위하여 좋은 울리나》에서 했던 말을 상기하며 행복한 삶을 유지했다. "세상은 멋진 곳이다. 얻기 위해 싸울 가치가 충분한, 소중한 곳이다. 그래서 나는 세상을 떠나야 하는 게 싫다."

그러나 나는 세상에 나쁜 일들이 많다는 것도 부정할 수 없었고, 인간이 이성을 잃었기 때문인지, 아니면 신이 지구에 관심을 잃었기 때문인지 곱씹어야 했다. 사탄은(그렇게 불러도 될지 모르지만) 어디에나 있고 상상을 초월하는 강력한 유혹의 힘으로 인간을 끌어당기는 것 같다. 페터-안드레 알트Peter-André Alt가 《죄악의 미학Ästhetik des Bösen》에서 설명했듯이, 사탄은 무시할 수 없는 매력을 발산한다. 영화 〈월 스트리트〉에 나오는 고든 게코, 패트리샤 하이스미스의 소설 《재능 있는 리플리씨》의 톰 리플리, 영화 〈다크 나이트〉에 나오는 조커 같은 인물을 우리는 알고 있다. 그리고 방탕한 악당이나 뼛속까지 악한 범죄자 같은 다양한 사탄들의 유혹에 끌려가지는 않더라도 적어도 매력을 느끼는 사람들이 적지 않다. 심지어 사탄의 매력이 살짝 감도는 사람들이 사랑받는다.

하지만 너무 사탄처럼 보이면 안 된다. 우리들 대부분은 약간의 반항이나 사소한 범죄에 거부감을 갖지 않는다. 정말 심각해졌을 때 비로소 우리는 속으로 생각한다. '어떻게 저럴 수가 있지? 어째서 신은 저런 일을 허락하실까? 주여, 어찌하여 저희를 버리시나이까?'

종교마다 세상의 악에 대해 완전히 다른 근거를 댄다.

유대교는 악을 본성이 착한 사람들이 저지르는 실수로 본다. 인간은 자유의지를 통해 선택할 수 있다. 그러므로 지금까지 인간은 신과 상관없이 독립적으로 악을 행했다. 기독교·이슬람교·조로아스터교도 같은 관점이지만, 이들은 유대교와 달리 인간이 신의 적인 사탄(혹은 사탄 같은 존재)에게 유혹을 받아 나쁜 일을 하도록 부추김을 받았다고 본다. 또한 모든 인간에게는 죄를 짓는 본성이 있어서 사탄의 유혹에 빠지고 악해진다고 설명한다.

힌두교와 불교는 악을 허상으로 본다. 그래서 싯 리스트에서 불교는 '그것이 정말 똥일까?'로 표현되었다. 악은 존재하지 않지만 그것을 이해할 만큼 우리의 정신이 발전하지 못했기 때문에 삶은 끝없는 고통의 연속이라는 것이다. 또한 이 두 종교는 우리에게 나쁜 일이 생기는 까닭이 우리가 전생에 죄를 지은 탓이라고 설명한다. 전생에 끓인 국을 지금 삶에서 떠먹어야 하는 것이다.

악을 피할 수 있는 가능성도 종교마다 다양하다.

필리핀에서는 끔찍한 사건을 예수 그리스도의 고통을 몸소 체험하는

구원 확률 높이기 프로젝트

기회로 본다. 그래서 불행은 곧 기회가 된다. 그래서 그곳 사람들은 재난을 태연하게 받아들이는 건지도 모른다. 허리케인? 견디는 수밖에. 화산 폭발? 매년 있는 일이야. 예수를 본받을 수 있는 기회지. 여자에게 나쁜 귀신이 들었다고? 그거 안됐군. 더 심해지면 귀신 쫓는 의식을 하자고.

반면 가톨릭에서 악은 시험인 동시에 벌이다. 그래서 오스트리아 린츠의 보좌주교인 게르하르트 바그너가 아이티의 대지진을 보고 신이 내린 벌일 거라고 말할 수 있었던 것이다. "신은 결코 손에 든 카드를 보여주지 않는다. 그러나 부두교 신자의 90퍼센트가 아이티에 있다는 것은 매우 흥미로운 일이다." 바그너는 허리케인 카트리나 때도, 뉴올리언스에서 여러 나이트클럽과 낙태 병원 다섯 채가 모두 붕괴된 일은 우연이 아닐 거라고 지적했다.

당연히 이런 식의 주장이 가톨릭을 대표하지는 않는다. 오히려 기독교 신자들은 예수의 요구를 더 좋아한다. "나의 제자가 되고자 하는 자는 자신을 버리고 자기 십자가를 지고 나를 따르라." 고통과 근심과 고난은 인간이 천국으로 가는 길에 져야 하는 십자가인 것이다.

이슬람교에서 신은 사랑이 넘치지만 벌도 주는 아버지의 역할을 맡는다. 알라는 자비로우면서 동시에 분노한다. 그러나 이슬람교 신자들은 신의 자비를 강조하고 선행을 통해 신의 분노를 가라앉힐 수 있다고 믿는다. 다시 말해, 신이 인내심을 잃고 지구를 영원히 파괴하지 않도록 믿는 자들은 착하게 살아야 한다.

조로아스터교의 신은 기본적으로 선하지만 애석하게도 전지전능하지는 않다. 그래서 사탄과 싸울 때 인간의 도움이 필요하다. 즉, 신자들은 선행을 통해 신을 돕는다.

힌두교는 대부분의 다신교와 마찬가지로 악의 문제를 비교적 실용적으로 해결한다. 좋은 신과 나쁜 신이 있고 그들은 서로 다툰다. 인간은 신의 조수로서 좋은 신을 도울지, 나쁜 신을 도울지 선택할 수 있다. 말하자면 인간은 누구의 편을 들지 스스로 결정할 수 있다.

이 세상에 왜 악이 있고 악을 피할 방법은 무엇인가라는 물음의 가장 흥미로운 답변을 나는 도교에서 찾았다. 싯 리스트에 그냥 '똥 밟았네!'라고만 적혀서 나는 처음엔 당황스러웠다. 그래서 그 의미를 정확히 알고 싶어졌다.

중국의 산업도시 청두에서 세계 최대 e-스포츠 대회인 '월드 사이버 게임즈'가 열려, 나는 취재를 위해 그곳에 갔고 여권을 잃어버리는 바람에(사실은 도둑맞았다고 지금도 생각한다. 그 행운의 중국인은 아마 지금도 내 여권으로 세계 여행을 하고 있을 거다) 거의 일주일을 더 중국에 머물러야 했다. 청두에는 대략 1200만 명이 사는데 대략 1199만 명이 중국어만 쓴다는 걸 도착한 지 얼마 안 되어 바로 확인할 수 있었다.

아름다운 판다 서식지를 제외하면 청두에는 이렇다 할 관광지가 없다. 그래서 관광 대신 공자를 찾기로 결정했다. 그런데 공자 대신 왕리를 만났다. 왕리는 예전 직장 동료의 약혼자다.

왕리는 도교학자일 뿐 아니라 참선의 대가이며, 게다가 고맙게도 영어를 완벽하게 구사했다. 삼십대 중반의 이 남자는 짧게 자른 머리칼 때문인지 두상이 유난히 동그랗게 보였고 몸도 다부졌다. 오른쪽 팔뚝에 글자 문신이 있는데, '도'라고 읽는다고 알려 주었다. 왼쪽 팔뚝에는 서구 사회에서 주로 매력적인 여성들이 등에 새기고 다니는, 음양 문양처럼 생긴 문신이 있었다. "태극 문양은 인간의 음양을 상징합니다." 왕리가 설명해 주었다. "제 팔뚝에 있는 문양은 팔괘 문양으로 우주 전체의 음양을 상징합니다."

처음에 나는 여권을 잃어버려 며칠을 중국에 갇혀 있어야 하는 게 너무 짜증이 났다. 비록 중국 공무원은 친절하고 협조적이었지만, 내가 최대한 빨리 집으로 가고 싶다고 손짓발짓으로 요청할 때면 난감한 표정만 지었다.

나는 도둑을 욕하며 불평했다. 길가에서 동물 꼬치구이를 먹는 것보다 아들과 노는 게 더 낫다고 투덜댔다. 그때 친절한 상인이 꼬치의 고기가 닭인지 고양이인지 자기도 잘 모른다고 고함치듯 알려 주었다. 먼저 '꼬꼬꼬' 했고 그다음엔 '야옹' 하더니 어깨를 으쓱해 보였다. 닭이든 고양이든, 여하튼 맛있었다.

"왜 그렇게 짜증을 내죠?"

왕리는 차를 따르며 연민의 눈으로 나를 보았다.

"여기 갇혀 있고, 그게 싫으니까요. 싯! 빌어먹을!"

그가 웃었다. "사는 게 원래 다 그런 거예요. 흥분하거나 막으려 애쓰지 마세요. 곧 임시 여권이 나올 테고 다시 집으로 갈 수 있을 거예요. 그러니 당신에게 주어진 시간을 즐기세요."

그의 침착함에 감명을 받긴 했지만 한편으로는 내 심정을 조금이나마 이해해 주었으면 했다. 독일에서 이런 이야기를 하면 나의 덜렁거림을 놀리며 신나게 웃을 테지만, 그래도 대도시 정글에서 살아 돌아온 나를 대견해하며 어깨를 두드려 줄 것이다. 정말이지 청두는 뉴욕과는 달리 대도시 정글이라는 말이 딱 맞다.

나는 전형적인 독일 사람임이 바로 드러나는 한 문장으로 대꾸했다. "하지만 적어도 불평할 권리는 있잖아요!"

"아니요, 그럼 안 돼요! 예약을 했다고 해서 늘 비행기를 탈 수 있는 건 아니에요. 집을 아무리 튼튼하게 지었다 해도 언젠가는 무너질 거고 요. 사랑하는 여자가 내일 당장 다른 남자와 살겠다고 할 수도 있어요."

왕리는 옆에 앉아 있는 약혼녀 요아나를 바라보았다. 요아나는 아름 다운 여자다. 컴퓨터 회사의 마케팅 부서가 아니라 아시아 영화에 어울 리는 미모다. 둘은 5년째 같이 살고 있고 몇 달 후면 결혼식을 올릴 예 정이었다.

"요아나가 당신에게 반해서 나와 결혼하지 않고 당신을 따라가기로 결정한다면, 나는 그 일을 받아들일 수밖에 없어요. 요아나가 오늘 밤 당신과 호텔에 가도 나는 그걸 막을 수가 없어요."

"하지만 요아나는 당신 약혼녀잖아요. 서로 신의를 지켜야 하는 것 아 닌가요? 나라면 다른 남자와 바람난 아내를 가만히 보고만 있지는 않을 겁니다. 분명히 뭔가 할 거예요. 많은 나라에서 사형 선고를 내릴 만한 그런 일을요." 그리고 요아나를 유혹하는 일은 없을 거라고 속으로 생각했다. 아내가 도교 신자가 아니라 죄와 벌의 규율이 아주 엄격한 필리핀 독립교회의 영향을 강하게 받은 기독교 신자이기 때문에라도.

요아나는 내 말에 깔깔거렸고 왕리는 그저 싱긋 웃었다. 그러더니 다시 진지해졌다.

"어째서 아내가 당신 소유인 양 행동하죠? 아내를 돈 주고 샀어요? 재산 증명서라도 받았나요?"

나는, 혼인 계약서는 없지만 우리가 부부임을 인정하는 증명서가 세 개나 있다고 바로 맞받아치고 싶었다. 아내와 나는 증인이 보는 앞에서 서명을 했고 우리가 서로에게 속한다는 확인을 받았다. 우리는 개신교 목사, 가톨릭 부제, 또 나중에는 필리핀 독립교회의 주교 앞에서, 죽음이 우리를 갈라놓을 때까지 서로 사랑하고 공경하겠다고 서약했다. 아참, 시청 결혼식도 했으니 시장님도 알고 있을 거다.

물론 합의이혼을 하면 이런 서약과 서명이 무의미하다는 걸 잘 안다. 그리고 무기 징역에 해당하는 기간만큼 그렇게 오래도록 결혼 생활을 유지하는 부부들이 많지 않다는 것도 잘 안다. 그렇지만 어느 즐거운 저녁에 아내가 나를 바람맞히고 다른 남자와 호텔에 간다면, 나는 총기 난사 사건을 일으킬지도 모른다. 나는 이 모든 것을 말하고 싶었다.

하지만 왕리는 얘기를 계속 했다. "세상은 끊임없이 변합니다. 변하지 않는 건 없어요. 모든 것이 항상 변하죠. 한쪽에서는 무너지고 다른 한쪽에서는 세워지죠. 남녀 관계도 마찬가지예요. 약혼자에게 최고의 남자가 되기 위해 매일 노력할 수는 있지만, 나보다 나은 사람이 그녀에게 온다면 어쩔 수 없는 일이죠. 그렇게 되면 계약서는 아무 소용없어요. 상대방을 자기 소유로 생각해서 더는 돌보지 않는 바람에 결국 갈라서는 경우가 많아요. 돌보지도 않고 관심도 없다는 걸 언젠가는 한 사람이 감지하게 되고, 그러면 위기가 시작되는 거죠."

증명서 세 개로는 부족했다.

"그런 태연함은 도교에서 나온 건가요?"

"인간은 심사숙고나 의도적인 행동, 혹은 공격적인 전략이 아니라 '무위無爲'를 통해 조화에 도달합니다. '무위'란 행동하지 않고 관여하지 않으며 강요하지 않는다는 뜻으로, 부자연스러운 행위가 일체 없다는 말입니다. 세상만사를 흐르는 대로 그냥 두어야 해요. 자연스러운 행위를 하되, 자신의 이익을 꾀해서는 안 된다는 거죠."

"그러니까 그냥 아무것도 안 하면 된다고요? 에이, 말도 안 돼요!"

"그런 뜻이 아니에요! 무위에는 최고의 활동성과 유연성이 필요해요!"

왕리는 '도'를 산에서 바다로 흐르는 냇물에 비유했다. 물은 그저 아래로 흐르고 장애물이 있으면 휘감아 돌아 평화롭게 주변에 맞춘다며 도교의 대표 문헌인 《도덕경》을 인용했다. "최고의 선은 물과 같다. 물은 선하고 만물을 이롭게 하면서도 남과 다투지 않는다. 모든 이들이 싫어

구원 확률 높이기 프로젝트

하는 낮은 곳으로 흐른다. 그러므로 물은 도에 가깝다."

왕리는 물이 겉보기에 고요해 보여도 놀라운 힘을 갖고 있다고 강조했다. 산을 타고 흐르는 물이 바위를 피하는 것처럼 보이지만 바위는 물에 씻겨 모난 부분 하나 없이 둥글둥글해진다며, 다시 《도덕경》을 인용했다. "천하의 부드럽고 약한 것으로 물만 한 것이 없지만, 단단하고 강한 것을 공격하는 것으로도 물 이상이 없으니, 이를 바꿀 수 있는 것이 없다. 약함이 강함을 이기고, 부드러움이 굳셈을 이긴다. 천하 사람들 중에 이를 모르는 자가 없으나, 실천하는 자가 없다."

왕리는 이제 자신과 요아나의 관계를 물에 비유했다. "나는 요아나와 정면으로 부딪칠 것이 아니라 물처럼 그녀를 감싸야 해요. 주의를 기울이고 선물을 하며 매일 헌신적으로 그녀를 돌봐야 하죠. 그건 의무가 아니라 기쁨이에요. 망치로 바위를 깨면서 물이 몇 년에 걸쳐 이뤄 낸 것처럼 둥글게 되기를 바라는 것보다 이렇게 하는 편이 더 합리적이라고 생각해요."

요아나가 약혼자를 사랑스럽게 바라보았다. 요아나는 결코 다른 남자와 호텔에 가지 않을 거란 생각이 들었다. 그럴 이유가 없지 않은가.

나는 이내 양심에 가책이 느껴졌다. 비록 내가 아내에게 좋은 남편이 되려고 열심히 노력하긴 했지만, 왕리의 기준으로 보면 많이 부족했다. 나는 때때로 석공처럼 굴었다.

증명서 세 개로는 부족했다.

"지배가 아니라 조화가 필요해요." 자연과의 관계도 마찬가지라며 왕리는 설명을 이어 갔다. 에드먼드 힐러리와 텐징 노르가이가 처음으로 세계에서 가장 높은 산에 올랐을 때, 대부분의 서구 신문들은 "에베레스트 정복!"이라고 보도했지만 아시아에서는 "인간이 마침내 에베레스트를 품었다!"라고 보도했다. 또한 세계에서 세 번째로 높은 산인 칸첸중가에 도전했던 일본 등정대는 정상 몇 미터를 남기고 등정을 중단했고 이것을 본 서구의 등반가들은 "진정 위대하다!"라며 감탄했다.

"도교란 바로 그런 거예요." 왕리가 말했다.

서구 사회에서 '도'를 종종 '길' 혹은 '방법' '원칙' 등으로 바꿔 쓰기도 하는데, 그것은 너무 단순한 해석이라고 강조했다. "도는 한마디로 표현할 수 없어요. 그에 맞는 낱말을 찾는 것부터가 불가능해요. 굳이 찾는다면, 조지 루카스가 그나마 아주 근접한 해석을 했다고 봐요."

"조지 루카스? 영화 감독이요?"

"〈스타워즈〉에서 '힘'으로 묘사된 것이 '도'와 아주 흡사해요. 도는 모든 것에 적용되는 원칙, 단위, 힘, 법이죠. 도는 존재가 아니라 상반된 것의 통합이에요. 〈스타워즈〉에서도 힘의 밝은 면과 어두운 면이 그려지잖아요. 그리고 구체적으로 보면, 제다이 기사들이 도교 신자들인 셈이죠. 제다이 기사들의 규율에는 분노도 증오도 사랑도 알면 안 된다는 조항이 있어요. 힘이 이끄는 대로 자신을 허락하라는 얘기죠."

나는 정말로 놀랐다. 〈스타워즈〉가 기발한 영화라는 생각만 했을 뿐, 영화의 종교적 관점을 이런 식으로 해석하지는 않았기 때문이다. 영화가 초월적 메시지를 담고 있다는 건 알았지만, 그것이 도교일 거라는 생각은 전혀 하지 않았었다.

왕리는 웃으며 말을 이었다.

"〈파이트 클럽〉도 도교에서 영감을 얻은 것 같아요. 주인공이 이런 말을 하잖아요. 정지해 있는 건 없으니 그저 계속 발전하도록 내버려 두어야 한다고."

나는 아까보다 더 놀랐다. 〈파이트 클럽〉은 내가 특히 좋아하는 영화인데다, 지금까지 주인공 타일러 더든을 도교 신자가 아니라 허무주의자로 여겼기 때문이다.

"하지만 타일러 더든은 마지막에 집을 하늘로 날려 버리잖아요!"

왕리는 다시 웃었다.

"그러니까 그는 온전한 도교 신자가 아니에요. 모든 빚과 재산을 없애 버린다는 생각은 오롯이 도교적이지만, 도교 신자라면 결코 폭력을 쓰지 않을 테고 집을 하늘로 날려 버리지도 않을 거예요. 그걸 제외하면, 영화의 기본 바탕은 완전히 도교적이고 주인공의 정신분열도 도교적 전개죠. 그는 인간의 양면을 조화롭게 만들거든요, 적어도 얼마 동안은."

도교의 철학은 그동안 내게 주입되었던 철학들과 완전히 모순된다. 물론 서구 세계에도 '이타주의' '평화주의' '초연' 같은 개념이 있다. 그러나 나는 삶을 개척하고 저항을 물리치며 적극적으로 전진하는 사람만이 성공한다고, 소풍 나온 사람처럼 가만히 보고만 있으면 발전은 없다고 배웠다. 게다가 나는 온갖 부정에 맞서야 하고 필요하다면 폭력도 쓸 수 있다고 확신했으며, 축구 시합에 나갈 때마다 아버지는 내게 행운은 기다리는 게 아니라 스스로 거머쥐는 거라고 강조했다.

지금까지 그저 대중 서적이나 명상 강좌를 통해, 그리고 아내가 풍수지리설에 따라 거실을 꾸미겠다고 했을 때 들었던 도교의 원칙들이 몇 시간 안에 갑자기 내게 큰 의미로 다가왔다. 왕리는 하룻저녁 만에 완전히 새로운 세계를 내게 열어 주었다. 그리고 그 세계는 전혀 나쁘지 않았다.

"이기적인 감정을 완전히 버려야 해요. 그리고 당신의 생각이 틀렸을 수도 있다는 걸 알아야 해요. 그것이 핵심이에요. 선이 정말 선이 아니고, 악이 정말 악이 아닌 때도 있거든요."

왕리는 도교 신자들이 좋아하는 이야기 하나를 들려주었다.

한 농부가 말 한 마리를 잃어버렸다. 이웃이 안타까워하며 위로하자, 농부가 말했다.

"이게 좋은 일인지 나쁜 일인지 누가 알겠어?"

그리고 정말로 다음날 말이 돌아왔을 뿐 아니라 야생마 한 떼도 같이 몰고 왔다. 이웃이 뜻밖의 횡재를 축하하자, 농부가 다시 대꾸했다.

"이게 좋은 일인지 나쁜 일인지 누가 알겠어?"

농부의 말이 옳았다. 다음날 그의 아들이 야생마를 길들이려다 다리가 부러졌기 때문이다. 이웃이 동정을 표하려다 다시 같은 말을 들었다.

"이게 좋은 일인지 나쁜 일인지 누가 알겠어?"

농부의 말이 또 옳았다. 다음날 황제를 위해 싸울 병사를 모집하는 징집 명령

구원 확률 높이기 프로젝트

이 떨어졌기 때문이다. 농부의 아들은 부러진 다리 덕에 징집되지 않았다.

물론 이 이야기는 과장되었고 다리를 다쳤다고 모두가 국방의 의무에서 벗어나는 건 아니지만, 도교 신자의 사고방식을 아주 잘 보여 주는 이야기라고 왕리는 덧붙였고, 서구 세계에도 이런 비슷한 사고방식이 분명 있을 거라고 했다.

'신이 하는 일에는 모두 이유가 있다', 혹은 안 좋은 일이 생길 때마다 어머니가 했던 '신은 문을 닫을 때 꼭 창문을 열어 둔다', 혹은 아내와 내가 몇 년째 지향하는 철학인 '어떤 일이든 결과가 있기 마련이고 대부분의 결과는 긍정적이다' 등이 떠올랐다. 그리고 실제로 항상 결과가 있었고 대부분 긍정적이었다. 그런데 도교 신자들의 인생관은 확실히 새로운 결과였다.

"《도덕경》을 읽어 보세요. 내일 또 만나서 같이 명상합시다." 헤어질 때 왕리가 말했다.

청두에 영어를 구사하는 사람은 거의 없었지만 독일어판 《도덕경》은 처음 들어간 서점에서 바로 살 수 있었다. 《도덕경》을 지은 사람은 노자인데 '나이 든 현자'라는 뜻이다. 여러 연구 결과로 보면 그는 실존 인물이 아닐 가능성이 높다. 그는 《장자》라는 책에도 등장하는데 거기서는 공자의 스승이며 '노담老聃'이라는 이름으로 서술되었다. 그에 대한 전설들도 많은데, 예를 들어 별똥별이 그를 마중했고 태어날 때부터 백발노인이었으며 82년 동안이나 어머니 무릎에서 지냈다고 한다.

이 신비한 인물에 대한 대표적인 전설에 따르면, 노자는 당시 어지러운 세상에서 자신의 뜻을 펼치려 했으나 그를 시기하는 사람들에게 저지당하자, 모든 것을 털어 버리고 지금의 티베트가 있는 서쪽으로 향했다. 푸른 소를 타고 서역으로 통하는 관문인 함곡관을 지날 때였다. 푸른 소를 타고 지나가는 노자를 보고 범상한 인물이 아니라고 직감한 문지기가 그에게 교훈이 될 만한 말을 청했고 노자는 사흘 뒤에 다시 와서 문지기에게 《도덕경》을 주고 어디론가 홀연히 사라졌다고 한다.

나는 공원 벤치에 앉아 《도덕경》을 읽기 시작했고 한 시간 만에 다 읽어서 살짝 당황스러웠다. 이 얇은 책은 체스와 비슷하다. 규칙을 익히고 경기를 하는 데는 시간이 많이 안 걸린다. 그러나 온전히 이해하고 완벽하게 정복하는 데는 아마 평생이 걸릴 것이다. 아니, 평생을 노력해도 안 될 것이다.

나는 연달아 한 번 더 읽었다. 그리고 33장에서 멈췄다. 너무나 감동적이었다. 33장의 내용은 이렇다. "남을 아는 자는 지혜롭고, 자기를 아는 자는 밝다. 남을 이기는 자는 힘이 있고, 자기를 이기는 자는 강하다. 만족할 줄 아는 자는 이미 부자이고, 힘써 해 나가는 자는 의지가 있다. 중심을 잃지 않는 자는 오래가고, 도에서 벗어나지 않으면 죽어도 영원하다."

나는 대략 30분을 이 구절을 숙고하다가 시간이 다 되어 왕리를 만나러 갔다. 우리는 도에 대해 아주 오랫동안 대화를 했고 싯 리스트에 대해서도 얘기했다(왕리는 싯 리스트를 아주 재밌어했다). 나는 왕리에게 나의 고해성사에 대해, 이기적이고 다른 사람을 배려하지 않는다는 친구들의 비판에 대해 말했다.

"당신의 실수를 고백하고 용서를 구했으니 이미 첫발을 뗀 거예요. 이제 더 좋은 사람이 되면 되겠네요. 똥 밟는 상황이 벌어졌다면, 혹 당신의 책임은 아닌지 살피고 되도록이면 당신의 책임이 없도록 노력하세요. 당신이 실수할 때마다 지적해 달라고 아내에게 부탁하세요. 큰 도움이 될 거예요."

정말 멋진 아이디어라고 생각했다.

"그나저나 죽은 다음에는 어떻게 되는 거죠?" 왕리에게 묻고 싶었던 마지막 질문을 던졌다.

"글쎄요, 가장 매력적인 몸과 가장 행복했던 정신으로 도의 세계에 들어가 영원히 거기에 머물지 않을까요?"

이것 역시 아주 멋진 아이디어라고 생각했다. 나는 이제 앨범을 뒤져서 언제 나의 몸이 가장 매력적이었는지 알아내면 된다. 가장 행복했던 순간은 이미 알고 있다('슈웅!' 소리와 함께 맞았던 그 순간). 하지만 어쩌면 더 멋진 순간이 앞으로 올지도 모른다. 사람 일은 모르는 거다!

똥 밟은 상황도 있지만 또한 멋진 순간도 있다. 매일매일.

얼마 후 나는 여권을 받았고 뮌헨으로 돌아갈 수 있었다. 비행기 안에서 명상을 시도했다. 여전히 특별한 일은 생기지 않았지만 시간은 아주 빨리 지나갔다. 그리고 감은 내 눈앞에 펼쳐진 영화가 항공사에서 제공하는 영화보다 나쁘지 않음을 뿌듯하게 확인했다.

내가 아는 모든 사람과 함께 보아도 좋을 만큼 내 인생영화가 성공적이길 바라기 때문에, 나는 삶의 원칙에 도교의 원리도 더하기로 했다. 왕리의 충고대로 나는 아내에게 도움을 청했고, 아내는 내가 제시한 방식을 아주 좋아했다. 설령 아내 맘에 들지 않는 방식이라도, 남편의 괴상한 계획에 동참해야 하는 아내를 보며 사람들이 대단하다고 칭찬할 것이므로 아내 입장에서는 손해 볼 것이 없는 거래였다.

나는 사냥개 용품점에서 '이지 도그 펄스'라는 원격 훈련기기를 주문했다. 인터넷 쇼핑몰에 적힌 안내문에 따르면, 독일에서 이 기기는 모든 사냥개에게 허락되는 건 아니었다. 이런 조건은 오히려 나와 잘 맞았는데, 이 기기를 사냥개에게 쓸 게 아니라 내가 쓸 거였기 때문이다.

이 기기는 수신기를 몸에 착용하거나 바지 주머니에 넣어 둔 채 송신기로 여러 자극을 보낼 수 있다. 자극은 단계별로 경보음, 진동, 짧고 약한 전기충격으로 구성되었다. 또한 줄에 깜빡이 장치가 달려 있어 어두운 곳에서도 쉽게 눈에 띄었다. 나는 이 추가 기능이 아주 맘에 들었다. 아내가 어두운 곳에서도 금방 나를 찾을 수 있기 때문이다.

나는 수신기를 손목에 차고 송신기를 아내에게 주었다.

"내가 나쁜 말, 이기적인 말, 혹은 거만한 말을 할 때마다 경보음을 보내 줘. 그리고 이기적인 행동을 하면 진동을 보내서 경고해야 해."

전기충격을 보내야 할 때에 대해서는 언급하지 않았다.

"정말 전기충격이 되는지 확인해 보면 안 될까?" 아내가 재밌겠다는 듯 물었다.

　　　　　　　　　　구원 확률 높이기 프로젝트

나는 일주일간 휴가를 냈다. 이 말은 곧 내가 아내와 거의 하루 종일 같이 지내면서 내 인생에서 가장 소중한 사람이 어떤 태도를 이기적이 거나 거만하다고 여기는지 한눈에 알아볼 수 있음을 뜻했다. 그리고 당연히 나는 이 기간 동안 나를 고치려 노력할 계획이었다. 어차피 이기주의를 인간의 나쁜 본성으로 보는 종교는 도교만이 아니었으니까.

첫째 날, 경보음이 서른네 번, 진동이 스물네 번 있었다. 그중 몇 번은 억울해하며 격하게 따지기도 했다. 그리고 전기충격이 한 번 있었다.

"정말로 되는지 궁금해서." 아내가 눈을 찡긋하며 말했다.

둘째 날에는 경보음이 서른한 번, 진동이 스물여섯 번 있었다. 그리고 내가 이기적인 행동을 많이 하고 남을 무시하는 말이나 나쁜 말들을 자주 한다는 걸 깨달았다.

나는 때때로 태양처럼 행동했다. 내가 중앙에 있고 다른 사람들이 나의 광채를 조금이나마 얻기 위해 아주 공손하게 내 주변을 돌기를 바랐던 것이다. 나는 변하기로 결심했다. 태양을 줄이고 물을 늘리기로 했다.

나는 그동안 당연하게 여겼던 아내의 장점들을 칭찬했다. 자발적으로 쓰레기를 버리고 청소를 했다. 아내가 조금 더 잘 수 있도록 아이를 돌보고 시장도 다녀왔다. 저녁에는 아내의 발을 주물러 주었다. 아내의 노예가 된 기분이 들 때도 종종 있었지만 이내 당연히 할 일을 하고 있음을 상기했다. 나는 그동안 너무 게을렀고 원래 내가 해야 할 일인데 아내가 하는 게 당연하다고 생각했던 것이다.

증명서 세 개로는 부족하다.

부부나 연인 혹은 친구 관계에서 상대방은 결코 자신의 소유가 아니다. 항상 상대방을 위해 관계를 유지하기 위해 노력해야 한다. 자신이 물이고 관계가 바위인 것처럼 말이다. 이것은 솔직히 전혀 새롭지 않은 인식이다. 그러나 얼마나 많은 사람들이 나처럼 그것을 잊고 사는지 새삼 깨달았다.

넷째 날에도 여전히 경보음이 네 번, 진동이 세 번 있었다. 그리고 아내의 실수로 전기충격 한 번이 있었다.

마침내 여섯째 날은 송신기를 한 번도 쓰지 않고 지나갔다. 일곱째 날에 아내는 송신기를 책상에 내려놓았다.

"이젠 필요 없어. 맘에 안 드는 게 하나도 없어." 아내가 말했다.

해냈다! 이기적인 언행 안 하기를 일주일 만에 성공해 아주 기뻤다.

아내는 당분간 수신기를 계속 차고 다니라고 했다. "이제 해방이니 다시 맘껏 말하고 행동해도 된다는 생각이 들지 않도록 말이야. 그리고 언제든 짧은 전기충격을 당신에게 줄 수 있는 것도 나쁘지 않을 것 같아."

내가 언젠가는 다시 이기적인 말과 행동을 하게 될 테고, 아내가 전기충격을 보낼 뿐 아니라 할 수만 있다면 내 목을 비틀어 버리고 싶을 때가 적지 않을 것임을 나는 잘 안다. 그러나 나는 또 한 가지를 배웠다. 자신에 대해 생각하는 것 못지않게 다른 사람에게 집중하는 것도 가치가 있음을. 그리고 비록 작은 노력이라도 세상을 더 좋게 하려고 늘 애써야 한다는 것도.

나는 이제 싯 리스트에서 도교에 적힌 '똥 밟았네!'가 가장 맘에 든다.

나는 다만 그 일에 내 책임이 최대한 없도록 조심하기만 하면 된다.

9장

알라시여, 다행히 저는 무신론자입니다!

옴니아 빈치트 아모르Omnia vincit amor. 사랑은 모든 것을 이긴다. 존 레 넌의 말을 빌리면, 당신에게 필요한 건 사랑뿐이죠.

나는 거실에 들어설 때마다 이 글귀를 라틴어 버전으로 읽는다. 이 글 귀가 적힌 커다란 초가 거실에 떡 버티고 있어서 하루에도 몇 번씩 어쩔 수 없이 '옴니아 빈치트 아모르'를 마음에 새기게 된다. 거실 인테리어 는 전적으로 아내가 맡았었다. 같이 사는 사람으로서 자신 있게 말할 수 있는데, 아내는 아름다울 뿐 아니라 정말 똑똑한 사람이다. 그러니 초를 무심코 거실에 두었을 리가 없다.

다만 왜 아내가 그런 초를 거실에 두었는지는 불확실하다. 글귀 바로 밑에 결혼기념일이 새겨져 있는 걸 보면, 혹시 결혼기념일을 내게 각인 시키려는 의도였을까? 아니면, 스스로 글귀를 마음에 새겨 사랑하는 남 편의 크고 작은 실수를 사랑으로 용서하려고?

어느 쪽이든 효과가 있었다. 나는 지금까지 결혼기념일을 잊은 적이 없고, 아내는 나의 수많은 실수에도 불구하고 여전히 나랑 같이 산다. 사랑은 모든 것을 이긴다.

당연히 우리도 부부 싸움을 한다. 돌이켜 생각해 보니 대부분 별로 중 요하지도 않은 문제로 다퉜다. 약속 시간을 왜 안 지키느냐, 아들이 이 담에 커서 축구 선수가 되어야 하느냐, 메이크업 아티스트가 되어야 하느냐와 같은. 결혼하기 전 아직은 그저 느슨한 연맹 관계였을 때 우리는 종종 서로의 종교를 놀리며 장난을 쳤다. 나는 가톨릭 신자로 자랐고 아내는 개신교 신자로 자랐다. 처음엔 장난처럼 가톨릭이 진짜냐, 개신교가 진짜냐를 두고 옥신각신하다가 진짜 싸움으로 이어지는 때도 많았고, 심지어 가끔은 우리가 결혼하면 안 되겠구나, 생각하기도 했다.

아무튼 이런 다툼은 항상 의문을 남겼다. 그저 종파만 다를 뿐인데도 벌써 이렇게 날을 세우는데, 다른 종교를 가진 사람들이 어떻게 조화롭게 살 수 있을까?

우리 둘의 대답은 늘 일치했다. 불가능하다!

나는 임마누엘 칸트의 정언명령을 왜곡하는 사람에 속한다. 칸트는 "너의 행동규범을 보편화하라"라고 말했다. 이 말을 왜곡하는 나 같은 사람은, 자기가 항상 옳고 자기가 세운 규범이 곧 보편규범이라고 생각한다. 사람들은 모두 나처럼 행동해야 한다! 내가 어쩌다 이런 사람이 되었을까? 아무래도 아버지한테서 배운 것 같다.

내가 종교 체험 프로젝트를 시작할 무렵, 아내는 불길한 예언을 했다. "당신은 아마 불교 신자가 되겠다고 선언할 거야. 그다음엔 유대교가 맘에 들 테고 나중엔 도교에 끌리겠지. 언젠가는 사탄숭배 의식에 참여하려고 밤에 공동묘지로 은밀히 숨어들고 나머지 종교는 모조리 사기라고 무시할 거야. 명심해. 만약에 그러면 나는 당신을 절대 용납하지 않을 거야!"

　　　　　　　　　　　　　　　구원 확률 높이기 프로젝트

아내의 예언이 맞았다고 고백할 수밖에 없다. 나는 프로젝트를 시작한 지 3개월 안에 대략 일곱 번을 개종하겠다고 선언했으니까.

"내가 불교로 개종하는 게 뭐가 문제야?"

"내가 결혼한 사람은 기독교 신자니까!"

나도 모르게 이맛살을 찌푸렸다. "사람이란 변할 수도 있는 거잖아! 사람은 매일 변한다고!"

"맞아. 하지만 이 문제는 내 인생에서 아주 중요한 거야. 종교가 다른 사람과 같이 사는 건 상상조차 하기 싫단 말이야. 사춘기 때 종교가 다른 남자 친구를 사귄 적도 있는데, 매번 안 좋게 헤어졌어. 언젠가는 근본적인 문제로 다투게 되는 시점이 오더라고. 사랑에 빠져 연애를 시작할 수는 있지만 관계를 지속하거나 결혼까지는 힘들다는 걸 알게 됐어."

친구와 동료들의 경험도 비슷했고 아내와의 내 경험도 마찬가지였으므로, 기본적으로 아내의 말은 옳은 것 같았다. 둘 다 종교를 인생의 중요한 부분으로 여기지 않는다면, 둘의 관계는 아무 문제 없이 지속될 수 있다. 그러나 두 사람이 각자의 믿음을 진지하게 여기는 독실한 신자라면 언젠가는 갈등이 생기고 결국 얼굴을 붉히며 헤어지는 경우가 적지 않다.

그런데도 나는 아내의 약을 좀 올리고 싶어서 위험한 카드를 빼들었다. "하지만 그건 너무 편협하고 인종 차별적이고……."

"아니, 그렇지 않아. 내가 원칙으로 정해 둔 게 몇 가지 있는데, 우선 나와 내 배우자는 특정 영역에서 가치관이 같아야 해. 종교가 바로 그

특정 영역 중에 하나고. 마약 중독자나 도둑이랑 살고 싶지 않은 것과 같은 맥락이라고. 그것이 내 가치관이고 내 취향이야. 어떤 남자가 키 크고 날씬한 금발을 좋아한다고 해서 그를 인종주의자라고 욕할 수는 없어. 그건 그저 그 사람의 취향이니까."

아내의 가치관을 인정할 뿐 아니라 나의 가치관도 거기에 맞춰야 한다. 인터넷의 미팅 사이트들도 가슴 뛰는 사랑을 찾아 주겠다고 선전하기보다 컴퓨터 프로그램으로 완벽하게 어울리는 짝을 찾아 주겠노라고 선전한다. 이런 디지털 중매쟁이에게 짝 찾기를 부탁하는 사람들은 심스 게임에서 아바타를 만들 듯, 자신의 이상형을 원하는 대로 입력할 수 있다. 그러면 등록한 사람에게 누가 얼마나 어울리는지를 백분율로 알려 준다. 과학기술은 종교와 전쟁중일 뿐 아니라 사랑과도 전쟁을 선포하는 것 같다. 인간은 함부로 사랑에 빠져서는 안 된다. 컴퓨터 프로그램이 어울리는 짝을 찾아 알려 줄 것이다.

요즘 세상이 이렇다. 하지만 나는 이런 세상에 맞춰 살고 싶지 않다. 컴퓨터가 알고리즘을 통해 내 평생의 반려자를 정해 주는 상상은 낭만적이기는커녕 너무 괴상하다. 그리고 확언컨대, 나와 아내가 컴퓨터 앞에 앉아 각자의 이상형을 입력했더라면 우리 둘은 결코 만나지 못했으리라. 내가 이렇게 흥분해 봐야 소용없는 일이다. 어차피 모든 관계의 3분의 1 이상이 인터넷 중매로 생기고 점점 늘어나는 추세니 말이다. 존 레넌이 아직 살아 있다면, 그는 '당신에게 필요한 건 사랑뿐이죠'라는 가사를 '당신에게 필요한 건 중매 사이트뿐이죠'로 바꿨을 것이다.

구원 확률 높이기 프로젝트

서로 종교가 다른 두 사람이 부부로 사는 것이 정말 그렇게 힘들까? 금발 절대 사절, 몸무게 45킬로그램 이하, 축구가 취미인 여자 사절 등등 시시콜콜하게 이상형을 입력할 수 있는 인터넷 중매 시대에는 어차피 두 사람이 만날 기회조차 없다.

나의 물음에 흡족한 대답을 줄 종교는 없어 보여, 종교가 다른 두 사람이 관계를 유지할 수 있는지 알아보는 데는 다른 전략이 필요했다. 그래서 나는 철저한 무신론자와 결혼한 독실한 이슬람교 신자를 만났다.

몇 년 전 나는 라이프치히에서 열린 종교 관련 회의에서 유세프를 알게 되었다. 회의가 열리는 사흘 동안 우리는 같이 강연을 듣고 토론회에 참석했고, 저녁마다 호텔 바에서 정치에 대해 토론하고 축구 얘기를 했으며, 당연히 종교에 대해서도 의견을 나누었다. 주제와 내용은 늘 비슷비슷했다.

"당신 말대로 내가 기독교 신자라서 천국에 갈 기회가 없다면, 당신의 신이야말로 아주 거만하고 편협한 것 아닌가요?"

"애석하게도 그게 진실인 걸 어쩝니까! 몇 년 전에 이슬람교가 기독교에, 신은 올바른 신앙을 가진 사람만 구원하신다는 진리를 공동으로 선언하자고 제안한 적이 있어요. 그런데 기독교가 거절했어요. 왜 그랬는지 아십니까? 두려웠기 때문이죠."

"미안합니다만, 그건 소문에 불과해요. 게다가 심하게 과장되기까지 했고요."

"그렇지 않아요. 있는 그대로의 진실입니다!"

그렇게 사흘 밤이 지났다. 그런데도 우리는 서로를 아주 잘 이해했다. 그러나 역시 우리는 서로를 사랑하거나 더 나아가 결혼할(?) 생각은 전혀 없었다.

그렇게 나는 유세프가 독실한 이슬람교 신자라는 것을 알았고 더불어 철저한 무신론자인 안나와 결혼했다는 얘기도 알게 됐다. 둘은 6년째 같이 살고 있고 결혼한 지는 2년이 되었다.

"당신 아내가 이슬람교 규율대로 산다면 알라를 믿지 않더라도 구원 받지 않을까요?" 내가 물었다.

"그렇지 않아요. 알라를 믿는 건 알파요 오메가니까요." 유세프는 자신의 의견을 명확히 하려는 듯 《코란》을 인용했다. "알라는 믿는 자들의 수호자시라. 그분은 믿는 자들을 어둠에서 구해 빛으로 이끄신다. 그러나 믿지 않는 자들의 수호자는 모두 거짓 신이니 그들을 빛에서 끌어내 어둠으로 이끈다. 그들은 지옥에 던져질 것이고 거기서 영원히 머물 것이라."

나는 충격을 받았다. 한 남자가 한 여자와 결혼을 했는데, 남자는 여자가 죽어서 지옥에 갈 것을, 혹은 적어도 천국에 갈 기회가 없다는 것을 알고 있다!

유세프와 이런 얘기를 나눈 후에 나는 '범신앙론자 되기'를 거의 포기할 뻔했다. 유세프의 주장대로라면, 설령 내가 신을 믿더라도 그 신이 이슬람교의 신이 아니라 높은 단계에 있는 초월자라면 룰렛 게임에서 이슬람교에 칩을 걸지 못한다. 결국 지옥에 갈 수밖에 없다는 얘긴데, 지옥에서 받을 고통은 상상하기도 싫다.

신(유일신, 다신, 초월자, 높은 단계, 높은 수준의 힘)이 존재하는가? 그것은 믿을 가치가 있는 참된 존재인가? 이 세상에 있는 거의 모든 종교가 이런 물음을 중심에 둔다. 한마디로 신은 누구인가? 그리고 몇 명이나 되나?

그래서 나의 종교 멘토, 티모시 아이딩은 내가 프로젝트를 시작하기도 전에 벌써 실패를 예언했으리라. "종교들은 여러 면에서 많이 다릅니다. 특히 신과 사후세계에 대해 각 종교가 신자들에게 믿으라고 제시하는 내용들이 그렇습니다. 신과 사후세계의 물음에 답할 수 있느냐 없느냐가 프로젝트의 성공과 실패를 좌우할 텐데 말입니다."

안나는 다른 종교를 믿는 사람이 아니라 무신론자이고 종교 비판자인 리처드 도킨스의 열성팬이다. 도킨스는 잡지 《휴머니스트》에 낸 〈과학이 종교인가?〉라는 글에서 이렇게 말했다. "인류를 위협하는 에이즈, 광우병, 여타 질병들을 묵시록으로 여기는 것이 현대적이겠지만, 나는 새로운 명제를 세우고자 한다. 신앙은 천연두 바이러스에 버금가는 혐오스러운 병균이다. 그러나 천연두 바이러스와 달리 퇴치하기가 너무 어렵다. 믿음은 실험적 증거를 근거로 하지 않는다. 그것이 모든 종교가 지닌 가장 큰 허점이다."

안나는 과학자다. 물론 그녀가 과학자여서 무신론자인 것은 아니다.

에드워드 라센Edward Larsen과 래리 휘트먼Larry Whitman의 1996년 설문 조사만 봐도 알 수 있다. 라센과 휘트먼은 로이벤Leuben의 1916년 설문 조사를 반복했다. 미국의 과학자 수천 명에게 물었다. 기도를 들어주는 신을 믿는가? 영원한 삶을 믿는가? 거의 100년 전에 실시된 로이벤의 설문에서는 약 70퍼센트가 답을 보냈는데, 자신을 불가지론자라고 밝힌 과학자가 16.7퍼센트였고, 믿는다고 답한 과학자가 41.8퍼센트, 믿지 않는다고 답한 과학자가 41.5퍼센트였다. 1996년 설문에서는 약 60퍼센트가 답을 보냈는데, 14.9퍼센트가 불가지론자였고, 39.6퍼센트가 믿는다고 답했으며, 45.5퍼센트가 믿지 않는다고 답했다.

무신론자들과 종교 대표자들 모두 이 설문을 자기들의 승리라고 평가했다. 그러나 라센과 휘트먼의 분석처럼, 믿는 사람과 믿지 않는 사람의 비례가 거의 변하지 않은 점이 매우 흥미롭다. 게다가 두 설문은 과학기술이 발전했고 자신을 무신론자라고 밝히는 사람이 증가했다는 20세기에 진행된 것이다.

안나는 무신론자다. 그녀는 옥스퍼드 대학교 화학 교수인 피터 앳킨스Peter Atkins의 말대로 종교와 과학의 다툼은 끝났고 과학이 승리했음을 세상에 알리는 일만 남았다고 확신한다. 도킨스도 이 말을 《만들어진 신》에서 인용했다. "자연과학과 종교는 화해할 수 없다. 그리고 인류는 후손의 힘을 믿고 모든 타협을 거부해야 한다. 종교는 패했고 이제 그들의 패배를 공개하기만 하면 된다. 현재 자연과학은 가장 명쾌한 답을 찾아냄으로써 보편성 획득에서 대단히 성공을 거두고 있다. 자연과

　　　　　　　　　　　구원 확률 높이기 프로젝트

학은 지식인들의 기쁨이요, 왕으로서 인정받아 마땅하다.”

반면 유세프는 독실한 이슬람교 신자다. 그 역시 다툼이 끝났다고 본다. 다만 종교가, 특히 이슬람교가 승리했고 그것을 세상에 알리는 일만 남았다고 믿는다. 그는 이슬람교의 규율을 철저하게 지킨다. 매일 한 시간씩 《코란》을 읽는다. 그리고 이슬람 신앙과 올바른 삶을 지킴으로써 언젠가는 천국에 갈 거라고 확신한다. 하지만 알라가 그의 죄를 자비롭게 용서해야 가능하다고 덧붙였다. “천국에 갈 수 있을지 확신할 수 있는 사람은 없어요. 그저 알라의 자비를 바라고, 죽었을 때 그분이 분노하지 않기를 기대할 뿐이죠. 그래서 알라가 화내지 않고 늘 나를 온화하게 대할 수 있도록 최선을 다합니다.”

유세프와 안나 같은 사람이 어떻게 결혼해서 함께 살 수 있을까?

나는 두 사람을 만나기 위해 그들이 살고 있는 런던으로 갔다. 아내와 아들도 같이 갔다. 휴가와 연구를 동시에 할 수 있다는 생각에서였다.

우리는 노팅힐에 있는 호텔에 묵었는데, 그곳은 ‘영국 이슬람 문화센터’에서 멀지 않은 곳이었다. 유세프는 문화센터를 잠깐 구경시켜 주었다. 아름다운 건물이 인상 깊었고 만나는 사람마다 반갑게 맞아 주었다. 날이 저물어 우리는 술집으로 향했다. 30분쯤 후 안나도 술집으로 왔다. 안나는 청바지에 검은색 점퍼를 입었고 점퍼 안에는 꼭 끼는 티셔츠를 입어 아름다운 몸매가 고스란히 드러났다. 머리카락을 뒤로 넘겨 하나로 묶었고 엷게 화장을 했으며 액세서리는 하지 않았다. 안나는 내게 미소로 인사를 했다. 안나가 유세프에게 인사할 때, ‘사랑은 모든 것을 이긴다'라는 글귀가 저절로 떠올랐다. 그들의 결혼식장을 밝힌 초에도 그런 글귀가 새겨져 있었을 것만 같았다. 물론 그런 초가 그녀의 거실에도 있다면 말이다.

우리는 다트 게임에 대해 얘기했다. 마침 거대한 스크린에서 다트 게임이 벌어지고 있었기 때문이다. 다트 게임이 텔레비전에서 생중계되는 것이 신기하기도 하고 놀랍기도 했다. 나라마다 중요하게 여기는 나름의 대표적인 스포츠가 있는데, 혹시 그런 스포츠와 각 나라의 국민성이 뭔가 관련이 있지 않을까 생각해 보았다.

그다음엔 도킨스의 《만들어진 신》과 이 책을 반박하는 여러 신자들의 책에 대해 얘기했다. 한스 큉의 《한스 큉, 과학을 말하다》, 존 레녹스 John Lennox의 《하느님의 장의사: 과학은 신을 묻었는가?God's Undertaker: Has Science Buried God?》, 알리스터 맥그라스의 《도킨스의 망상: 만들어진 신이 외면한 진리》, 이런 책들은 모두 화해가 불가능하다는 인상을 주었고, 내가 보기에, 모두가 상대방을 대할 때 거만하고 편협하며 비판 수준도 지식인답지 못했다. 하나같이 자기네 편이 이겼다고 주장하면서 이 승리를 세상에 알리는 일만 남았다고 하는 것 같았다.

"두 사람을 생각하면, 저녁마다 비슷한 주제로 다투고 각자의 관점을 고집하느라 끝내 화해하지 못할 것 같은데, 어떠세요?" 나는 안나와 유세프에게 물었다.

안나는 내 물음에 답하기 전에 먼저 유세프를 어떻게 만났는지 얘기해 주었다. 두 사람은 독일 대학에서 철학 강의를 함께 들으면서 사귀게 되었다고 한다. "유세프는 물론 아주 잘생긴 남자지만, 내 시선을 사로잡은 건 사실 외모가 아니라 지성이었어요. 토론에서 그의 주장을 듣고 있으면 감탄이 절로 나왔죠. 그리고 사랑이란 원래 느닷없이 찾아오는 거잖아요."

안나는 미팅 사이트에 대해 들어 본 적이 없나 보다.

"저도 비슷했어요." 유세프가 거들었다. "강의 첫날부터 안나를 좋아하게 되었죠. 그래서 강의가 끝나자마자 차 마시러 가겠느냐고 물었죠."

"그러니까 우리는 만나자마자 친구가 된 거예요. 솔직히 고백하면, 제가 유세프에게 첫눈에 반했어요."

당연히 처음부터 두 사람의 대화 주제는 종교였고, 유세프가 이슬람교 신자이고 안나가 무신론자라는 점이 명확해지면서 처음으로 논쟁이 시작되었다고 한다.

"유세프는 이슬람교를 소개하며 나를 이슬람교 신자로 만들려고 애썼어요." 안나가 말했다. "《코란》을 주면서 읽으라고 권하더라고요. 매일 만날 때마다 예언자들에 대해 설명하고 같이 기도하자고 청했어요."

"하지만 강요는 아니었어요." 유세프가 끼어들었다. "다른 사람에게 신앙을 소개하고 전교하는 것은 모든 신자의 의무예요. 하지만 강압적이거나 폭력을 써서는 절대 안 돼요. 당연히 저도 그렇게 하지 않았고요. 안나가 읽고 들은 건 모두 스스로 선택해서 한 거예요. 안나도 자신의 관점을 주장했고 나의 신앙이 틀렸다는 걸 증명해 보이려고 애썼어요. 그러면 저는 《코란》을 인용하며 반박했죠."

안나가 눈동자를 크게 한 바퀴 돌렸다. 약간의 강요는 분명 있었다는 듯이.

"처음에는 열 번에 다섯 번은 자리를 박차고 나가야 했어요. 유세프의 관점이 너무 거만하고 편협하게 느껴져서 더는 듣기가 싫었거든요. 유세프가 자리를 뜬 적은 없었어요. 일어나 나가는 사람은 항상 저였죠. 자신의 관점을 한 치도 양보하지 않는 사람과 논쟁하려면 정말 짜증나잖아요."

그런데도 두 사람은 친구가 되었다.

"유세프를 친구로 삼은 건 일종의 지적 도전이었어요." 안나가 말했다. "그리고 열정적인 논쟁은 호감으로 변했고 결국엔 사랑이 되었죠."

나도 《코란》을 인용했다. 《코란》을 펼쳐 4장의 한 부분을 소리 내어 읽었다. "그들이 그랬듯이 너희도 불신자가 되기를 원하며 너희가 그들과 같이 되기를 바라거늘, 너희는 그들이 알라를 위해 떠날 때까지 그들 가운데 어느 누구도 친구로 택하지 말라. 그럼에도 그들이 배반한다면 그들을 포획하고 그들을 발견하는 대로 살해할 것이며 친구나 후원자로 삼지 말라."

나는 격한 반응을 기대하며 두 사람을 쳐다보았다. 그러나 두 사람은 가만히 웃기만 했다. 그래서 이번에는 2장의 한 부분을 읽었다. "그들을 발견한 곳에서 그들을 살해하고 그들이 너희들을 추방한 곳으로부터 그들을 추방하라. 박해는 살해보다 가혹하니라." 나는 안나에게 말했다. "정말 무서운 내용 아닌가요? 당신이 관점을 바꾸지 않으면 유세프가 당신에게 이렇게 해야 한다잖아요. 결혼하라는 말은 한마디도 없다고요."

안나의 표정이 진지해졌다.

"저도《코란》을 읽었고 지금도 계속 읽고 있어요. 아주 매력적인 책이죠. 부정적인 면을 부각시키기 위해 맥락을 무시하고 필요한 부분만 발췌하는 건 옳지 않다고 봐요. 그건 아무 의미가 없어요. 어떤 사람의 인격을 평가할 때 그 사람의 인생 전체를 보고 평가하지, 가장 안 좋은 시절만 따로 떼어서 보지 않잖아요. 그런 부정적인 구절들은 거의 모든 경전에 다 있어요. 도킨스나 앳킨스의 책에도 거만하고 편협한 문장들이 들어 있어요. 하지만 저는 그들의 기본 태도에 동의하고 많은 부분에서 의견이 같다고 생각해요. 유세프에 대해서도 같은 태도여야 한다고 봐요. 그의 주장을 누르기 위해 일부러 나쁜 구절만 발췌해서는 안 된다고 생각해요. 게다가 그런 태도는 비학문적이기도 하고요."

안나의 말이 백번 옳았다. 하지만 나는 미련을 못 버리고 다시 물었다. "서로의 관점이 그렇게 다르고 종종 다투거나, 심지어 전쟁을 방불케 한다면 연인이든 부부든 정말 힘들지 않겠어요?"

"힘들죠." 여전히 미소를 머금은 유세프가 대답했다. "특히 결혼하기 전에 부모님이 안나에게 입교를 재촉했죠. 물론 지금도 여전하시지만. 정말 힘들었어요. 어쩔 수 없이 우린 부모님 모르게 결혼했고 1년 넘게 그 사실을 비밀로 했어요."

"놀라운 건, 시부모님이 내게 결정을 요구했다는 거예요." 안나가 끼어들었다. "이미 오래전에 결정을 내린 상태였는데 말이죠. 무신론자로 결정했으니 더는 결정할 것이 없었지만 시부모님은 항상 내가 결정을 못 하고 갈팡질팡한다고 여기셨고 어차피 언젠가는 이슬람교 신자가 될 거라고 확신하셨죠. 그러니까 그분들이 보기에 제가 올바른 결정을 내리는 건 시간 문제였던 거죠."

나와 아내가 비밀결혼을 했다면 우리 부모님들은 어떻게 하셨을까 생각하느라 나는 아무 말도 하지 못했다. 유세프와 안나의 이야기가 도무지 믿기지가 않았다.

"유세프가 자신의 신앙을 실천하며 살아가는 건 참 멋진 일이라고 생각해요. 처음부터 유세프에게 밝혔듯이, 저는 다만 신을 믿지 않을 뿐이고 유세프를 만족시키기 위해 믿는 척하고 싶지도 않아요. 그건 유세프를 속이는 거고, 부부 관계에서 종교가 다른 것보다 상대방을 속이는 일이 더 나쁘다고 생각해요."

하나만은 확실히 말할 수 있는데, 미팅 사이트를 통했다면 두 사람은 절대 만나지 못했을 것이다.

"어떻게 부모님 모르게 결혼할 생각을 다 했어요? 그리고 결국 결혼 사실을 알리기로 한 계기는 뭐예요?" 나는 진심으로 궁금해서 물었다.

유세프는 눈을 감고 잠시 생각에 잠겼다가 입을 열었다. "부모님과 다투는 게 싫었어요. 그래서 우선 거짓말을 했죠. 그런데 부모님이 자꾸 안나와 결혼하라고 재촉하시는 거예요. 우리는 고심 끝에 결국 부모님께 고백했죠. 1년 전에 벌써 결혼했다고."

"부모님의 반응은 어땠어요?"

안나는 고개를 숙였다. "글쎄요, 시부모님은 아직도 저를 며느리가 아니라 '유세프의 여자 친구'라고 불러요. 시청 결혼식만 올렸으니까 정식 부부가 아니라는 거죠. 시청 결혼식은 문서일 뿐이고 저는 아직 가족이 아니라는 거예요. 단, 여자 친구로는 인정하시겠대요. 쉽지 않은 상황이지만 현재로서는 어쩔 수가 없네요."

나는 눈을 감고 마음을 가라앉혔다. 좋게 이해하기가 점차 버거워졌다. 모두가 그렇게 열린 사람들이라면, 왜 결혼을 비밀로 해야 했을까?

"그럼 친정 부모님은 어떠셨어요?"

"두 분은 크게 상관하지 않으셨어요. 아버지는 불가지론자이고 어머니는 무신론자니까요. 제가 결심을 포기하지 않도록 응원하고 지지해주셨죠. 하지만 양가 부모님이 아직 한 번도 만나지 않았어요. 나중에 친정 부모님이 오시면 자리를 한번 마련할 생각이에요."

"양가 부모님이 만났을 때 분위기가 격해지거나 싸움이 벌어질까 걱정되지 않아요?"

유세프가 환하게 웃었다. "아니요, 전혀. 네 분 모두 지성인이고 열린 분들인걸요."

우리는 사후세계에 대해서도 이야기를 나누었다. 나는 아내는 물론이고 내가 좋아하는 사람들 모두와 함께 지금의 삶을 살 뿐 아니라 죽은 후에도 계속 같이 사는 낭만적인 상상을 한다. 내 생각에, 아내도 나와 비슷한 생각일 테고 아마 그렇기 때문에 종교도 같아야 한다고 주장하는 것이리라.

나는 안나와 유세프가 죽은 후에 서로 다른 길을 가게 될 것이고 죽은 후에 두 사람 앞에 어떤 일이 벌어질지 《코란》에도 아주 명확히 적혀 있다고 설명하며 44장을 읽어 주었다. "보아라, 자꾸무나무가 죄인들의 음식이 되어 쇳물처럼 그들의 뱃속에서 끓어오르니 펄펄 끓는 뜨거운 물과 같더라. 그때 음성이 들려오니 그를 데려가 타오르는 불지옥으로 넣으라. 그리고 그의 머리 위에는 펄펄 끓는 물이 부어진다. 맛보라! 너야말로 훌륭하고 힘이 센 자가 아닌가! 보라, 이것이 네가 의심했던 것이라. 보라, 신을 두려워한 자들은 안전한 곳에 있게 되나니 낙원과 우물이 있는 곳이라."

나는 대답을 재촉하듯 두 사람을 빤히 보았다.

유세프가 입을 뗐다. "우리도 사후에 대한 얘기를 많이 나누었어요. 안나가 올바르게 살았는데도 불지옥에서 고통받을 거라고는 생각하지 않아요. 알라는 자비로운 분이니까요. 다만 그녀에게 천국의 문은 열리지 않을 거예요."

유세프는 안나를 한참 바라보다 말했다. "곁에서 보면 안나는 확실히 올바르게 살고 있어요. 거의 매일 《코란》을 읽고 내게 기도와 자비를 상기시키죠. 그래서 나는 안나에게도 자비를 베풀어 달라고 기도해요."

글쎄, 유세프의 대답에는 이미 이슬람교가 옳다는 전제가 깔려 있다는 기분이 들었다.

안나는 간단명료하게 정리했다. "나는 죽으면 그것으로 끝이라고 믿

구원 확률 높이기 프로젝트

어요. 천국이나 지옥 같은 사후세계는 없어요. 그런 건 인간의 의식 속에만 존재하죠. 그러니까 천국에 못 간다는 위협 따위는 아무렇지도 않아요. 하지만 그것 때문에 유세프가 얼마나 나를 걱정하는지 잘 알아요. 날 걱정해 주니 고마운 일이지만, 걱정하지 않아도 된다고 늘 말하죠. 끝이면 끝인 거라고. 만에 하나 내가 믿지 않았던 알라가 정말로 있다면, 나를 어떻게 할지는 알라께서 알아서 결정하겠죠."

다투거나 언성 높이는 일 없이 이런 중요한 문제들을 평화롭고 침착하게 처리하는 두 사람을 보고 나는 감동을 받았다. 두 사람은 각자의 믿음을 말하고 서로 상대방의 믿음을 존중했다. 경멸하듯 고개를 젓거나 비난하는 일은 없었다. 두 사람은 믿을 수 없을 만큼 아름다웠다.

"솔직히 우리도 종교 때문에 많이 싸워요. 그것도 거의 매일! 그리고 방에서 나가 버리는 경우도 여전히 종종 있고요. 안 그러면 그만 자제력을 잃을 수도 있으니까요. 하지만 싸움도 결혼 생활의 일부라고 생각해요. 그러면서 서로 성장하는 거잖아요. 어떤 부부는 자녀 교육 때문에 싸우고, 어떤 부부는 바람을 피워서 싸우고, 또 어떤 부부는 가구 배치 때문에 싸우고, 우리는 종교 때문에 싸우는 거죠. 무엇 때문에 싸우든지 상대방이 적이 아니라 친구라는 사실을 잊지 않는 것, 그게 제일 중요한 것 같아요."

"배우자!" 유세프가 고쳐 말했다.

나는 깊은 인상을 받았다. 그러나 내가 가장 관심을 두었던 주제가 아직 남아 있었다. 지금까지 우리는 인생에서 중요한 가치관이 서로 다른데도 부부로 살기로 결정한 두 사람에 대해 얘기했다. 내가 상상했던 것과 달리 그것은 아주 불가능한 일은 아닌 듯했다. 하지만 내 생각에, 두 사람이 세 사람으로 늘어나면 문제가 상당히 곤란해질 것 같았다.

"그럼 아이는 어떻게 되는 거죠? 두 사람이 아이를 원한다면 말이에요. 누구의 믿음대로 키울 생각이죠?"

두 사람의 표정이 동시에 굳어졌다. 내 질문이 아픈 곳을 찔렀음이 분명했다. 두 사람이 아무 말 없이 나만 바라보고 있었기에, 여기서 대화를 그만 끝내자고 할까봐 슬쩍 걱정이 되었다. 다행히 안나가 말문을 열었다.

"우리가 아직 의견 차를 좁히지 못한 것이 바로 그 부분이에요. 아이를 원하면서도 아직까지 아이를 낳지 않은 이유이기도 하고요."

그 순간 안나의 표정은 너무나 슬펐다. 금방 눈물이라도 흘릴 듯이.

유세프도 입을 열었다. "그 부분에서 부모님의 압력도 무시할 수 없어요. 그분들은 손자들이 당연히 이슬람교 신자로 자라야 한다고 생각하시니까요. 나 역시 같은 생각이라 양보할 수 없고요. 당연히 안나는 아이들이 신앙 없이 자라야 한다고 생각하죠. 게다가 안나는 아이들이 나중에 커서 스스로 결정하게 하자는 데도 동의하지 않아요. 그냥 무신론자로 자라야 한다고 우기죠. 말도 안 되는 얘기 아닌가요?"

"내가 언제 그렇게 말했어?" 안나가 끼어들었다. 나는 대화를 시작한 후 처음으로 약간의 격앙과 다툼의 시작을 감지했다. "나중에 스스로 결정하게 하자는 데 동의하면 아이들은 분명 당신과 당신 가족들의 영향을 받을 테고, 이슬람교 신자가 되는 것 말고는 선택의 여지가 없을 거 아냐. 난 그저 그게 싫은 거야. 아이들이 정말로 스스로 결정할 수 있도록 아무런 영향도 주지 않겠다고 약속했으면 좋겠어. 그리고 나 역시 아이들에게 무신론을 설득할 기회가 있었으면 해. 어차피 지게 되어 있는 싸움을 하고 싶지는 않으니까."

유세프는 안나를 빤히 쳐다보았다.

"그런 약속은 할 수가 없어. 나는 당연히 내 아이를 이슬람교 신자로 키우려 노력할 거니까. 하지만 아이들에게 압력을 행사하지는 않을 거야. 내가 당신에게 했듯이 말이야. 내 아이가 무신론자나 불신자가 되는 걸 허락하지 못하는 내 입장도 이해해 줬으면 좋겠어."

안나는 유세프의 손을 잡으며 말했다. "이런 다툼 때문에 우리 아이들이 힘들어질 것이 싫어. 자기들이 무엇을 믿어야 하는지를 두고 엄마, 아빠가 매일 다투면 정말 견디기 힘들 거야. 나 역시 공정한 경쟁엔 반대하지 않아. 게다가 우린 1년 전보다 훨씬 발전했잖아. 아이를 낳지 않겠다는 입장에서 이제는 공정한 경쟁까지 발전했으니 말이야."

나와 아내가 이 문제로 논쟁을 한다면, 걸리는 문제는 오직 세례를 개신교에서 받느냐 가톨릭에서 받느냐뿐일 것이다.

"우리가 1년만 더 열심히 고민하고 토론하면 분명 좋은 해답을 찾을 거예요." 유세프가 내게 말했다.

유세프의 생각처럼 1년 후 좋은 해답이 나올 것 같지는 않았지만, 두 사람은 정말 존경스러웠다.

"두 사람이 종교에 대해 서로 존중하는 모습과 상대방의 관점을 대하는 방식에 깊이 감명했습니다."

유세프가 고개를 저었다.

"이건 종교냐 무신론이냐가 아니라 두 사람의 관계와 삶에 관한 문제예요. 내게는 알라에 대한 믿음이 가장 중요하고 안나에게는 다른 무엇이 가장 중요하죠. 하지만 그렇다고 상대방을 존중하지 않거나 사랑할 수 없는 건 아니잖아요. 상대방이 적이나 괴물이 아니라 친구나 배우자라는 사실을 잊어서는 안 돼요."

이 순간 나는 세상의 모든 종교를 끌어들여 구원 확률을 높이려는 내 프로젝트가 실패할 것임을 명확히 깨달았다. 현세의 성공적인 삶에 관한 한 거의 모든 종교가 비슷한 관점을 가졌지만 신이나 사후세계 같은 몇몇 지점에서는 근본적으로 차이가 있기 때문에, 모든 종교의 모든 규율을 지키고 구원을 확신하진 못해도 최소한 기대는 할 수 있도록 사는 것이 불가능해 보였다. 이런 차이들을 어떻게 통합할지, 나는 아직 답을 찾지 못했다.

그러나 나는 절망하지 않았다. 오히려 유세프와 안나의 사례에서 희망을 보았다. 신과 사후세계에 대한 기본적인 관점이 완전히 다르고 어느 쪽도 자신의 관점을 버릴 전망이 전혀 없더라도 두 사람이 부부로서 서로 사랑하고 조화롭게 살 수 있음을 나는 확인했다.

그 모든 차이에도 불구하고 두 사람은 행복하고 아름다운 부부였다. 모든 것을 이기게 한 것이 사랑인지, 합리성인지, 혹은 내가 아직 모르는 새로운 어떤 힘인지, 그건 중요하지 않다. 독실한 이슬람교 신자와 철저한 무신론자가 조화로운 부부로 잘살고 있다. 그것은 상대방의 관점을 존중하고 시간이 많이 걸리더라도 관심을 갖고 토론할 준비가 된 덕택이며 서로를 적이 아니라 친구로 여긴 덕분이다.

그리고 아주 솔직하게 말하면, 내가 프로젝트를 성공하느냐보다 이 부부가 세상에 보여 주는 희망이 내게는 훨씬 의미 있는 일로 다가왔다.

10장

신의 말씀

내가 만약 퀴즈쇼 〈백만장자의 주인공은 누구?〉의 작가라면 아주 까다로운 문제를 낼 수 있다. 상금이 벌써 50만 유로를 넘었는데 아직 찬스 세 번이 모두 남은 상황일 때, 백만장자의 탄생을 막기 위해 이 문제를 사회자에게 건넬 것이다. 도전자는 OX 찬스로 보기를 두 개로 줄일 테지만 어차피 답을 모르니까 결국엔 찍어야 하리라.

문제는 다음과 같다. "다음의 인용구는 어느 종교에서 나온 것일까요? '여자들과 시종들은 다루기가 가장 힘들다. 가까이하면 불손해지고 멀리하면 불평한다.'"

정말 맞추기 까다로울 것이다. 21세기 서구 문화권 사람은 당황하여 머리를 긁적일 테고, 알리스 슈바르처 같은 여성주의자들은 목에 핏대를 세울, 이런 내용은 내가 지금까지 연구했던 거의 모든 종교에 등장하기 때문이다.

물론 여성의 참정권과 교육권을 인정하지 않거나 아내를 남편의 하녀쯤으로 여기는 것이 남성 우월주의가 아니며 외국인 차별이 국수주의가 아닌 나라와 문화권도 있다고 반박할 수 있겠지만, 아무튼 지금까지 종교를 비판할 때 단골로 등장하는 주제는 여성관이었다. 대부분의 종교 경전들은 과거에 기록된 것이고 대개 남자들이 적었기에, 현대 여성들에게 불리하거나 불쾌감을 주는 내용이 종종 등장할 수밖에 없다. 그런데도 여전히 많은 사람들이 그런 내용을 지적하며 타 종교를 향해 서슴지 않고 손가락질을 하다니, 그저 놀라울 따름이다. 손가락질하는 그들에게 나는 묻고 싶다. "당신들의 경전에 뭐라고 적혀 있는지, 당신들의 종교 설립자가 무엇을 전하라고 했는지 읽어 보긴 했습니까?"

아무튼 백만장자 문제의 정답은 유교다. 하지만 공자는 우리가 좋아할 만한 다음과 같은 지혜의 말도 했다. "여성의 아름다움을 사랑하는 만큼 도덕적 가치를 사랑하는 사람을 나는 아직 보지 못했다." "군자는 여유롭고 침착하다. 소인은 걱정이 많고 흥분을 잘한다." "바쁠수록 천천히 걸어라."

공자가 이런 좋은 말들을 했더라도 유교의 세계관은 확실히 남성 지배적이다. 게다가 음(여성)은 어둠, 차가움, 두려움, 죽음과 연관된다. 또한 오륜에서 말하는 유교적 관계 중 두 관계(아버지와 아들, 남편과 아내)가 남성을 지배자로 묘사한다. 하버드 대학 중국역사철학과의 '유교 전도사'로 불리는 두웨이밍杜維明 교수마저 "동아시아에서 성평등 의식이 현저히 부족하고 여성을 무시하는 것은 유교적 뿌리가 깊기 때문이다"라고 썼다.

각 종교의 신자들이 도덕의 손가락으로 타 종교를 지적하지 못하도록 여기에 명확히 밝히는데, 내가 지금까지 연구한 세계의 종교들 중에 서구 문화권의 현대인을 전부 만족시킬 만한 여성관을 가진 종교는 단 하나도 없었다.

종교역사학자 프리드리히 하일러Friedrich Heiler는 세계의 종교들을 '남성 종교'라고 묘사한 적이 있다. 그가 이런 표현을 쓴 것은 종교에서 여성이 무의미하다는 뜻이 아니라, 종교가 사회에서의 남성 지배를 합법화했음을 표현하기 위해서였다.

나는 종교를 비판하거나 특정 종교의 세계관에 문제를 제기하려고 지금 이 글을 쓰고 있는 게 아니다. 자신의 종교 안에서 자신의 위상에 만족하고 있는 여성들의 기분을 괜한 글로 상하게 하거나 그들의 신앙을 모욕하고 싶지도 않다. 자기 삶에 만족한다면, 그렇게 행복하게 살면 그만이다.

그러니까 내 말은, 어떤 여자가 행복하다면 그것은 종교의 규율이나 남자가 그녀에게 행복하라고 명령했기 때문이 아니라 그녀가 정말로 행복하기 때문이라는 얘기다. 자기 삶에 만족할지 말지는 각자가 결정할 일이고, 반대 주장을 방어하는 것 역시 스스로의 몫이다.

유튜브 채널 중에 에일리라는 젊은 미국 여성이 운영하는 'Eily311'이 있다. 그녀는 동영상으로 화장법을 소개하는데, 바야흐로 구독자가 3만 4000명이 넘었다. 에일리는 대학을 마치고 교사로서 아이들을 가르치며 취미로 특수 분장사로도 활동한다. 그런데 많은 사람들이 그녀의 동영상에 문제를 느끼는 것 같다. 에일리는 이슬람교 신자이고 매번 히잡을 쓰고 동영상에 등장한다. 그리고 거의 모든 동영상에 이슬람교 신자와 타 종교 신자들이 올린 악플이 달린다. 이슬람교 신자가 어떻게 화장을 할 수 있느냐고 흥분하는 사람이 있는가 하면, 제발 히잡 좀 쓰지 말라고 항의하는 사람도 있다. 에일리는 아주 멋진 답변을 올렸다. "그래요, 저는 이슬람교 신자예요. 그리고 메이크업 아티스트죠. 보기 싫으시면 컴퓨터 상단에 있는 X 단추를 누르세요!"

히잡에 관한 흥미로운 인용구 하나. "여자가 기도를 하거나 하느님의 말씀을 받아서 전할 때에 머리에 무엇을 쓰지 않으면 그것은 자기 머리, 곧 자기 남편을 욕되게 하는 것입니다. 그것은 머리를 민 거나 다름이 없습니다. 만일 여자가 머리에 아무것도 쓰지 않아도 된다면 머리를 깎아 버려도 될 것입니다. 그러나 머리를 깎거나 미는 것이 여자에게는 부끄러운 일이니 무엇으로든지 머리를 가리십시오." 이 글귀는 《코란》이 아니라 고린토인들에게 보낸 사도 바오로의 첫 번째 편지에 나온다.

경전을 인용할 때 문맥을 무시한 채 한 구절만 떼어 내는 것이 얼마나 고약한지 유세프와 안나에게서 배웠기에 지금 이 글을 쓰고 있는 것이다. 내가 다루고자 하는 것은 각 종교의 여성관이 아니라 종교가 어떻게 사회규범을 합법화하고 그것으로 타 종교를 비방하는가이다. 여성관은 그저 여러 예시 중 하나일 뿐이다. 내가 여성관을 고른 까닭은, 우선 항상 효과가 아주 좋고, 특히 유교의 인용구들로 아내를 제대로 약 올릴 수 있기 때문이다.

나는 프로젝트를 진행하는 동안 수많은 종교 경전을 읽었고 여러 학자, 신자, 비신자 들과 대화를 나누었다. 그러면서 경전이 종교 갈등을 부추기고, 종교적 근본주의도 경전에서 비롯되었다는 흥미로운 사실을 깨달았다.

경전의 한 구절이나 단어나 문장이 자신의 철학과 맞으면 신자들은 경전의 내용을 곧이곧대로 받아들인다. 오늘날에도 적용될 수 있는 도덕적 가치를 전하는 구절이 있으면 대부분 그 구절을 글자 그대로 받아들인다. 저널리스트 헤리베르트 프란틀이 그런 태도를 꼬집는 멋진 글을 《쥐드도이체 차이퉁》에 썼다. "그것은 신이 자신들에게 이스라엘 왕국을 약속했다고 확신하는 유대인들에게 유용하다. 동성애와 진화론을 창조주를 거역하는 불경으로 낙인찍는, 《성경》을 믿는 기독교 신자들에게 유용하다. 이란의 이슬람 국교에 유용하다. 탈레반에게 유용하고 암살자에게 유용하다. 이들은 자신의 신앙대로 세상을 짜 맞추고자 한다. 신이 설계한 건축 사업의 기술자인 양, 이 땅에 세울 천국의 청사진을 신으로부터 받은 듯이 행동한다."

경전 구절이 자신의 가치관과 맞는 내용이면 신자들은 대부분 이렇게 운을 뗀다. "《성경》에 있기를" "《코란》에 따르면" "공자께서 말씀하시길". 나는 항상 사람들이 그들의 경전과 율법서 내용을 아주 잘 알고 있다는 인상을 받았는데, 곰곰이 생각해 보면 이런 인상은 이미 어릴 때부터 받았던 것 같다. 어머니는 어떤 상황에서든 거기에 딱 맞는 《성경》 구절을 찾아내셨다.

그러나 동시에 나의 부족함도 인식해야 했는데, 타 종교의 경전에 대해 아는 것이 없다 보니 상대방의 인용구를 반박할 수가 없었다. 또한 약간 창피한 얘기지만, 기독교 신자로 자랐는데도 나는 상대방의 인용구를 반박할 만한 《성경》 구절을 대지 못했다. 오히려 많은 경우 타 종교 신자들로부터 《성경》 구절을 들었고 그 구절들은 객관적으로 상대방의 말이 옳음을 증명했기에 따귀를 맞은 기분으로 굴복할 수밖에 없었다. 실제로 《성경》에는 굉장히 끔찍한 내용들이 있고 내가 믿어야 했던 신이 분노한 대량 학살자로 그려지는 경우도 적지 않다.

이 땅에 건설해야 할 천국의 청사진과 죽은 후의 구원 안내서를 손에 쥐었다고 확신하는 신자들이 적지 않다. 돌려서 얘기하면, 그들은 타 종교 신자들이 엉터리 청사진을 갖고 있다고 믿는다. 그리고 이것의 근거로 타 종교 경전에서 특히 끔찍한 장면, 남성 우월적인 구절, 혹은 비인간적인 내용들을 인용한다.

그러나 받아들이기 불편한 주장에 직면하면, 내가 늘 목격했듯이, 그들은 세 번째 자세를 취한다. 그들의 경전이나 율법서가 신의 품에서 나온 청사진임을 도저히 증명할 수 없으면, 작은 결함이 있을지는 몰라도 전체적으로 보면 굳건한 집을 짓는 설계도라며 튼튼한 기초 위에 세워졌다고 주장하려 애쓴다. 객관적으로 볼 때 반감을 일으키거나 터무니없어 보이는 구절이 경전에 등장하면 그들은 두 가지를 말하는데, 내가 가장 자주 들은 내용이고 나 역시 살면서 얼추 오천 번은 말했을 것이다. "그것은 해석이 필요한 상징이다." "오늘날과 완전히 다른 시대에 기록되었음을 고려해야 한다." 그리고 내가 특히 좋아했던 더 멋진 말이 하나 더 있다. "맥락을 같이 봐야 한다!"

종교의 경전은 분명 신의 말씀이거나 적어도 신자들이 올바르게 사는 법과 현세와 내세에서 구원을 찾는 법을 알려 주는 안내서다. 그렇다면 받아들이기 편한 부분은 신이 주신 청사진이고, 불편하거나 학문적 저항을 받는 부분은 창의적인 작가의 작품이니 숨겨진 뜻을 해석해 내야 한단 말인가? 이런 태도는 마치 카탈로그를 넘기면서 "이건 맘에 들고, 이건 별로네"라고 말하는 것처럼 보인다.

여성관은 각 종교의 신자들이 그들의 경전을 대하는 태도를 확인하기에 딱 좋은 예다. 여성관만큼 사회적으로, 종교적으로 자주 격렬하게 토론되는 주제는 없기 때문이다. 또한 방금 설명한 세 가지 태도를 모두 확인할 수 있다. 경전을 글자 그대로 받아들이고 싶은데 그러자니 여성 적대적인 세계관을 해명해야 한다. 내가 확인하기로, 이런 딜레마를 해결하기 위해 많은 종교들이 부분적으로나마 조율을 단행했고 또한 많은 종교에 내부적인 여러 흐름과 발전이 있으므로, 어떤 종교에 대한 비판이 그 종교의 모든 신자에게 가해져서는 안 된다.

그러므로 나는 평가 없이, 비난이나 찬사도 없이 백만장자 문제를 좀 더 확대하여 지난 몇 년 동안 여러 종교 서적에서 발췌한, 여성에 관한 주제 중 특별히 눈에 띄었던 구절들을 추가하고자 한다. 전체 맥락을 무시했든 아니든, 이런 구절들은 실제로 존재한다.

이 구절들을 신의 말씀으로 글자 그대로 이해할지, 아니면 적절히 해석할지, 혹은 완전히 다른 의미로 받아들일지는 각자가 결정할 일이다.

원한다면 퀴즈쇼에 도전했다고 생각하고 출처 종교를 맞춰 봐도 좋으리라. 정답은 뒤에 적어 놓았다.

1. 정절을 지키는 처는 남편이 방종하고 성질이 좋지 않을지라도 그를 늘 신처럼 받들어야 한다.

2. 천하에는 시작이 있으니 이를 천하의 어미라 한다. 이미 그 어미를 얻었으면 이로써 그 자식을 알 수 있으니, 이미 그 자식을 알고 다시 그 어미를 지키면 죽을 때까지 위태롭지 않다.

3. 여자들은 교회 집회에서 말할 권리가 없으니 말을 하지 마십시오. 율법에도 있듯이, 여자들은 남자에게 복종해야 합니다. 알고 싶은 것이 있으면 집에 돌아가서 남편에게 물어 보십시오. 교회 집회에서 말하는 것은 여자가 할 일에 속하지 않습니다.

4. 그리하여 나는 여자란 죽음보다 쓰다는 사실을 알아냈다. 여자는 올가미요, 여자의 마음은 그물이며, 여자의 손은 굴레다. 하느님의 마음에 드는 이는 여자에게서 벗어날 수 있지만 죄인은 여자에게 붙잡히고 만다.

5. 광대는 여자를 흉내 내어 웃긴다. 뛰는 개처럼 여자들은 멈출 줄 모른다. 그들은 탐욕스럽게 토한 것으로 달려드는 파리, 정신을 잃고 똥통에서 구르는 돼지 떼 같다. 여자들은 쉽게 순수 계명을 파괴할 수 있다. 여자들은 쉽게 덕망과 공경을 망친다.

6. 남성은 여성의 보호자라. 이는 신께서 여성들보다 강한 힘을 주었기 때문이라. [……] 순종치 아니하고 품행이 단정치 못하다고 생각되는 여성에게는 먼저 충

구원 확률 높이기 프로젝트

고를 하고 그다음으로는 잠자리를 같이하지 말 것이며 셋째로는 가볍게 때려 줄 것이라.

7. 여자는 조용히 복종하는 가운데 배워야 합니다. 나는 여자가 남을 가르치거나 남자를 지배하는 것을 허락하지 않습니다.

8. 여성은 불결하므로 나는 남자의 아름답고 건강한 몸을 받아들일 것이다.

9. 여자들은 나무배와 같다. 여자에게 자신을 허락하는 사람은 멸망을 맞을 것이다. 여자를 믿지 말라. 그러면 너는 실망하지 않을 것이다. 여자들의 약속을 믿지 말라, 여자들은 마음을 금방 바꾼다. 여자들의 음모는 너무나 강력해서 아무리 저주해도 끝나지 않으리라. 여자들은 독사로 허리띠를 하고 전갈로 몸을 치장한다.

나는 이 아홉 구절을 단순히 소개만 할 뿐 어떤 논평도 남기고 싶지 않다. 다만 밝혀 두건대, 여러 경전들을 읽은 후부터 나는 글자 그대로 인용하는 데 더욱 조심스러워졌다. 우선 나의 세계관과 일치하는 어떤 내용이 거의 모든 경전에 등장한다는 이유로 나의 세계관이 표준규범이나 법칙이라고 주장하지 않는다. 그리고 나의 신념이나 지배적인 사회 규범과 맞지 않는 내용이 어떤 경전에 등장한다는 이유로 그 종교의 신자들을 믿지 못할 사람으로 폄하하지 않는다.

누군가 특정 경전을 가리키며 지금의 삶과 죽은 후의 구원을 위한 안내서라고 주장하고 내게 그 점을 글자 그대로 인정하라고 요구한다면, 21세기를 사는 어느 정도 계몽된 사람으로서 나는 받아들이지 않을 것이고, 더불어 경전이 기록된 시대 상황을 고려해야 한다고 지적할 것이다. 오늘날에도 오해 없이 읽히고 해석이 필요 없도록, 경전들을 현대 버전으로 고쳐 쓸 수도 있지 않을까?

무엇보다 많은 사람들에게 대단히 중요한 의미가 있는 경전을 비판적으로 보는 것이 오히려 더 시급한 것 같다. 앞세울 모토가 아니라 합리적인 사람들의 합리적인 대화가 필요하다. 토크쇼에서 방청객을 놀라게 하거나 토론 상대에게 굴욕감을 주는 난처한 인용구는 필요없다. 내 생각에 이것이야말로 우리 시대가 떠맡은 가장 큰 도전 과제다.

〈백만장자의 주인공은 누구?〉에서 백만 유로짜리 문제를 찾는다면, 내게 좋은 아이디어가 있으니 연락하길 바란다. 그리고 어려운 문제들을 척척 풀고 마침내 내가 낸 백만 유로짜리 문제까지 맞추는 사람이 있다면, 나는 그에게 이렇게 말하고 싶다. "기념으로 갖고 있게 당신의 경전에 사인을 해서 주시면 정말 고맙겠습니다."

앞에서 냈던 문제의 정답은 다음과 같다.

1. 《마누법전》 5장 154조 / 힌두교

2. 《도덕경》 52장 / 도교

3. 《성경》, 〈고린토인들에게 보낸 첫 번째 편지〉 14장 34~35절 / 기독교

4. 《코헬렛(전도서)》 7장 26절 / 유대교

5. 다이아나 파울Diana Paul의 책 《불교에서의 여성Women in Buddhism》에 나
  오는 붓다의 말 재인용 / 불교

6. 《코란》 4장 34절 / 이슬람교

7. 《성경》, 〈디모테오에게 보낸 첫 번째 편지〉 2장 11~12절 / 기독교

8. 다이아나 파울의 책 《불교에서의 여성》에 나오는 붓다의 말 재인용 / 불교

9. 모로코 민요

신성한 사과

안 되었다! 정말 안 되었다!

세 시간 동안 이렇게도 해 보고 저렇게도 해 봤지만, 안 되었다. 정말 이지 할 수 있는 건 다 해 봤다. 이렇게 해 보고 욕하고, 저렇게 해 보고 짜증내고, 인터넷이 알려 준 대로 해 보고 절망하고, 이쪽 분야를 잘 아는 친구가 시키는 대로 해 보고 욕하고, 사용설명서의 안내대로 해 보고 신경질을 내고, 이쪽 분야를 더 잘 아는 별로 안 친한 친구에게 전화를 하고서는 벽을 걸어찼다. 욕을 하며 신경질적으로 사용설명서를 내동 댕이치는 종합세트에도 결과는 마찬가지였다. 나는 지금까지 내가 첨단 기기에 익숙한 문명인으로 소위 '호모 디지털'인 줄 알고 살았다. 그러나 이 기기는 말을 안 들었다. 옛날 휴대전화에 저장된 번호들을 아이폰으로 옮기고 싶은데 어떻게 해도 안 되었다.

곁에서 지켜보던 아내가 고소함과 의아함이 혼합된 표정으로 말했다. "당신이 뭘 잘못 만진 거 아냐?"

세 시간 동안 입에 달고 있던 욕이 다시 튀어나오려는 찰나에 아내가 덧붙였다. "애플이 잘못했을 리는 없거든."

구원 프로젝트를 진행하는 동안 나는 '종교란 무엇인가'라는 의문이 들었다. 물론 사전적인 개념으로 간단히 답할 수도 있다. "특정한 믿음을 공유하는 사람들로 이루어진 신앙 공동체와 그들이 가진 신앙 체계를 종교라고 한다." 하지만 세계의 무수한 종교를 정의하기에는 너무 간단한 대답이다. 예를 들어 드루이드교는 2010년부터 영국에서 세금만안 낼 뿐 종교로서 공식 인정된 반면, 독일에서는 여전히 종교가 아니다. 사이언톨로지도 다양한 국가에서 다양한 지위를 갖고 있다.

유세프에게 종교가 무엇이냐고 물으면, 아브라함을 믿음의 조상으로보는 종교, 그러니까 기독교·유대교·이슬람교, 그리고 경우에 따라서는 바하이교까지만 종교라고 자신 있게 대답할 것이다. 내가 세상의 모든 종교를 직접 체험해 볼 생각이라고 말했을 때, 그는 당연히 아주 좋은 생각이라고 격려하면서도 불교와 유교도 포함시킬 거라고 하자, 그건 종교가 아니라며 고개를 저었다.

학문적으로 널리 인정되는 종교 정의는 없다. 그래서 '종교란 무엇인가?'에 답하기가 나 역시 힘들다. 키케로에서 루만에 이르기까지, 역대철학자들의 답변을 모아 엮은 옌스 슐리터Jens Schlieter는《종교란 무엇인가?Was ist Religion?》의 서문에서 종교 정의하기의 어려움에 대해 이렇게 적었다. "유럽인들의 종교 이해는 계속 바뀌었다. 그 변화를 대략이나마 요약하면 다음과 같을 것이다. 처음에 종교는 신에 대한 정기적인숭배 의식이었다. 그러다 진짜 종교와 가짜 종교를 분리하기 시작했고, 수도회를 중심으로 올바른 삶이라는 도덕적 가치로 확장되었다가, 종교개혁과 함께 신자들의 깊은 성찰로 이어졌으며, 마침내 종교 비판을 뛰어넘어 종교의 다양성을 인정하는 합리적 종교 이해에 이르렀다."

구원 확률 높이기 프로젝트

많은 사람들이 종교의 구성 요소로 인정하는 메시아나 종교 설립자로 우선은 종교 정의의 기본 기둥을 세울 수 있으리라(대부분의 경우 메시아와 종교 설립자가 동일할 것이다). 여기에 숭배의 대상과 경전 혹은 공통된 역사를 추가할 수 있겠고, 믿음에 무조건 순종하는 사람들의 공동체도 빠질 수 없다. 이 공동체는 믿지 않는 사람들과 구별되어야 한다. 그리고 현세 혹은 내세와 관련된 행복의 약속이 포함된다.

이렇게 정의를 하고 나면 종교의 범위가 아주 넓어져서 웬만한 공동체는 거의 다 종교로 정의될 수 있다. 숭배로 보면, 청소년들에게는 팝스타들이 있다. 그래서 팬들을 종교 단체와 흡사한 공동체로 묘사하는 경우도 많다. '샬케 04'의 홈경기를 관람한 다음, 팬들과 하룻저녁을 보내 본 사람은 속으로 진지하게 물을 것이다. 종교와 다를 게 무엇인가? 더 많은 돈을 벌기 위해 주당 70시간씩 일하는 월 스트리트 사람들의 삶은 신자들의 삶을 닮았다. 다만 그들은 신 대신에 자본을 숭배하고 말리부 비치에 별장을 갖는 구원을 소망한다.

당연히 나도 자본을 숭배하고 진짜 자본가가 되려고 노력할 수 있겠지만, 내게는 그런 재능이 없을 뿐 아니라 그러기 위해 반드시 필요한 야망도 없다는 걸 잘 안다. 그리고 나이로 볼 때, 비록 인정하고 싶지 않고 인정하기도 힘들지만, 팝스타에 열광할 나이는 지났다. 나는 일반적으로 대체종교라 불리는 것들을 체험해 보기로 했다.

지금까지 나와 무관했던 대체종교여야 한다는 기준은 세웠지만, 특정 브랜드여야 할지, 찬양받는 어떤 인물이어야 할지, 아니면 역시 유사

종교여야 할지 몇 년째 결정을 내리지 못하고 있었다. 바로 그때 애플을 만났다. 그리고 무엇보다, 하이디 캠벨과 안토니오 라 파스티나Antonio La Pastina의 〈아이폰은 어떻게 신이 되었나: 새로운 매체, 종교 그리고 상호텍스트성의 의미 순환How the iPhone Became Divine: New Media, Religion, and the Intertextual Circulation of Meaning〉이라는 보고서에서 영감을 얻었다. 이 보고서에 따르면, 애플의 종교성은 신에 대한 믿음이 아니라 무언의 합의에 있다고 한다. 캠벨은 "세속적인 기기들에 종교적이고 신성한 의미가 스며들었다"라고 적었고, 애플의 새 전화기를 팬들이 '예수폰'이라고 부르는 것처럼, 대중문화에서도 첨단 과학기술과 종교 사이에 흥미로운 관련성이 있다고 지적했다. 캠벨은 자신의 블로그에 "세속적인 현물이 종교의 기능을 대신할 수 있다"라고 적으며, 신자들이 신에게 갖는 충성심이 팬들 사이에도 생기고 애플 상품들은 종교적 경외를 받는다고 강조했다.

친구 바스티안은 자신의 페이스북에 다음과 같은 글을 올렸다. "재미 삼아 바이러스를 검사한 후부터 나는 맥북프로를 더욱 사랑하게 되었다. 거의 100만 개에 이르는 파일을 검사했는데, 감염된 소프트웨어가 0개로 나왔다. 2년 동안 바이러스가 0개! 난 바이러스 스캐너를 슬그머니 닫았다. 더 나은 세상을 위한 제안 하나: 하드디스크를 제거한 다음, 컴퓨터를 눈밭에 버려라! 그런 다음 하드디스크를 맥컴퓨터에 넣고 C:/Windows/ 폴더를 삭제하라!"

친구의 제안에 이런 덧글이 달렸다. "애플은 선불교를 연상시켜요. 모

　　　　　　　　구원 확률 높이기 프로젝트

든 상품이 곧 깨달음이죠."

반면 한 동료 기자는 애플 매장 오픈 기사에, "이것은 21세기의 교회 설립이 아니라 고객의 지갑에서 최대한 많은 돈을 끄집어내려는 한 기업의 극히 평범한 매장 오픈이다"라고 적었다. 바로 이런 상반된 관점 때문에 애플에 더욱 흥미가 생겼다.

그래서 나는 애플의 팬이 되기로 결정했다.

애플을 종교로 보는 관점은 사실 새로운 게 아니다. 게다가 내가 처음 예상했던 것보다 훨씬 이전부터 있었다. 애플 프랑스의 전 본부장인 장 루이 가세가 이미 1987년에 한 강연에서 언급한 바 있다. "첫 번째 사과는 《구약》에 나오는 금지된 사과, 바로 선악과입니다. 한 입만 먹었는데도 아담과 이브와 인류 전체가 지금까지의 역사를 밟게 되었습니다. 두 번째 사과는 현대 과학의 상징인 아이작 뉴턴의 사과입니다. 세 번째 사과는 애플 컴퓨터의 사과입니다. 이 사과가 그냥 생긴 게 아닙니다. 애플의 사과는 미래지식의 길을 넓히는 사과입니다." 당시에도 벌써 굉장히 종교적인 발언이었다. 아쉽게도 가세는 비틀즈의 '애플 레코드'를 언급하지 않았다. 아이튠즈가 최초로 비틀즈의 음원을 제공할 때, '모든 것을 바꾼 밴드'라고 소개했었는데 말이다.

이탈리아 작가 움베르토 에코는 1994년에 벌써 마이크로소프트와 애플의 경쟁을 '종교 전쟁'이라 불렀다. 에코는 애플을 가톨릭에 비유했다. "애플은 명랑하고 친절하고 자상하다. 애플은 신자들에게 차근차근 설명한다. 비록 천국에 이르는 길은 아니지만, 문서를 프린트하는 길을 친절하게 안내한다." 경쟁자인 마이크로 소프트는 개신교 혹은 칼뱅파에 비유했다. 그리고 글 말미에, 애플은 역시 쉬운 철학을 대표한다며 이렇게 덧붙였다. "누구나 구원받을 권리가 있다."

물론 애플은 주식 상장기업이고 캘리포니아 본사도 종교적 지위를 누린 적이 단 한 번도 없으며 여느 기업과 마찬가지로 이윤 극대화를 목표로 한다. 이 회사를 설립한 스티브 잡스는 회사의 수익성을 높이기 위해 집단심리 메커니즘을 이용했고, 성공했다. 그리고 나는 20년 전에 애플 주식을 사지 않고 콤메르츠방크와 도이체텔레콤 주식을 산 아버지를 지금도 원망한다.

종교 이론 지지자들은 여러 비교 자료들을 증거로 제시하며 애플이 종교와 똑같은 과정을 밟는다고 주장한다. 이때 불교 신자인 스티브 잡스는 신이나 메시아보다는 종교 설립자로 설명된다. 말하자면 그는 알라가 아니라 무함마드인 셈이다. 그에 관한 전설들도 줄을 잇는다. 스티브 잡스는 대학생 시절에 리드 칼리지에서 캘리그래피 수업을 들었는데, 이런 선견지명이 없었다면 매킨토시 컴퓨터의 상당 부분이 개발되지 않았을 거란다.

잡스는 자신의 믿음을 굳건히 지켰고, 믿음을 방해하는 모든 것에 대항하며 자신의 비전을 확고히 했으며, 마이크로소프트 같은 '악'에 굴하지 않고 싸웠던 사람이다. 그를 따르는 사람들에게는 이 이야기들이 실화냐 아니냐는 그리 중요하지 않다. 전설만으로도 충분하다. 애플교의 설립자가 잡스라면 신자는 당연히 고객이다. 그리고 신자에도 등급이 있다. 예를 들어, 이른바 '선구자 신자'와 아이팟 출시 후 애플사가 지하 조직에서 대중 조직으로 발전했을 때 개종한 신자들 사이에는 분명한 구별이 있다.

《프랑크푸르터 룬트샤우》의 페터 미할치크 기자는, 애플을 종교로 이해하는 이론을 뒷받침하는 근거로 '애플의 행복 약속'을 지목했다. "당신은 어떠한 기술적 어려움 없이 미디어의 초복합 세계로 진입하는 완벽한 티켓을 얻는다. 애플 사용자는 기술에서 자유롭기에 행복하게 살 수 있다. 고객센터에 전화할 일이 없다. 조건에 따라 발생할 문제도 없다. 복잡한 사용법 때문에 고생할 일도 없다. 이런 역설적 약속은 아이폰과 아이팟터치에서 이른바 육화肉化되었다. 나를 이해하는 나만의 기기!"

나는 현재 무지한 무법자 취급을 받는다. 어쩔 수 없는 경우가 아니면 애플 상품에는 손도 대지 않고 살아 왔기 때문이다. 나는 미국에서 대학 다닐 때 학교 전산실에 퍼스널 컴퓨터가 한 대도 없어서 어쩔 수 없이 맥컴퓨터로 보고서를 써야 했을 때 말고는 맥컴퓨터를 쓴 적이 없다. 휴대전화와 음악 기기도 다른 회사 제품이었고, 심지어 노트북은 잡스가 몹시 증오했을 회사 제품이었으며(애플 주식이 그 회사 주식보다 마침내 더 비싸졌을 때 잡스는 직원들에게 일일이 자축 메일을 보냈다고 한다), 영화도 그냥 비디오테이프를 빌려다 봤다.

반면 아내는 애플의 선구자 신자에 속한다. 아이팟 시대 이전부터 벌써 맥컴퓨터로 일했고, 나를 개종시키기 위해 몇 년째 열심히 선교하는 중이다. 내 방에서 추방해야 할 물건 목록을 만들고, 컴퓨터가 고장 나자 재빨리 목록에 체크하는 식의 은근한 방법을 쓰기도 하고, 애플 스티커를 모니터에 붙이는 식의 적극적이고 직설적인 방법도 써 가며, 아내는 선교 열정을 불살랐다.

나는 지금까지 꽤 성공적으로 아내의 선교 공격을 방어했다. 그러나 프로젝트를 위해 이제 그만 아내의 믿음을 받아들이기로 결심했다. 아내의 공격을 방어하기 위해 그동안 나는 휴대전화가 여기저기 깨져 주머니에서 위험한 무기로 변해도 새것으로 바꾸지 않고 버텼다. 컴퓨터는 정상적으로 돌아가려면 10분 넘게 기다려야 했고, CD플레이어는 스테레오 기능이 고장 났으며, DVD 플레이어는 인터넷 경매 사이트에서 골동품으로 거래되는 모델로 전락했다. 바야흐로 새로운 상품을 구입할 때가 되었다. 여기서 잠깐 강조하고 싶은데, 사람들이 새 휴대전화, 새 컴퓨터, 새 엠피쓰리 플레이어를 구입하는 것은 사실 필요해서가 아니라 갖고 싶어서다. 인생사 모든 일이 필요보다는 욕구다.

나는 뮌헨에 있는 애플 매장에 갔다. 이곳은 독일에서 처음 생긴 매장이자 세계적으로 251번째로 연 매장이다. 2008년 12월 매장 오픈일에는 커다란 유리문 앞에 몰려든 고객이 4000명이 넘었다. 뉴욕이나 도쿄의 애플 대성당과 비교하면 뮌헨 매장은 그저 작은 경당에 가까웠다. 벽에는 LCD 모니터가 걸려 있고 전시된 기기들은 반짝반짝 윤이 났으며 여기저기서 계속 뭔가가 깜빡거렸다.

구원 확률 높이기 프로젝트

유리문 위에는 거대한 사과가 휘황찬란하게 걸려 있었고 젊은 직원이 파랗고 빨간 셔츠를 입고 그 밑에 서 있었다. 직원의 미소는 마치 누군가 볼을 귀 뒤로 당기는 것처럼 보였다. 그들의 미소는 그들이 정말로 나를, 오직 나만을 기다리고 있었던 양 느끼게 했다. 그들은 나를 고객이 아니라 오랜 친구처럼 대했다. 아마도 내가 신자 그룹에 속한다고 생각한 듯하다. 하지만 내가 입을 열자마자 바로 탄로 났을 거다. 아무리 늦어도 세 마디면 아무것도 모른다는 게 고스란히 드러났을 테니까.

다른 고객들은 매장에 전시된 아이팟, 아이패드, 아이폰 등을 둘러보며, 내가 지금까지 백화점 장난감 매장에서 그랬듯이 나름대로 능숙하게 이것저것 눌러 보고 있었다. 2층에서는 고객들이 직원들에게 속상한 마음을 털어놓았다. 단체로, 개인 상담으로. 어린이를 위한 공간도 따로 마련해 놓았는데, 어린이는 보이지 않고 어른 한 명이 맥북을 들고 앉아 있었다.

나는 매장의 공간 배치에 매료되었다. 애플 매장이 지극히 평범한 매장이라고 주장하는 사람이 있다면 분명 그 사람은 한 번도 그곳에 가 보지 않은 사람이리라.

10분쯤 지나자 내 차례가 왔다. 나는 직원에게 먼저 인사를 하고 본론부터 꺼냈다.

"안녕하세요? 전부 다 필요해요!"

직원은 놀란 눈으로 나를 보았다. 마치 내가 식당에서 메뉴판에 있는 음식을 다 먹고 싶다고 말한 것처럼. 하지만 이내 미소를 지었다.

"아, 노트북은 빼고요. 지금 쓰고 있는 것이 아직 잘 돌아가거든요. 그리고 아이패드도 필요 없어요. 두 개 빼고 나머지 다 필요해요."

직원은 계속 미소만 지었다. 나는 그의 뇌에서 커다란 물음표가 생겨나는 걸 감지할 수 있었다.

"타임캡슐이 들어 있는 맥컴퓨터를 사고 싶어요. 거기에 속한 프로그램과 필요한 모든 것을 포함해서. 그리고 애플TV도 사고 싶고 아이팟은 두 개가 필요해요. 아참, 아이폰도 주세요. 그건 아내가 쓸 거예요. 친구가 옛날 모델을 주기로 했으니까 하나만 새로 사면 돼요."

아내는 환하게 웃으며 옆에 서 있었다. 필리핀 교회에서 반지를 끼워 줄 때 마지막으로 본 듯한, 아주 환한 미소였다. 이윽고 아내는 통역사를 자처하며 여전히 놀라고 있는 직원에게 내가 애플 세상에 처음 왔다고 말하고선 정확히 무엇이 필요한지 설명했다. 두 사람이 사용하는 언어가 너무 낯설어서 나는 도통 알아들을 수가 없었다. 절반은 절반만 이해되었고, 절반은 전혀 이해가 안 되는 언어였다. 그들은 자주 웃었다. 나는 그들이 누구 때문에 웃는지는 알았지만 왜 웃는지는 몰랐다.

마침내 쇼핑을 끝냈다. 솔직히 고백하면, 우리는 딱 하나만 살 수 있었다. 나의 재정 상태가 그랬다. 전부 샀으면 신용카드 한도가 넘었을 것이다. 말하자면 그것이 애플의 종교세다.

사무실에서 새 전화기를 보여 주자, 사람들은 정말이지 내가 클럽 입장이라도 허락받은 듯이 반응했다. 박수갈채와 스펙터클한 입교식은 없었다. 그러나 나도 이제 권력의 양지에 섰다는 무언의 합의가 느껴졌다.

종교 단체에 가입했다는 기분보다는, 학창 시절 나무 뒤에 숨어서 담배를 피우다 마침내 나이가 들어 흡연 구역에 당당히 들어갔을 때의 기분과 비슷했다. 2년 선배가 멋진 자동차를 타고 왔어도 내가 같은 학년 여학생을 더는 포기하지 않아도 되는 그런 기분이었다. 새 전화기는 내게 그런 기분을 주었다. 나는 살아 있었고 그들은 나를 그들 중 하나로 받아 주었다.

그들 중 한 명이, 행복한 삶을 살려면 서둘러 내려받아야 하는 어플리케이션들을 스카이프로 보내 주었다. 그 안에는 독일철도의 환승 정보, 방송 프로그램 안내 서비스, SNS가 들어 있었다. 친구들의 사진을 70년대식 사진으로 바꿔 보는 서비스도 덤으로 보내 주었다. 코가 크고 땅딸막한 동물을 점프하거나 달리게 해야 하는 플랫폼 게임도 들어 있었다. 나는 10분 정도 게임을 했고 깨달음은커녕 짜증이 났다. 손가락이 자꾸 미끄러져서 처음부터 다시 시작해야 했기 때문이다. 역시 인내심은 나의 미덕이 아니었다.

내가 아방가르드에 속하자 아이폰 신자들과 확실히 더 친해졌고 지하철에서도 느긋해졌다. 나는 이제 일반 휴대전화 사용자들처럼 언제 어디서나 연락이 닿는 데 그치지 않고 언제 어디서나 온라인 상태였다. 지하철 안에서 메일을 읽고 페이스북을 관리하고 텔레비전 방송 프로그램도 확인했다. 당연히 나의 코 큰 친구는 여전히 플랫폼에서 떨어졌다. 내 또래로 보이는 옆자리 승객도 나처럼 휴대전화를 노려보고 있었다. 척 팔라닉의 소설 《식민지》를 읽었을 때 이후 처음으로 목적지에 도착할 때까지 남은 정거장 수를 세지 않았다. 나는 내내 바빴고 내려야 할 때는 아직 마치지 못한 일이 많이 남아서 아쉽기까지 했다.

집에서의 생활도 바뀌었다. 나도 알고 나서 깜짝 놀랐는데, 내가 개종하기 전부터 아내는 벌써 생활공간을 '애플-풍수지리'에 따라 배치해 놓은 것이다! 거실은 하얀 가구들로 우아하고 기능적으로 완벽하게 배치되어 있었다. 가구에 사과만 없을 뿐.

우리는 이미 오래전부터 애플 신자였다. 나만 그걸 몰랐을 뿐이다.

그리고 그다음 주부터 우리는 더욱더 독실한 애플 신자가 되었다. 상품들이 놀랍도록 서로 조화와 일치를 이루었다. 휴대전화를 충전기에 꽂고 단추 하나를 누르면 일치를 이루었다. 최근 사진, 동영상, 음악파일 들이 복사되었다. 컴퓨터는 애플TV와 일치를 이루어 배경화면에 늘 최신 가족사진을 보여 주었다. 나는 아이튠즈에서 내려받은 에미넴의 새 음반을 들으며 사진을 감상했고 저녁에는 애플TV가 추천해 준 드라마를 보았다.

아이폰이 안겨 준 첫 번째 절망을 처음엔 내가 뭘 잘못 만진 탓이라 생각했고 그다음엔 그동안 내가 잘못 살아온 걸 뉘우치는 기회로 삼았다. 앞에서 언급했듯이, 옛날 휴대전화에 저장된 전화번호를 아이폰으로 옮기려 했지만 그게 안 되었다. 모두들 나의 실수이지 애플의 실수일 리가 없다고 했다. 어차피 나는 신입이니 새로운 테크놀로지를 배워야 한단다. 그냥 애플을 믿으라고, 그러면 모든 것이 잘될 거라고 격려했다.

하지만 그렇게 되지 않았다. 결국 나는 중요해 보이는 전화번호 열다

구원 확률 높이기 프로젝트

섯 개를 골라 아내에게 적어 주고 내 아이폰에 입력해 달라고 부탁했다. 컴퓨터로 입력한 다음, 아이폰으로 전송해도 된다는 아내의 가르침은 한 귀로 듣고 흘렸다. 나머지 연락처는 나중에 시간이 나면 느긋하게 입력하기로 했다. 애플이 이제 나의 삶을 변화시켜 느긋한 시간이 많아지리라 믿었기 때문이다.

4주 후에도 나머지 연락처는 아이폰으로 옮겨지지 못했다. 시간이 없어서가 아니라 아내가 입력해 준 열다섯 개 말고는 필요한 번호가 없었기 때문이다. 연락처를 휴대전화에 저장해 놓으면 나중에 찾기가 쉬워 좋겠지만, 꼭 그런 이유만은 아닌 것 같다. 연락처도 역시 필요보다는 갖고 싶은 욕구와 관련이 있다.

인생사 모든 일이 필요보다는 욕구다.

"거봐. 저장한 연락처가 모두 중요한 번호는 아니라는 걸 아이폰 덕분에 알게 됐잖아!" 아내가 으스대며 말했다. 어린 꼬마 둘이 누가 더 멋진 가상의 친구를 두었는지 서로 자랑하는 장면을 연상시켰다.

아이폰이 안겨 준 두 번째 절망은 나의 두꺼운 손가락 탓이었다. 터치 패드 위의 글자를 정확히 터치하기가 정말로 어려웠다. '포커' 대신에 갑자기 '초터'가, 혹은 '퇴근'이 '최슨'으로 찍혔다. 코 큰 친구가 플랫폼에서 자꾸 떨어지는 것보다 문자를 빨리 전송하지 못하는 무능력이 더 나를 미치게 했다. "걱정 말아요. 금방 익숙해질 거예요." 조카가 위로했다. 나는 다이얼을 돌렸던 사람이고 그나마 버튼을 누르는 데 겨우 익숙해진 사람이라고 털어놓았다. 조카가 대꾸했다. "그러니까 아이폰이 아니라 삼촌이 문제잖아요, 잘 안 되는 건."

나는 마지막 패를 뒤집었다. "하지만 운전중에는 쓸 수가 없잖아. 엉뚱한 글자를 찍지 않으려면 계속 화면을 봐야 하니까."

"어차피 운전중에는 휴대전화 사용이 불법이에요. 애플 덕분에 삼촌은 마침내 법을 지키는 시민이 되는 거라고요."

어린 꼬마 둘이 누가 더 멋진 가상의 친구를 두었는지 서로 자랑하는 장면을 연상시켰다. 그리고 그때 한 꼬마가 결정타를 날렸다. 자기 친구는 하늘에서 온 천사라고.

나는 그냥 포기하기로 했다. 그리고 애플을 학습용으로 쓰고 있는 18개월 된 아들과 함께 열심히 배우기로 했다. 아이맥 모니터에 친척들과 친구들 사진이 계속 흐른 덕분에, 아들은 거의 달인 수준으로 그들의 이름과 얼굴을 기억했다. 몇 달 만에 만난 사촌형인데도 보자마자 "요르크! 문신! 팔!"이라고 외쳐 내 조카를 적잖이 놀래켰다. 아들은 19개월이 되자 색깔은 잘 몰라도 아이폰의 잠김을 풀어 아빠에게 전화를 걸 줄 알았다.

애플 사랑의 절정이라 할 만한 순간이 있었으니, 내가 화장실에서 닉 맥도넬의 소설 《트웰브》를 읽는 대신 이메일을 확인하고 있을 때였다. 아내가 문자를 보냈다. 돌아오는 길에 물을 가져오라는 내용이었는데, 그때 아내는 직선거리 7미터 떨어진 거실 소파에 앉아 있었다.

몇몇 반격에도 나의 새로운 신앙은 결코 흔들리지 않았다. 메일 웹 프로그램이 자꾸 오류가 날 때도 나는 '마이크로소프트-바알세불'의 못된

구원 확률 높이기 프로젝트

공격이라고 여겼다. 아웃룩은 역시 맥과 양립할 수 없어 보였기 때문이다. 애플TV에 나오는 드라마의 대부분은 독일 일반 TV에서 이미 방영된 것들인데, 나는 이것도 독일 방송국에 대한 애플의 우정이라고 생각했다. 질 높은 방송을 위해 노력하는 일반 TV가 그들의 몫을 챙기는 건 마땅한 일이라 여겼다. 한마디로 나는 애플 신자로 행복하게 살았다.

애플 상품에 감탄하는 몇 주가 흐른 뒤 약간의 불평과 함께 문제가 생겼다. 아내는 최신 아이폰을, 친구 바스티는 슬림형 애플TV를, 동료 랄프는 아이패드를 매일 자랑했다. 심지어 랄프는 아이패드로 욕조에서도 인터넷 서핑을 한다고 으스댔다. 나는 내 삶에 만족할 수 없었다. 그런 상품들이 꼭 필요해서가 아니라 꼭 갖고 싶어서였다.

물론 신상품들을 살 수도 있다. 그렇게 종교세를 납부하면 된다. 하지만 그냥 살아도 무방하다.

여느 대체종교와 마찬가지로 애플에도 불변성과 초월성이 없다는 사실을 그제야 깨달았다. 대체종교의 구원은 잠깐의 만족이었다. 신상품을 손에 넣었을 때, 혹은 응원하는 축구팀이 승리했을 때. 하지만 몇 주가 지나면 새로운 시즌이 시작된다. 내가 응원하는 축구팀이 2부 리그로 강등될 위기에 처할 수도 있고, 기업은 다시 신상품을 개발할 것이다.

영성 지수 테스트를 다시 해 보기에 적절한 시기였다. 애플을 포괄적 의미의 종교로, 스티브 잡스를 예언자로, 상품을 신성한 성물로 인식하는 데 집중하며 테스트를 했다. 영성 지수는 17.5로 정확히 평균과 일치했고 행복 지수는 3.88로 평균에서 약간 밑돌았는데, 아마도 이때 내가 신상품에 매료되어 옛 상품에 더는 만족하지 못했기 때문이리라. 신상품을 갖고 싶은 욕구와 질투가 영혼에 부정적인 영향을 미친 것이다. 문제는 항상 뭔가를 갖고 싶어한다는 것이다. 갖고 싶은 걸 얻으면 곧장 또 새로운 뭔가가 갖고 싶다.

바뀌어야 했다. 쇼핑 중독에서 벗어나야 했다. 우선 신상품에서 관심을 끊기로 결심했다. 쓰고 있는 물건들이 아직 멀쩡한 현실을 직시해야 했다. 어떤 상품은 생활을 간편하게 하지만 또 어떤 상품은 더 복잡하게 했다. 설령 첨단기술의 발전에 적응해야 할 때가 다시 오더라도, 나는 상품에 사과가 있는지 여부에 초점을 맞추지는 않을 것이다.

애플교가 좋은 것은 맘만 먹으면 바로 그만둘 수 있다는 점이다. 애플 스스로 종교로 정의하지 않기 때문에 그만두어도 배교의 죄가 아니다.

애플이 종교라고 해도, 이 종교는 더 나은 세상이 아니라 디지털 생활의 개선을 약속할 뿐이다. 그러나 고백건대, 확실히 효과가 있었다. 나는 열광적인 팬은 아니더라도 적어도 공감하는 사람이 되었다. 언젠가는 설립자의 영향이 줄어들 것이고, 그러면 애플교가 나아갈 방향을 두고 한번쯤은 싸움이 벌어지리라. 그리고 신념과 야망이 권력과 합해질 것이다. 어떤 신념이 승리하여 어떤 길을 가게 될지, 현재로서는 예상하기 힘들다.

나는 개인적으로 애플을 종교로 보지 않으려 한다. 또한 21세기의 세속화된 대체종교로도 보지 않겠다. 기술 발전과 뛰어난 이미지로 볼 때 이 기업은 종교보다는 차라리 자연과학에 더 가깝다. 이 부분에서만큼은 나도 종교 폐지를 요구했던 리처드 도킨스 같은 학자들 곁으로 돌아가고자 한다. 매일 새로운 지식과 연구와 조사가 있다. 그리고 아침에 확실한 사실이었던 것이 저녁에 반박을 받을 수 있다.

다만 맘에 들지 않는 것이 있다면, 대부분의 애플 신자와 도킨스의 책에서도 노아의 냉소적인 후손들이 보이는 거만함이 보인다는 점이다. 퍼스널 컴퓨터를 버리고 맥을 그 자리에 두면 세상이 더 좋아질 거라고 말하는 사람이 있다. 종교를 멸종시켜야 한다면서 차라리 권투 선수 알리를 숭배하라고 자만을 떠는 사람이 있다. 도킨스는 기술적·학문적 발전이 인류를 구원했으니, 이제 이 승리를 알리기만 하면 된다고 말한다.

그러나 과학에는 구원의 보장과 전망이 없다. 다만 삶, 우주, 그 외 모든 것에 대해 더 많이 알고 경험하게 되리라는 확신만 있을 뿐이다. 기본적으로 멋진 일이긴 하지만, 여기에는 허점이 있다. 인간은 만족하지 않는다. 점점 더 많이 알고 경험하고자 한다. 연구를 멈추지 않는다. 새로운 지식이 정말 필요해서가 아니라, 새로운 지식을 갖고 싶어서.

인생사 모든 일이 필요보다는 욕구다.

손에 쥔 카드대로 살라!

그녀가 웃는 얼굴로 내게 손을 내밀었다. 그녀는 스리랑카 루피든 유로든 몇 푼만 적선해 주길 바랐다. 돈이면 어느 나라 것이든 상관없어 보였다. 아무튼 바닥에 놓인 모자 안에는 처음 보는 동전들도 꽤 있었다. 누더기 옷, 바짝 마른 쿠바 시가 같은 피부, 치아 하나 없는 입, 심하게 흔들리는 턱, 헝클어져 뒤엉킨 머리칼, 떨리는 다리. 그러나 그녀는 삶을 비관하는 것으로 보이지 않았다. 오히려 유명 디자이너의 명품 매장 앞에서 구걸하려고 일부러 치아를 뽑고 다리를 떠는 듯이 보였다.

잘 차려입은 여자가 명품 매장에서 나와 마치 그녀가 거기에 없는 듯 눈길 한번 주지 않고 지나갈 때, 그녀는 잠깐 여자를 돌아보았다. 여자의 머리는 완벽하게 손질되어 있었고 피부는 벨기에 초콜릿 같았으며 금 장식으로 치장한 정장을 입었다. 그리고 머리에는 왕관 같은 액세서리를 얹었고 반지를 여섯 개나 끼고 있었는데, 반지마다 적어도 한 개씩 보석이 박혀 있었다. 멀찍이 떨어져 있는 내 눈에 보일 만큼 그렇게 보석은 컸다. 마치 광산에서 바로 반지로 와서 박히기라도 한 듯이. 손에 든 명품 매장 가방 두 개는 빵빵하게 채워져 있었다. 그러나 표정은 굳어 있었고 전혀 행복해 보이지 않았다. 여자는 바닥에 앉은 거지가 평생 동안 벌 돈보다 훨씬 많은 돈을 방금 명품 매장에서 쓰고 나왔다는 데 개의치 않는 듯했다.

우리는 스리랑카 콜롬보 공항에 도착했다. 인도의 남서쪽에 있는 섬에서 휴가를 보내며 열흘 동안 코끼리를 실컷 보는 것이 아내의 계획이었다. 마침 나는 힌두교를 배울 차례였으므로 이 여행은 우리 부부에게 '윈-윈 전략'인 셈이었다. 우리가 결혼한 지 1년 반이 된 2008년 1월 1일이었다. 그때만 해도 우리는 의무와 책임이 없는 자유로운 부부였고 그렇게 한 7년을 아이 없이 살기로 했었다.

살다 보면 맘먹은 대로 안 되는 일이 늘 있기 마련이다!

비행기에서 내리자마자 바로 짐을 찾았고 우리를 호텔까지 데려다 줄 사람도 만났다. 두 여자를 본 건 우리가 막 터미널을 통과할 때였다. 유명 디자이너 명품 매장 앞에 앉아 누군가 몇 푼이라도 던져 주기를 바라는 불쌍한 여자와 그 앞을 못 본 체 지나가는 부유한 여자. 불쌍한 여자는 부유한 여자를 시기 어린 눈으로 보지 않았다. 돈을 주지 않았다고 불평하지도 않았다. 그녀는 그저 거기 앉아 있었다.

나는 속으로 생각했다. 여기 두 여자가 있다. 대략 비슷한 나이이고 같은 도시에 산다. 한 여자는 1루피를 얻기 위해 구걸을 해야 하고 다른 여자는 바로 옆 명품 매장에서 비싼 옷을 척척 사 입는다. 그러나 두 여자 모두 불공평하다는 생각을 하지 않는다. 이웃이 집 앞의 눈을 치우든 말든 내가 상관하지 않듯이, 두 여자도 서로의 처지에 상관하지 않는다.

나는 속으로 생각했다. 뭐 이런 희한한 곳이 다 있나!

택시 운전사는 우리의 짐을 조심스럽게 트렁크에 실은 다음, 문을 열어 주며 타라고 했다. 그는 시동을 걸기 전에 잠깐 기도를 했다. 차는 서서히 주차 구역을 빠져나와 콜롬보의 도로로 들어섰다.

교통 상황은 대략 지하철 노조가 파업중인 맨해튼의 러시아워 같았다. 하지만 도로 상태는 맨해튼과 달리 디트로이트 남부에서 8마일 떨어진 지방도로와 비슷했고, 운전자들은 로마의 택시 운전사 같았다. 출발한 후 15분 안에 나는 네 번이나 죽다 살아났다.

우리의 택시 운전사는 신경안정제라도 먹은 양 느긋했다. 로마의 택시 운전사라면 벌써 아까부터 클랙슨의 내구성을 실험했을 테고 다른 운전자 네 명한테 분통을 터트리며 욕을 했을 테고 적어도 한 번은 핸들을 물어뜯었을 테다. 그러나 우리의 운전사는 그저 가만히 앉아 있었다. 혹시 잠들었나 싶어 하마터면 슬쩍 밀어 볼 뻔했다.

30분 후 그는 갑자기 차를 도로변에 세웠다. "죄송합니다만 잠깐만 기다려 주세요!" 그는 차에서 내리더니 길가에 있는 작은 함으로 다가갔다. 뭔가를 함에 올려놓고 바닥에 엎드려 있더니 기분 좋게 차로 돌아와 계속 차를 몰았다. 그러고는 다시 무념무상의 세계에 빠졌다.

아내와 나는 서로 쳐다보았고 둘 다 어깨를 으쓱했다.

20분 후 그는 다시 차를 세웠고 다른 작은 함 앞에서 아까의 퍼포먼스를 반복했다.

"죄송합니다만, 방금 뭘 하신 거예요?"

그는 싱긋 웃었다. "가족을 위해 기도했어요. 저는 이곳을 지나갈 때마다 가족을 위해 기도해요. 곳곳에 기도하는 곳을 정해 놓고 그 앞을 지나갈 때마다 여러 가지 기도를 하거든요."

아내와 나는 서로 쳐다보았고 우리는 다시 어깨를 으쓱했다.

그는 두 시간 동안 두 번을 더 차에서 내려 각각 5분씩 기도를 했다.

나는 속으로 생각했다. 뭐 이런 희한한 나라가 다 있나!

아내가 고른 호텔은 그야말로 더 바랄 것이 없는 곳이었다. 우리는 매일 호텔 소유의 초원에서 느긋하게 일광욕을 즐겼고, 매주 두 번씩 제공되는 코끼리 탑승 서비스도 이용했다. 코끼리는 아내를 코에 태워 가볍게 들어 올렸으면서 나를 태울 때는 심술을 부려 아내를 기쁘게 했다. 호텔 지배인이 알려 준 주의사항도 한 가지밖에 없었다. "호텔에서 여러분을 귀찮게 하는 일은 절대 없을 겁니다. 하지만 저쪽 해변에서는 귀찮게 말을 거는 사람들이 있을 겁니다."

이 말을 들은 아내와 나는 서로 쳐다보았고 둘 다 어깨를 으쓱했다.

호텔 지배인의 말이 무슨 뜻이었는지 나는 다음날 이해했다. 해변에는 남자들이 어슬렁거리며 국립공원으로 짧은 소풍을 다녀오라거나 미인에게 아유르베다 마사지를 받으라고 권유했다. 그날 밤 자기 몸을 팔기 위해 해변을 서성이는 청년들도 있었다.

우리는 인체공학적으로 완벽한 의자에 누워 완벽하게 혼합된 음료를 마셨다. 두 시간마다 와서 베개를 털어 주며 음료를 주문하겠느냐고 묻는 사람들도 있었다. 우리는 느긋하게 누워, 해변을 서성이는 매춘 청년들을 관찰했다.

나는 속으로 생각했다. 뭐 이런 희한한 곳이 다 있나!

구원 확률 높이기 프로젝트

물론 세계 어디에나 거지가 있고 몸을 파는 사람도 있다. 하지만 내 눈으로 직접 확인한 건 이때 이곳이 처음이었다.

종교 연구가 프리드리히 막스 뮐러Friedrich Max Müller는 19세기에 자신의 책《세계사적 의미에서 본 인도Indien in seiner weltgeschichtlichen Bedeutung》에서 힌두교에 대해 이렇게 적었다. "삶의 가장 큰 문제에 대해 가장 깊이 숙고하고 플라톤과 칸트가 찾고자 했던 주목할 만한 해답을 찾아낸 인간 정신이 어느 하늘 아래 있냐고 묻는다면, 나는 인도라고 대답할 것이다. 그리고 거의 독점적으로 그리스, 로마, 셈족 유대인의 정신에서 자란 우리의 문화를 수정하여, 내면의 삶을 좀 더 완전하고 폭넓고 보편적인, 한마디로 진정한 의미를 갖는 삶으로 바꾸려면 어디서 그 모범을 찾을 수 있을지를 스스로 묻는다면…… 나는 다시 인도라고 대답할 것이다."

힌두교에 대한 서구 국가의 인식은 확실히 두 극단으로 갈린다. 한쪽에는 수많은 신과 유치한 영화들, 아름다운 종교 의식의 화려한 세계가 있다. 다른 한쪽에는 카스트 제도와 과부 화형, 구걸을 운명으로 받아들이는 거지들이 있다. 힌두교의 영성과 철학은 높이 평가되고 인류를 위한 합리적인 가르침으로 여겨진다. 1960년대와 1970년대에 서구 문화를 거부하는 많은 사람들이 인도나 스리랑카로 간 데는 다 그럴 만한 까닭이 있었던 것이다. 비교적 폐쇄적이었던 힌두교는 그렇게 국제화되었다. 또한 공항과 해변에서 내가 목격한 장면들도 있다.

그리고 나는 속으로 생각한다. 뭐 이런 희한한 종교가 다 있나!

우리는 해변을 어슬렁거리는 남자들 중 코코라는 사람을 따라 국립공원으로 짧은 소풍을 갔다. 나는 코코와 얘기를 나눴고 아내는 수많은 코끼리에 감탄하며 계속 사진을 찍었다. 얼추 4000장을 찍었는데, 이 사진 때문에 나는 약간 기분이 상했다. 아내가 페이스북에 사진을 올리면서 코끼리가 나오는 사진마다 내 이름을 넣었기 때문이다. 그 덕분에 검색창에 내 이름을 입력하면 대략 일주일 동안 코끼리만 검색되었고 아내는 그걸 무척이나 재밌어했다.

코코와 나는 볼리우드 영화[인도 영화의 산실인 봄베이와 할리우드의 합성어. 할리우드에 빗대 인도 영화계를 통칭하는 애칭], 요가, 미인, 아유르베다 마사지에 대해 얘기했다. 그리고 브라만, 크샤트리아, 바이샤, 수드라에 대해서도 잠깐 얘기했다. 카스트는 경직된 제도가 아니라 살아 있는 유기체이고 기본적으로 서로 카스트 신분을 묻지 않는다고 코코는 강조했다. "유럽에서는 방금 만난 사람에게 세금을 얼마나 내느냐고 묻습니까?" 또 서구 국가에도 카스트 신분은 아니어도 사회적 지위가 분명 있을 테고 굳이 묻지 않아도 대략 직업으로 그 지위를 가늠할 수 있지 않느냐고 덧붙였다. 그리고 유럽에는 비록 카스트는 없지만 출생과 교육에 따라 이미 미래가 결정된다고 지적했다.

나는 솔직히 카스트 제도에는 별로 관심이 없었다. 첫째, 나보다 똑똑한 사람들이 이미 여러 번 다루었고, 둘째, 서구 세계에도 카스트와 유사한 것이 있을 거라는 코코의 예상이 옳음을 알고 있기 때문이다. 예를 들어 나는 중산층 가정에서 태어나 소도시에서 자랐다. 아버지는 은행원이었다. 나는 현재 신문사 직원이다. 내가 몇 년 전에 검색기나 SNS 혹은 스마트폰 아이디어를 냈더라면 당연히 나도 엄청난 갑부가 될 수 있었다. 그러나 마약 중독자가 되어 다리 밑에서 잠들 수도 있었다. 나는 내 삶을 망치지 않았다. 그러나 나의 가능성을 온전히 실현했다고 말할 수도 없다. 나는 확실히 나의 카스트에 머물렀다.

코코는 잊을 수 없는 한마디를 남겼다. "삶은 당신에게 카드를 주었어요. 카드를 받았으니 당신은 게임을 허락받았고 이제 그 카드로 게임을 해야 해요. 중요한 것은 게임을 해야 한다는 것이고 또한 허락받았다는 사실이죠!"

힌두교의 철학을 단순화하면 텍사스홀덤 포커와 유사하다. 먼저 카드 두 장을 받는다. 하지만 진짜 포커 게임과 달리 모두가 볼 수 있게 펼쳐 놓는다. 게임에 참가한 수백만 명 모두가 처음부터 자신과 다른 사람들이 어떤 카드로 게임을 해야 하는지 알고 있다. 어떤 사람은 에이스 두 장을 받았지만 어떤 사람은 잭(J) 한 장과 10 한 장을 받았고, 또 어떤 사람은 텍사스홀덤에서 가장 나쁜 패라고 할 수 있는 서로 다른 색깔의 7과 2를 받았다. 게다가 참가자들이 갖고 있는 칩의 개수도 모두 다르다. 불공평하게도, 에이스 두 장을 받은 사람이 가장 많은 칩을 가졌다. 반면 가장 나쁜 패를 든 사람은 칩이 한 개이거나 한 개도 없다.

이제 배팅이 시작되고 당연히 에이스 두 장에 칩이 가장 많은 사람이 좋은 패를 살리기 위해 곧장 배팅을 한다. 이제 덜 좋은 카드를 받은 사람들이 결정할 차례다. 자신의 운명을 받아들여 카드를 버리고 한 경기를 포기할 수 있다. 나쁜 패로 괴물 패와 맞설 까닭이 없지 않은가! 가능하다면 자기와 비슷한 카드를 가진 사람과 겨루고 싶지 않겠는가. 그는 이기지도 지지도 않고 첫 번째 경기를 마친다. 그리고 다음 경기에 더 좋은 카드를 얻기를 바란다. 마침내 에이스 두 장을 얻고 가진 칩을 전부 걸어 횡재할 때까지 그렇게 계속 기다리는 것이다.

힌두 철학에서 매력적인 점은 게임 참가자들이 형편없는 기억력을 가졌다는 점이다. 그들은 무슨 잘못을 저지르거나 어떤 업적을 쌓아서 지금의 카드를 손에 쥐었는지 모른다. 그냥 있는 그대로 받아들일 뿐이다. 받은 카드가 맘에 들지 않는다고 바꿀 수는 없다. 또한 자신이 전생에 어떻게 살았는지 모르므로 나쁜 카드라고 불평할 수도 없다.

내가 늘 의아하게 생각하는 것이 있다. 힌두교 신자들은 왜 단체로 최면술사를 찾아가지 않을까? 전생을 여행하고 오면 지금 그런 카드를 손에 쥔 까닭을 알 수 있을 텐데 말이다. 내가 최면술사라면 나는 힌두교 신자들이 특히 많은 지역으로 갈 것이다.

그러나 힌두교에 대해 얘기할 때 간과하기 쉬운 관점이 하나 있는데, 특히 이 관점에서 힌두교는 포커와 아주 유사하다. 게임 참가자 모두가 손에 든 카드로 게임을 하고 칩을 걸 수 있다. 물론 먼저 받은 포켓카드 두 장이 4와 8처럼 안 좋으면 이길 전망은 아주 낮다. 그리고 거의 있을

　　　　　　　　　　　　구원 확률 높이기 프로젝트

수 없는 기적이 생겨 에이스와 킹을 가진 사람을 이긴다 해도 돈을 많이 따지는 못한다. 가진 돈이 적어서 배팅을 높일 수가 없기 때문이다. 그러나 아무튼 그는 게임에 참여할 수 있고 다음 게임에서 더 좋은 카드로 조금 더 돈을 딸 생각을 하며 지금의 경기를 즐길 수 있다. 다만 자신의 패에 맞지 않게 과도하게 배팅을 하여 결국 돈을 몽땅 잃고 멍청하게 거기 서 있지 않도록 조심해야 한다. 그리고 다음 경기에 더 나쁜 카드를 받고 남은 칩도 얼마 안 될 경우도 계산해야 한다.

미국의 종교철학자 휴스턴 스미스는 《세계의 종교들》에서 힌두교에 대해 이렇게 썼다. "방대한 문학, 복잡한 종교 의식, 무성하게 자란 민속, 화려한 예술, 이 모든 것을 합쳐 한마디로 힌두교를 요약한다면 아마 이럴 것이다. '당신이 원하는 것을 얻으리라.'" 그렇다면 도대체 우리 인간이 원하는 건 뭘까?

힌두교에서 말하는 인간의 기본 욕구는 네 가지다. 첫째, 쾌락과 향유를 원한다. 이 사실에 나는 조금 놀랐다. 지금까지 나는 힌두교가 금욕을 중시하고 쾌락이나 삶의 기쁨 따위는 적대시한다고 여겼기 때문이다. 그러나 내가 한참 잘못 알고 있었다. 힌두교는 쾌락과 향유에 반대하지 않는다. 다만 인간이 언젠가는 쾌락과 향유에 더는 만족하지 않을 거라고 주장한다. 철학자 키르케고르는 이 주장을 지지한다. 그는 쾌락의 삶을 추구했고, 쾌락은 처음에만 매력적이고 나중에는 권태와 고통만 준다는 결론을 얻었다.

멋진 삶을 추구하는 것은 기본적으로 변함이 없다. 다만 어느 정도 시간이 지나면 인간은 다른 목표를 세운다. 성공이 바로 그것이다. 다시 말해 인간은 부, 명예, 권력을 추구한다. 서구 문화에 익숙한 사람이라면 이 두 번째 욕구에 대해 굳이 설명할 필요가 없으리라. 독일만 해도 은행 잔고, 인맥, 자신의 명령을 따르는 사람들의 수로 자신을 정의한다. 이런 사고방식은 한 은행이 몇 년 전에 낸 광고 카피에 고스란히 드러난다. '나의 집, 나의 차, 나의 보트.'

힌두교는 성공을 위한 노력에 반대하지 않는다. 다만 성공은 순간적인 것이고, 성공하고 나면 곧 공허함이 생기고, 공허함은 더 많은 성공에 집착하게 만든다고 지적한다. 이것은 서구 사람들이 너무나 잘 알고 있는 현상이고 수많은 연구들이 이미 증명한 사실이다. 우리는 성공을 누리지 못하고 점점 더 많이 갖기를 원하며 사회적 지위가 계속 높아지지 않으면 점점 가난해진다고 느낀다. 이런 현상을 플라톤은 이렇게 묘사했다. "가진 것이 적어서가 아니라 욕심이 많아서 가난한 것이다." 힌두교가 덧붙인다. "부의 욕구를 돈으로 달래려는 것은 기름으로 불을 끄려는 것과 같다." 그리고 설령 흡족할 만큼 성공했더라도 그 성공이 죽음 이후까지 이어지지 않음을 늦어도 생을 마감하는 순간에는 깨닫게 된다.

세 번째 욕구는 인생에 관한 핵심적 물음이자 종교의 존재 이유에 속한다. 휴스턴 스미스는 《세계의 종교들》에서 세 번째 욕구를 이렇게 묘사했다. "위대하고 의미 있는 전체의 일부가 되면, 무의미하고 평범한

구원 확률 높이기 프로젝트

삶에서 벗어날 수 있지 않을까?"《멋진 신세계》를 썼을 뿐 아니라 죽기 직전에 아내에게 LSD 100마이크로그램을 혈관에 넣어 달라는 쪽지도 썼던 올더스 헉슬리는 다소 도발적인 말을 했다. "셰익스피어와 베토벤의 작품을 접하고도 '이게 다야?'라고 속으로 생각할 때가 올 것이다."

누구나 한번쯤은 인생을 생각하다가 속으로 물었을 것이다. "이게 다야?"

바로 이 지점에서 힌두교뿐만 아니라 세계의 많은 종교가 등장한다. 인간은 호기심의 존재다. 인간은 이웃에 관한 새로운 소문뿐 아니라 왜 세상이 이런지 알고 싶고 연구하고 싶다. 어디서 와서 어디로 가는지 알고 싶다. 이번 생애의 의미를 알고 싶다.

힌두교가 말하는 인간의 세 번째 욕구가 바로 이것이다. 힌두교는 자기숭배를 버리고 공동체를 보라고 가르친다. 삶의 기본 지향을 쾌락과 성공이 아니라 희생과 봉사에 둔다면, 그것은 한 인간으로서 대단한 진보일 것이다.

세 가지 욕구는 인간이 '정말' 원하는 네 번째 욕구로 귀결된다. 인간은 살고 싶다. 알고 싶다. 기쁘고 싶다. 그리고 인간이 가장 원하는 네 번째 욕구로, 이 모든 것이 영원하길 바란다.

나는 현재 두 번째와 세 번째의 중간쯤에 있다. 얼마 전에 아내가 지적했듯이, 시트콤 〈두 남자와 2분의 1〉[CBS에서 2003년 9월부터 시작해 지금까지 인기를 누리는 장수 시트콤. 돈 많은 바람둥이 싱글남 찰리, 빨래와 청소가 특기인 말 많고 어눌한 이혼남 앨런, 사고뭉치 괴짜 꼬마 제이크가 펼치는 이야기]에는 나랑 똑같은 사람들이 나온다. 어렸을 때 나는 제이크였고 대학생 때는 찰리였으며 지금은 바야흐로 앨런이다. 아내가 나의 잘못을 꼬집지 않았다면 아마 나는 재밌는 시트콤이라며 단순하게 웃고 넘어갔을 것이다.

아내의 지적은 확실히 옳았다. 청소년 시절에 나는 대체로 쾌락이 주는 잠깐의 만족을 좇았다. 취직을 한 다음부터는 누군가 5유로 지폐를 코앞에 대고 흔들기라도 하듯 오로지 성공을 향해 앞만 보고 달렸다. 인정받기 위해 목숨을 걸었다. 그렇게 살았기 때문에 얼마 전부터 나는 속으로 묻기 시작했다.

'이게 다야?'

힌두교 철학을 설명했던 포커 비유는 서구 세계의 내 삶에도 적용된다. 나는 카드를 받았고 그것으로 게임을 해야 한다. 나의 인생을 카드에 비유하면, 대략 10 두 장에 해당한다. 나는 왕이나 백만장자의 아들이 아니다. 세상에서 가장 잘생긴 사람도 아니다. 가장 똑똑한 사람은 더더욱 아니다. 하지만 전체적으로 꽤 괜찮은 패를 손에 쥐었다고 생각한다. 나는 지금까지 이 카드로 아주 조심스럽게 게임을 해 왔다. 그동안 나는 주로 내 개인적인 장점과 나와 가까운 사람들을 생각했고 나의 칩을 어떻게 늘릴지 궁리하며 살았다.

그리고 나보다 더 좋은 패를 가진 듯이 보이는 사람들을 늘 시기했고 불공평하다고 생각했다. 그러나 우습게도, 내가 다른 많은 사람들보다 좋은 패를 가졌다는 사실에는 그다지 기뻐하지 않았다.

그러니까 시기에 관한 한 나는 전형적인 독일인이었다. 그리고 전형

구원 확률 높이기 프로젝트

적인 미국인이기도 했다. 시기는 종종 더욱 노력하는 동력이 되었으니까. 나라는 놈은 부러운 것이 생기면 꼭 그걸 손에 넣어야 직성이 풀리니, 당연한 결과다. 그래서 아내는 나의 야망에 감탄하면서도 때때로 이성을 잃은 듯 흥분한다. 한 것도 없이 부자로 살거나 행복하거나 깨달은 것처럼 보이는 사람을 시기하며 내가 불평을 늘어놓으면 아내는 특히 화를 많이 낸다.

스리랑카 여행 후에 아내가 말했다. "당신은 항상 힌두교의 소처럼 여유롭게 지내고 싶다고 말하는데, 이따금이라도 좋으니 힌두교 사람처럼만 행동해 줘. 카스트 제도까지 받아들일 필요는 없고 그저 주어진 상황에 조금만 더 만족할 줄 알면 좋겠어. 그런다고 손해 보는 것도 없잖아, 안 그래?"

내가 바뀌어야 할 때였다. 나는 두 번째로 원격 훈련기기 '이지 도그 펄스'를 손목에 찼다. 내가 다른 사람들의 행운을 시기하고 불평하면 경보음이 울렸다. 다른 사람이 가진 것을 부러워하며 갖고 싶어하면 진동이 왔다.

"두 가지를 동시에 하면, 전기충격!" 아내는 말이 끝나기 무섭게 바로 시험해 보았다.

첫째 날 경보음이 마흔다섯 번, 진동이 서른한 번, 말과 글로 전기충격이 백세 번이나 있었다. 내 이미지를 위해서라도 밝혀 두고 싶은데, 이날은 토요일이었고 분데스리가에서 베르더 브레멘이 이유 없이 졌고 바이에른 뮌헨이 한 것 없이 이겼다. 그리고 저녁에 친구네 집에서 포커를 쳤는데, 정말이지 나쁜 카드만 계속 왔고 그러는 동안 다른 사람들이 내 돈을 다 빼앗아 갔다. 분통이 터질 수밖에 없었다.

"어쨌든 손에 쥔 카드로 게임을 하는 거야." 아내가 전기충격 단추를 누르며 확인시켜 주었다. 다른 친구들도 아내의 말에 동의하며, 카드는 좋은데 내 실력이 모자라 이기지 못하는 거라고 부채질을 했다. 이 말에 나는 그만 폭발하고 말았고 셀 수 없이 많은 전기충격으로 벌을 받았다.

둘째 날에는 확실히 경보음이 줄었다. 그렇지만 내가 얼마나 시기와 질투가 심한 사람인지 명확히 인식할 만큼 충분히 많았다. 아내의 지적 없이 혼자서는 결코 깨닫지 못했을 것이다.

인생이 내게 카드를 주었고 그것을 바꿀 수 없으며 그것으로 게임을 해야 한다는 사실을 마침내 깨달아야 한다. 앞으로 뒤집을 카드들이 손에 쥔 카드와 반드시 잘 맞을 보장도 없다는 걸 받아들여야 한다. 그리고 어쨌든 그 카드들로 게임을 해야 한다는 것도. 카드를 돌린 사람에게 새 카드를 달라고 요구할 수 없다. 그것이 가능하다면 모두들 에이스 두 장을 손에 쥐고 스트레이트 플러시straight flush[같은 무늬의 카드가 숫자 순서대로 **연속해서 다섯 장이 되는 것**]를 만들려 할 것이다. 하지만 애석하게도 그건 불가능하다.

인간은 손에 쥔 카드로 게임을 해야 하고, 게임을 할 수 있도록 허락받았다. 카드를 불평할 것이 아니라 카드를 받았다는 사실에 감사해야 한다. 이런 관점은 힌두교에서 두드러질 뿐 아니라 내가 연구한 거의 모든 종교에서도 보인다. 도킨스조차《무지개를 풀며》에서 이런 멋진 말

구원 확률 높이기 프로젝트

을 했다.

"우리 모두는 죽어야 한다. 이 말은 곧 우리가 행운아라는 뜻이다. 태어나지 않았기 때문에 죽지 못하는 사람들이 무수히 많다. 순전히 이론적으로 따지면, 내 자리를 대신할 사람들은 사하라의 모래보다 많았다. 그리고 태어나지 않은 그들 중에는 틀림없이 키츠보다 위대한 시인과 뉴턴보다 위대한 과학자가 있었을 것이다. 우리는 이 점에 동의할 수밖에 없는데, 우리의 DNA가 생성할 수 있는 인간의 수는 실제 인간의 수보다 어마어마하게 많다는 사실을 잘 알기 때문이다. 그런 엄청난 확률을 뚫고 바로 당신과 내가 지금 살고 있는 것이다."

올바른 범신앙론자가 되려면 시기와 질투를 다스릴 줄 알아야 한다. 삶을 내 입장에서만 보지 말아야 한다. 어쩌면 때때로 헬리콥터를 타고 올라가 세상에는 다른 사람들도 살고 있고 그들의 삶도 나의 삶과 똑같이 소중하다는 걸 인식해야 하리라. 우주선을 타고 올라가 수십억 개 행성을 확인하는 것도 괜찮을 듯하다.

당연히 내게 행운이 오면 좋은 일이다. 하지만 세상의 모든 행운이 꼭 내게만 와야 하는 건 아니잖은가! 다른 사람들도 행운을 가질 자격이 있다. 어쩌면 그럴 자격이 없는 사람일 수도 있지만, 행운이 몹시 간절하게 필요한 사람일 수는 있다.

첫째 날엔 시기와 질투를 억제하기가 무척 힘들었다. 하지만 계속 노력했다. 테이블축구에서 공이 벽에 맞고 내 골대로 들어가는 바람에 운

좋게 동료가 이겼다. 내가 왜 같이 기뻐해야 하지? 나는 속으로 생각했다. 어쩌면 그는 힘든 업무에 시달리며 고된 하루를 보냈을지 모르니 테이블축구에서 꼭 승리해야 했을지 모른다.

로또 당첨자는 내가 아니라 바덴-뷔르템베르크에 사는 어떤 사람이다. 내가 왜 화를 참아야 하지? 나는 생각했다. 어쩌면 그는 나보다 더 급하게 돈이 필요했을 테고 나보다 더 합리적으로 그 돈을 쓸 것이다.

나는 사무실에 남아 일을 하는데 친구는 쿠바로 휴가를 갔다. 내가 왜 같이 기뻐해야 하지? 시기심을 누르고자 다시 생각했다. 그는 휴가를 위해 정말 힘들게 일했으니 여행을 즐길 자격이 충분하다.

일주일이 그렇게 흘렀다. 그리고 나는 커다란 깨달음을 얻었다. 최대한 돈을 많이 따려는 포커 플레이어의 눈이 아니라 카드를 나눠 주는 사람의 눈으로 세상을 보면 시기와 질투를 억제하기가 훨씬 쉽다. 세상에는 불공평한 일들이 분명 있다. 하늘에 대고 따질 만큼 억울한 일도 있고 불공평을 없애기 위해 노력해야 하는 것도 맞다. 하지만 흥분해 봐야 아무 소용없는 일도 분명 있다. 삶으로부터 카드를 받았다는 사실에 감사하고 행복을 느끼는 사람이 얼마나 될까? 지금까지 불공평하다고 여겼던 많은 상황이 사실은 내 기준으로 왜곡해서 본 것이었다.

상대방이 테이블축구에서 벽을 맞추고 골을 넣거나 포커에서 에이스 두 장을 받으면 나는 약이 올랐다. 그러나 그런 일이 운 좋게 내게 일어나면 당연하게 여겼다. 포커와 테이블축구처럼 아주 사소한 경우뿐 아니라 중대한 일에서도 대부분 비슷하게 행동했다. 불공평한 일마다 왜

구원 확률 높이기 프로젝트

그렇게 일일이 불평하며 살았을까?

나는 삶이 나눠 준 카드를 매일 찬찬히 살펴보고 그것으로 어떤 조합을 만들 수 있을지를 곰곰이 생각하기 시작했다. 나는 팝스타가 될 수 없다. 우선 노래를 끔찍하게 못 부르고 무대에서 쇼를 할 재주도 없기 때문이다. 하지만 좋은 작가가 되기 위해, 글을 잘 쓰기 위해 노력할 수는 있다.

일상생활뿐 아니라 구원을 위한 영성적 노력에서도 마찬가지다. 그리고 나도 꿈을 꾼다. 꿈꾸지 않는 자는 꿈을 이룰 수도 없기 때문이다. 내 꿈이 무엇인지는 여기에 밝히지 않겠다. 하지만 그 꿈이 이루어지면 내 주변 사람들은 곧 알게 될 것이다. 아들이 생긴 후로 내가 많이 변했을 때도 결국 주변 사람들이 금방 알아챘으니까. 설령 내가 꿈을 이루지 못하더라도, 현실을 인정하고 정말 꿈을 이룬 다른 사람을 축하하는 법을 배우게 되리라.

영성 지수 테스트를 다시 했다. 특별한 수치 변동은 없었다. 영성 지수는 평균이었고 행복 지수는 5에 이르렀다. 만족스러웠다.

다만 몇 주 후에 분노가 폭발하고 말았다. 바이에른 뮌헨이 정말 아무것도 한 것 없이 베르더 브레멘을 이긴 것이다. 시기를 억제하는 데도 한계는 있기 마련이다…….

13장

납몰래 몽땅 기부하기

앞으로 실행할 계획을 생각하면 기분이 한껏 들뜨다가도 끔찍한 불안감에 온몸이 떨렸다. 몇 분 후면 내 생애에 가장 아름다운 순간이 올 테고 그 후에 더 아름다운 순간이 오리라 기대했지만, 그럼에도 불구하고 나는 몹시 두려웠다.

나는 통장에 있는 돈을 모두 인출할 계획이다. 얼마가 들어 있는지는 나도 모른다. 나보다 더 급하게 그 돈이 필요한 사람에게 전액을 기부하려 한다. 기부금 영수증도 받지 않을 것이고 누가 내 돈을 받는지도 확인하지 않을 것이다.

바야흐로 자비와 자선을 배울 차례였다. 그런데 자선이나 자비심이 부족한 것과 이기주의는 뭐가 다를까? 나의 단점들을 지적할 때 친구들이 말하기를, 내가 다른 사람들을 도와주고 돌보는 건 맞지만, 모두가 나와 친하거나 가까운 사람들뿐이라고 했다. 나는 회사 동료가 이사를 하면 가서 도왔고, 지하철에서 노약자에게 자리를 양보했고, 동생을 위해 돈을 융통해 주었으며, 월급의 일부를 필리핀의 처가로 보냈다.

보다시피 나는 다른 사람을 기꺼이 돕는 사람이다. 하지만 다른 사람이 나의 도움을 알아주길 바랐고, 적어도 고맙다는 말을 듣고 싶어했다. 내가 도움이 필요할 때, 그리고 내가 부탁할 때, 그들도 당연히 나를 도와주기를 기대했다. 그리고 내가 늙으면 나 역시 버스나 지하철에서 자리를 양보받고 싶다.

고백건대, 재난 희생자들을 돕기 위해 텔레비전에서 ARS 모금을 할 때, 나는 한 번도 전화를 걸지 않았다. 재난이 닥친 지역으로 가서 재건을 도운 적도 없다. 아프리카 어딘가에 우물을 짓도록 거금을 기부한 부모님을 따라 한 적도 없다.

자선과 자비는 모든 종교가 중요하게 여기는 덕목이다. 유일신을 믿든, 다신을 믿든, 모든 종교가 그들의 신과 자비를 연결한다. 그것을 잘 보여 주는 멋진 이야기 하나를 소개하겠다.

어떤 남자가 착하게 살다 죽었고 천국에 도착하여 신을 만났다. 신은 남자가 살면서 힘들었던 순간들을 어떻게 잘 극복했는지 보여 주었다. 안내가 끝나고 남자가 신에게 물었다. "제가 잘 지내는 동안에는 발자국이 둘이었습니다. 주님께서 함께 걸어 주셨던 거죠. 그런데 힘들었던 시기에는 발자국이 하나뿐이었습니다. 어째서 하필이면 주님의 도움이 가장 절실할 때 저를 떠나셨습니까?" 신이 대답했다. "보아라. 잘 지내는 동안에는 곁에서 함께 걸으며 너에게 올바른 길을 안내했다. 그러나 힘들었던 시기에는 내가 너를 업고 걸었다."

나는 모든 종교에서 이와 비슷한 이야기를 발견했다. 그러니까 모든 종교가 자선과 자비에 관한 답을 준다는 말이다. 그중에서도 가장 아름답고 가장 인상 깊은 답을 나는 유대교에서 찾았다. 프로젝트를 시작하기 전에는 유대교를 약간 으스대고 독선적이고 콧대 높은 종교라고 여

구원 확률 높이기 프로젝트

겼었다. 하지만 유대교를 집중 연구하면서 나의 선입견은 완전히 사라졌다. 게다가 유대교는 자기가 아는 사람만 돕는 이기적인 자선을 왜 버려야 하고 어떻게 버릴 수 있는지 알려 주었다. 우리는 모든 것을 신으로부터 선물로 받았다. 그러므로 신의 선물을 충분히 얻지 못한 사람들과 나누는 것은 우리의 의무다. 《모세오경》제5권 〈신명기〉에 명확히 기록되어 있다. "너희가 사는 땅에서 가난한 사람이 없어지지는 않을 것이다. 그러므로 내가 너희에게 명하노니, 억눌리고 가난한 사람에게 너희 손을 뻗어 도와주어라." 수확을 할 때는 가난한 사람들을 위해 포도나 농작물 일부를 남겨 둔다. 7년마다 빚을 탕감해 주고 노예를 풀어 준다. 히브리어로 자선을 뜻하는 '체다카'의 이상이 그렇게 실현된다.

유대교에서 자선은 계율이나 권고가 아니라 의무다. 종교 관련 서적들을 연구하던 중에 나는 800년 전에 살았던 스페인 랍비이자 철학자인 마이모니데스가 쓴 얇은 책 한 권을 만났다. 마이모니데스Maimonides는 자선의 8단계를 다음과 같이 설명했다.

- 1단계   **억지로**
- 2단계   **많이는 아니지만, 그래도 좋은 마음으로**
- 3단계   **부탁을 받고**
- 4단계   **부탁받지 않고**
- 5단계   **수혜자가 누군지 모르고(수혜자는 기부자를 안다)**

- **6단계** 수혜자가 누군지 알고(수혜자는 기부자를 모른다)

- **7단계** 기부자는 수혜자를, 수혜자는 기부자를 모른다.

- **8단계** 자립하여 더는 도움이 필요 없을 만큼 돕는다.

대단히 흥미로운 목록이었다. 나는 1단계에서 4단계까지는 이미 한 것이 확실했다. 5단계와 6단계는 판단하기가 애매했다. 모금방송을 보다가 ARS로 기부한 건 몇 단계에 속하는 걸까? 기부자는 자기 돈이 어디로 가게 될지 알지만, 실제 수혜자의 이름을 알기는 어렵다. 그리고 돈을 받은 사람은 도움을 준 단체의 이름은 알 수 있겠지만 기부자의 이름을 알기는 어렵다. 한편 모금방송의 경우, 기부의 대가로서 혹은 확인 차원에서 방송이 나가는 동안 기부자의 이름이 화면에 뜨기도 한다. 이런 경우는 몇 단계로 봐야 할까?

그래서 나는 가장 높은 두 단계의 자선을 실천하기로 결심했다. 그런데 8단계의 경우, 더는 도움이 필요 없을 만큼 돕는 것이 과연 가능할지 의문이 들었다. 또한 7단계의 경우, 나중에라도 우연히 알게 될 위험을 미리 없애야 했다. 그런 이유로 나는 통장에 남은 돈을 몽땅 인출해서 아내에게 주기로 했다. 그러면 아내가 그 돈을 누가 받을지 결정해서 건네기로 했다. 그리고 다시는 그 일에 대해 언급하지 않기로 합의했다.

통장 잔액을 전부 남에게 주고 나면 어떻게 가족의 생계를 꾸릴 생각이냐고 묻고 싶으리라. 길게 설명할 것도 없다. 우리의 생활규칙은 딱 두 가지뿐이기 때문이다. 첫째, 돈이 있으면 쓴다. 둘째, 돈이 없으면 아

구원 확률 높이기 프로젝트

낀다. 이런 규칙 때문에 아버지를 화나게 하는 일도 종종 있었지만, 31년 동안 그럭저럭 잘 살아왔다. 나는 통장 잔액을 잘 확인하지 않는다. 돈을 인출할 때 무심코 '잔액 확인' 버튼을 눌러, 본의 아니게 확인하는 일은 얼추 두세 달에 한 번 정도다.[독일의 현금인출기는 따로 잔액 확인을 하지 않는 한 통장 잔액을 보여 주지 않는다.]

자기 통장에 얼마가 들었는지 모른다고 하면 굉장히 냉소적으로 들릴 수도 있겠다. 강조하건대, 내가 돈이 많아서 통장 잔액을 확인하지 않고 사는 건 절대 아니다. 실제로 통장 잔액을 확인하고서는 너무나 놀란 나머지 기절할 뻔한 적도 있다. 자동인출기 화면에 4575유로라고 선명하게 찍혔는데, 놀랍게도 숫자 앞에 '마이너스'가 붙은 게 아닌가. 그리고 그 밑에 나의 마이너스 대출 한도액이 5000유로이므로 인출할 수 있는 금액이 500유로도 채 안 남았다고 알려 주었다.

그렇지만 우리는 아주 잘 지냈다. 우리는 빚이 없을 뿐 아니라 만약을 대비해 저축해 놓은 돈도 약간 있다. 우리는 보험도 들어 놓았다. 사보험으로 연금도 들었고 주택청약도 들었다. 부자는 아니지만 가난하지도 않다. 지금 통장에 남은 돈은 갖고 싶은 돈이긴 하지만 정말 필요한 돈은 아니다. 이달 집세는 이미 나갔고, 이틀 전에 대대적으로 시장을 봐서 먹을 것도 충분하고 곰인형한테 채워 줄 만큼 기저귀도 많이 남았다. 당장은 필요한 게 없었다. 앞에서 이미 확인했듯이, 인생사 모든 일이 필요보다는 욕구다.

나는 현금인출기로 가서 통장 잔액을 확인했다. 정확히 1934유로 54

센트였다. 현금인출기는 지폐만 내주므로 2000유로를 입력했다. 다행히도 하루 인출 한도액이 정확히 2000유로였다. 돈이 나오는 동안 나는 이 돈으로 우리 가족이 살 수 있는 것들을 아주 잠깐 생각했다. 고급호텔 일주일 숙박권, 프라다 핸드백 한 개 반, 아들이 가지고 놀 수 있을 때까지 내가 재밌게 가지고 놀 원격조종 헬리콥터, 스노타이어, 소파…….

솔직히 말하면, 정말 필요한 것들이 아니라 갖고 싶은 것들만 생각났다. 2000유로는 나의 계획을 실천하기에 적절한 액수였다. 눈물을 머금어야 할 만큼 큰돈은 아니지만 남에게 그냥 줘 버리기에는 조금 힘들 만큼 큰돈이었다.

나는 인출한 돈을 아내에게 전달했고 아내는 그 돈을 어디에 썼는지 다른 사람에게도 절대 말하지 않기로 약속했다. 내가 몰라야 하는 것은 물론이고 제3자로부터 우연히 들을 위험도 없어야 했기 때문이다.

돈이 어디서 어떻게 쓰일지 모르니 기분이 좀 이상했다. 그 돈으로 가난한 사람이 재정적 자립을 이루든(많은 나라에서 이 정도의 금액이면 충분하다), 그냥 창밖으로 던져 버리든 어차피 나와는 상관없었다. 하지만 누군가 이 돈으로 욕구와 필요를 온전히 채울 수 있으리라고 생각하니 기분이 아주 좋았다. 그리고 이 돈이 어디로 갈지 모르니 가장 멋진 상황을 맘껏 상상할 수 있어서 더 좋았다.

그래서 나는 영성 지수가 혹시 높아지지 않았나 싶어 돈을 건넨 후 바로 영성 지수 테스트를 했다. 수치는 그대로 평균이었다. 그러니까 마이모니데스의 7단계, 어쩌면 8단계일 수도 있는 나의 자선은 특별한 영적 체험이 아니었다. 그러나 행복 지수는 5.21에 도달했다. 아들이 배위에서 잘 때 '슈웅!' 소리와 함께 찾아왔던 그 순간의 행복 지수를 제외하면 지금까지 한 검사 중에 가장 높은 수치였다.

나도 이제 나의 '묻지마 자선' 얘기를 그만 하고 싶다. 아무튼 최고의 기분이었다. 그리고 그런 기분을 느끼는 데 필요했던 건 얼마간의 돈이 전부였다. 내가 정말로 필요하지 않은 돈을 쓴 것뿐이었다. 나중에라도 갖고 싶은 물건이 생기면 나는 그 물건 값만큼을 다시 기부할 것이다. 비록 모르는 사람이라도 다른 사람이 지금보다 잘 지내기를 바라는 마음 또한 욕구의 한 형태일 테니 말이다.

"안녕하세요,
저는 신흥종교 교주입니다"

"너 그러다 지옥 간다!"

내가 이런 말을 하다니, 나도 나한테 놀랐다. 내가 정말 지옥이라는 말로 가장 친한 친구에게 영원한 불행을 예언했단 말인가! 선교의 실패를 직감했을 때, 나는 좌절하며 결국 악담을 하고 말았다. 믿으면 어쨌든 이기게 되어 있다는 주장이 파스칼의 내기라면, 방금 내가 한 말은 그것의 부정어 버전이다. 믿지 않으면 어쨌든 지게 되어 있다. 믿지 않은 걸 뼈저리게 후회할 것이다.

깊이 생각할 겨를도 없이 내뱉은 말이었다. "너 그러다 지옥 간다!"

"너 그러다 지옥에 갈지도 몰라!"가 아니라 "너 그러다 지옥 간다!"라고 했다.

내가 어쩌다 이렇게 됐지?

매년 10월이면 오버팔츠 북부 지역에서는 500개도 넘는 각종 마을축제가 열리는데, 나는 그중 하나인 연못축제 현장에 있었다. 옥토버페스트 천막을 아주 뜨거운 물에 빤 것처럼 보이는 후줄근한 맥주천막이 늘어섰고, 호랑이처럼 강하고 기린처럼 크다고 자랑하는 노래가 스피커에서 울렸다. 탁자 스무 개에 바글바글 모여든 150여 명이 노래에 맞춰 괴상한 몸짓을 했다. 노랫말에 따라 팔을 휘젓고 폴짝폴짝 뛰며 맘에 드는 사람의 손을 잡았다. 나도 같이 했다. 너무 유치하다는 생각도 들었지만, 바이에른의 맥주천막이 주는 집단 강요를 거부할 수가 없었다.

또 폴짝폴짝 뛰면서 이리저리 몸을 움직인 덕분에, 자칫 격해질 뻔했던 토론의 열기를 식힐 수 있었다. 나는 무신론자를 신앙인으로 인도하고자 설득하는 중이었는데, 이미 여러 번의 시도와 실패를 거듭한 후였기에 사실 이번이 마지막 시도였다. 나는 그를 기독교나 불교 혹은 사이언톨로지 신자로 만들려는 게 아니었다. 그저 무신론만 버리면 되었다. 교회 앞을 지날 때마다 신을 모욕하는 언행만 그만두면 되었다. 조금 더 욕심을 내자면, 나의 프로젝트에 동참하여 범신앙론자가 되면 더 바랄 게 없었다.

구원받을 확률을 높이기 위해 시작한 '나의 내기'가 그사이 신념이 되었다. 나는 범신앙론이 완벽한 생활양식이라고 믿게 되었다. 나는 신앙을 위해 투신하고 싶었다. 나의 신앙을 다른 사람에게도 전해, 그들도 나처럼 감탄하게 만들고 싶었다.

나의 선교는 벌써 6개월이나 계속되었고, 요세프와 안나를 통해 신앙은 강요하는 게 아니라는 걸 잘 알고 있었지만 결국 나는 친구를 협박하기에 이르렀다. 나는 선교사로 일한 적이 없다. 거리에서 〈파수꾼〉 팸플릿을 나눠 주거나 론 허버트의 책을 판매한 적이 없다. 아프리카에 가, 콘돔이 아니라 가톨릭을 받아들이라고 설득한 적이 없다.

선교를 시작하기 전에 준비가 필요했다. 그래서 우선 브라이언 배런스를 만났다. 그는 30년째 메리놀 선교회의 회원이고, 탄자니아에서 선교를 시작하여 현재 홍콩에 있는 수도원 원장으로 있다. "자기 나라에 살든, 외국에 살든, 신자라면 모두 선교의 소명을 받았다고 생각해요." 그가 말했다. "나를 원하지 않더라도 내가 할 일이 있는 곳이면 가야 하고, 나를 원하더라도 내가 할 일이 없으면 그곳을 떠나야 하는 사람이 선교사인 것 같아요."

그는 외국에서 활동하는 어려움에 대해서도 얘기했다. 특히 문화가 낯선 곳이면 더욱 어려운데, 언어적 한계가 가장 큰 걸림돌이라고 했다. "외국어의 한계를 절실히 느끼죠. 외국어로는 언어의 잠재력 중 극히 일부만 쓸 수 있으니까요. 물론 중국어로도 설교를 할 수는 있지만 영어로 하는 설교와는 비교도 안 되죠."

선교사들이 맞서 싸워야 하는 상황에 대해서도 잠깐 설명했다. 그러나 선교 활동을 하는 동안 언제나 떳떳하게 자신이 기독교인임을 밝힐 수 있었다고 힘주어 말했다. "심지어 중국에서도요!"

나는 지금 당장 다른 사람에게 나의 신앙을 전하는 것이 쉽지 않고 선교를 시도하려 하면 조금 불편한 기분이 든다고 솔직히 털어놓았다.

"제가 하는 일은 다른 신앙을 가진 사람을 기독교 신자로 개종시키려는 게 절대 아니에요." 그의 말에 맘이 좀 놓였다. "당연히 우리는 기독교를 다른 종교들보다 우위에 두죠. 하지만 합리적인 토론만큼 생산적인 건 없더라고요." 그리고 선교의 성과로 누군가 기독교를 받아들이면 더할 나위 없이 기쁘다는 고백도 덧붙였다. "앉은뱅이가 벌떡 일어나 춤을 출 때의 기분이라고나 할까요?"

배런스는 꼭 해 주고 싶은 말이라면서, 선교사 활동 초기의 일화를 들려주었다. 멋진 성공을 기대하며 한껏 들떠 있던 그는 오랫동안 선교 활동을 한, 나이 지긋한 신부님에게 자신의 결심을 의욕적으로 전했고 다른 선교사들 앞에서도 열심히 신을 전하겠노라 포부를 밝혔다. 그러자 신부님이 웃으며 말했다. "당신이 오기 전부터 신께서 늘 이곳에 계셨다는 사실에 먼저 감사하세요!"

배런스의 확신과 카리스마 덕분에 나는 직접 선교사가 되어 볼 용기를 얻었다. 물론 나는 외국에 나가 신앙을 전할 수 있는 교육을 받은 적도 없고 선교사 자격증은 더더욱 없었다. 그러나 나는 배런스의 충고를 기억하며 당당하게 도전하기로 했다. 신앙을 위해 투신하기, 합리적으로 토론하기, 사랑으로 설득하기, 그리고 머물고 싶은 만큼이 아니라 필요한 만큼 머물기.

나의 선교 대상은 오랜 친구인 루드비히였다. 내 계획을 들은 다른 친구들은, 루드비히를 설득하느니 차라리 교황을 사탄숭배자로 만드는 편이 더 쉬울 거라고 했다. 하지만 나는 기필코 그를 설득하리라 마음먹었다. 범신앙론을 전하고 사후세계를 인정하게 하여 그가 항상 주장했던 것처럼 죽은 후 그저 어두운 구멍에 누워 쉬는 게 아니라는 걸 믿게 할 참이었다. 그가 어떤 신을 믿든, 사후세계를 어떻게 상상하든(천국, 극락, 혹은 행복한 소로 환생?) 그것은 그가 결정할 문제였다. 따라서 나는 특정 종교의 선교사가 아니라 그저 허무주의에 맞서는 범신앙론 홍보 대사였던 셈이다.

구원 확률 높이기 프로젝트

나는 친구들을 만나 맥주를 마시는 자리에서 첫 번째 시도를 했다. 나는 루드비히의 힘든 직장 생활과 일상의 어려움, 잦은 이사에 대해 언급하며 마음의 평안을 얻고 싶지 않느냐고 물었다. 그는 잠깐 생각하더니 대답했다. "좋지."

내가 기다렸던 대답이었다. 이제 본격적으로 선교를 시작할 수 있게 되었다. 나는 먼저 '파스칼의 내기'를 설명했다. 그리고 이것을 여러 종교에 적용하는 법, 다른 종교에 대해 배울 기회, 마음의 평안을 얻을 가능성에 대해 말한 다음, 여러 형식의 영적 활동을 해 보고 가장 맘에 드는 하나를 고르면 어떠냐고 제안했다.

"네 프로젝트 얘기구나. 그런 걸 시험하는 널 볼 때마다 참 재밌겠다는 생각은 들어. 내 여자 친구도 그런 걸 아주 좋아하지. 하지만 난 관심 없어."

"그럼 넌 마음의 평안을 어디서, 어떻게 찾아?"

"간단해. 오토바이를 타고 신나게 달리며 멋진 풍광을 즐기면 돼."

나는 반박할 수가 없었다. 오토바이를 타고 그렇게 달리면 속이 진짜 후련했기 때문이다. 우리는 한 시간가량을 오토바이와 우리가 소중하게 생각하는 것들에 대해 얘기했다. 비록 나의 의도와는 거리가 먼 대화였지만, 적어도 우리는 상대방의 믿음에 대해 얘기를 나눴다. 아마 배런스도 긍정적으로 평가할 것이다. 어쨌든 생산적인 대화였으니 말이다. 게다가 루드비히와 나는 이제 각자 소중하게 생각하는 것이 무엇인지 알게 되었다. 요세프와 안나도 나를 칭찬했을 것이다. 그러므로 나는 루드비히를 선교하는 첫 번째 시도를 일단 성공으로 평가했다.

　신앙의 적극적인 확산은 많은 종교에서 신자들의 핵심 과제로 통한다. 그러나 종종 선교는 평화로운 대화로 시작하여 상처를 남기는 토론으로 자라나, 폭력을 낳는 갈등으로 끝나기 십상이다. 그렇기 때문에 악한 혀들이 주장한다. 선교 활동은 이윤을 높이기 위한 기업의 확산과 다를 게 없다고. 더 악한 혀들이 주장한다. 선교 활동은 암의 전이와 같아 결국 세계를 멸망시킬 거라고.

　선교 활동을 가장 먼저 한 종교는 조로아스터교다. 차라투스트라는 기원전 20세기 말에 처음으로 타 종교를 가짜라고 선언하고 이란을 중심으로 자신의 신앙을 적극적으로 확산시키기 시작했다. 그는 마을과 지역, 전국이 그의 설교대로 생각하고 말하고 행동하기를 바랐다.

　조로아스터교의 선교 효과를 과소평가해서는 안 되는데, 차라투스트라의 가르침이 유대교를 넘어 기독교까지 영향을 미쳤기 때문이다. 유대교에는 원래 '천국'이나 '지옥' 같은 개념이 없었다. 추측건대, 사탄의 역사도 조로아스터교에서 파괴를 대표하는 힘인 '아리만Ahriman'으로 거슬러 오른다. 당시 저작권 같은 게 있었다면 조로아스터교는 아마 세계에서 가장 부유한 단체가 되었을 것이다.

　불교 역시 이미 기원전 3세기에 선교를 시작했다. 인도 통치자 아소카는 '다르마 바나크스'라는 선교단을 보내 불교를 전파토록 했다. 이들 중에 다르마라크시타Dharmaraksita라는 선교사는 심지어 그리스까지 갔

구원 확률 높이기 프로젝트

다고 한다. 오늘날의 불교도 여전히 선교 활동을 한다. 현 달라이 라마인 텐진 갸초는 탁월한 카리스마를 토대로 불교를 세계적으로 사랑받는 종교로 만들었다.

물론 선교 활동의 대표 주자는 역시, 선교를 하라는 예수의 인상적인 명령을 소명으로 받은 기독교다. 〈마태오복음〉에서 예수는 제자들에게 이렇게 일렀다. "그러므로 너희는 가서 이 세상 모든 사람을 내 제자로 삼아, 아버지와 아들과 성령의 이름으로 그들에게 세례를 베풀고 내가 너희에게 명한 모든 것을 지키도록 가르쳐라."

'여호와의 증인'이 특히 열심이다. 이들은 공공장소는 물론이고 집집마다 직접 방문하기까지 한다. 나는 선교사들을 환영한다. 한 마을의 섬멸을 다룬 글을 〈파수꾼〉에서 읽은 후로는 특히 더. 그 글은 집단 학살을 고발하는 내용이긴 했으나 그 진행 과정과 수류탄이 떨어진 정확한 위치까지 상세하게 전달했기에, 나는 그 책자를 '섬멸을 위한 안내서'로 여길 수밖에 없었다. 우리 집을 방문한 두 여자는 나의 의문에 명확히 답하지는 못했지만 확신에 차서 말했다. 그들은 아직 어떤 마을도 섬멸하지 않았고 '여호와의 증인' 신자들은 그럴 계획이 전혀 없다고.

유대교는 선교 활동을 그다지 중요하게 여기지 않는다. 유대교는 확실히 '양보다는 질'이라고 생각하는 듯하다. '우리는 무조건 다 받아주지 않는다', 이것이 그들의 모토다. 선별 형식은 무시할 수 없는 매력을 발산할 수 있다. 그러나 이들도 역시 종교가 다른 부모를 둔 비유대교 아이들을 유대교 신자로 만들고 종교에 관심 있는 사람들에게 유대교를 소개하고자 애쓴다.

이슬람교에는 '다와'라는 개념이 있는데, '부름' '요청' '초대'라는 뜻이다. 《코란》 2장 256절에 "종교에는 강요가 없나니"라고 적혀 있지만, 34장 28절에는 선교 명령이 명확히 적혀 있다. "알라께서 그대를 보내매 만인을 위한 복음자요 경고자로서 보내거늘, 많은 사람들이 이를 알지 못하더라." 사우디아라비아 정부는 다른 나라에 이슬람 사원과 이슬람 학교를 짓는 데 지금까지 대략 450억 유로를 썼다. 《코란》 4장 89절에는 심지어 무함마드가 타 종교의 선교사들을 어떻게 여겼는지 아주 명확하게 적혀 있다. "그들이 그랬듯이 너희도 불신자가 되기를 원하며 너희가 그들과 같이 되기를 바라거늘, 너희는 그들이 알라를 위해 떠날 때까지 그들 가운데 어느 누구도 친구로 택하지 말라." 이렇게 가르치니 평화로운 선교가 폭력적인 갈등으로 변질되는 게 아닐까?

그럼에도 나는 선교 활동을 좋게 생각한다. 선교는 사랑을 담고 있기 때문이다. 행복한 신자가 다른 사람들도 행복하기를 바라기 때문에 선교를 하는 것이다. 그래서 처음에 나는 선교를 이웃 사랑의 실천이라고 여겼었다. 자신의 삶을 의미 있고 행복하게 해 줄 길을 발견했고 이제 그 길을 혼자만 간직하지 않고 다른 사람들과 나누려는 것이다.

바로 이런 점을 나는 루드비히를 선교하는 두 번째 시도에 적용했다. 나는 그에게 편지를 수없이 보냈다. 믿음이 내게 얼마나 도움이 되었는지, 종종 명상을 하고 미사에 가는 것이 얼마나 좋은지, 오토바이를 타

구원 확률 높이기 프로젝트

고 시속 250킬로로 고속도로를 달리지 않고도 마음의 평안을 찾을 수 있다고 적었다. 이때 나는 루드비히의 무신론을 반박하기보다 나의 관점을 논리적으로 설명하고 긍정적인 면을 강조하는 데 중점을 두었다.

그는 첫 번째 편지에 친절한 답장을 보내 왔다. 그다음에는 어투가 퉁명스러워졌다. 그가 화를 내며 휴대전화의 글자를 거칠게 찍는 모습이 떠올랐다. 급기야 이런 답이 왔다. "이제 그만 포기해! 나한테는 안 통해!" 이것이 마지막 답장이었다.

그는 잘 깨지지 않는 견과류였지만 그를 전향시키는 도전은 확실히 재미있었고 그의 고집스런 태도는 나의 도전 의지를 자극했다. 비록 환영받지 못할지라도 역시 내가 필요할 거라는 생각이 들었다.

물론 오늘날의 선교 활동을 보면 대부분 이웃 사랑의 실천과는 맞지 않아 보인다. 특히 언론 보도들이 종교의 확산을 종용하는 모습은 뻔뻔스럽기까지 하다. 종교별로 선교의 질을 평가하고 싶지는 않다. 그러나 기본적으로 같은 일을 했는데도 종교별로 다른 대우를 받는 것은 매우 흥미롭다.

2010년 1월 12일 아이티에서 발생한 대지진이 좋은 사례다. 유엔의 집계에 따르면 이 지진으로 30만 명이 죽고 120만 명 이상이 집을 잃었으며, 재정적 피해는 대략 80억 유로에 달했다. 재난 지역의 공공질서는 무너졌고 잔인한 폭력과 약탈이 빈번히 일어났다.

즉시 국제적인 구호 활동이 시작되었다. 세계적인 재정 위기에도 불구하고 많은 사람들이 아이티 주민의 고통에 동참하는 모습은 매우 인상적이었다. 독일만 해도 2800만 유로 이상이 개인 지갑에서 나왔다. 미국에서는 심지어 2억 달러가 넘게 모금되었고 나미비아처럼 작은 나라에서도 50만 달러 이상이 모금되었다. 한마디로, 유례없는 재정 위기에도 불구하고 사람들은 기꺼이 기부했다.

그런데 나는 두 장의 사진 때문에 고개를 갸웃하게 되었다. 하나는 기독교 자선기관인 '푸드 포 더 푸어Food for the Poor'의 자원봉사자 사진으로, 자원봉사자들은 십자가가 그려진 티셔츠를 입고 있었다. 말하자면 그들이 이곳에 온 것은 고난에 빠진 사람들을 돕는 동시에 기독교 신앙도 전하기 위해서였다. 사진 속 주인공의 말을 그대로 옮기면 이렇다. "우리는 이런 활동을 통해 사람들에게 신의 사랑을 보여 주고자 합니다." 여러 신문들이 이 기독교 자선기관의 봉사 활동에 찬사를 보냈다. 마땅한 일이다. 특히 젊은이들이 재난 지역에 가서 자원봉사를 하는 것은 용감하고 감동적이며 본받을 만한 일이라고 생각한다. 자원봉사자로서 재난 지역에 가는 일은 아무리 지지하고 칭찬해도 과하지 않다. 하물며 비판이라니, 말도 안 된다.

그러나 할리우드 영화배우의 사진에는 사뭇 다른 반응을 보였다. 같은 시기에 존 트래볼타는 전용기인 보잉707에 4톤가량의 식량과 약품을 싣고서 플로리다에서 아이티로 향했다. 존 트래볼타는 이륙하기 전에 이렇게 말했다. "도울 수 있고 힘을 보탤 수 있다면 뭐든 해야죠. 그러니 전용기를 띄우지 못할 이유가 없죠." 전용기에 같이 탄 자원봉사자

들 역시 십자가가 새겨진 티셔츠를 입고 있었는데, 십자가 밑에 '사이언
톨로지'라고 적혀 있었다. 오스트리아 신문 《슈탄다르트》는 이들의 도
착에 대해 이렇게 썼다. "재난을 당한 아이티 주민들은 정말 되는 일이
없다. 재난이 왔고 뒤이어 사이언톨로지가 왔다!" 영국 신문 《가디언》
은 이렇게 보도했다. "아이티 주민 여러분, 정신 똑바로 차리세요. 사이
언톨로지가 왔어요!" 《뉴욕 타임스》 인터넷 사이트에는 존 트래볼타의
활동을 풍자하는 냉소적인 코멘트가 실렸다.

아이티로 날아간 존 트래볼타 얘기를 할 때면 아내는 지금도 의아해
하며 묻는다. "그래도 도와준 사람인데 그냥 고맙게 생각하면 안 되나?"
아내는 필리핀 사람이다. 그래서 우리는 자연재해가 어떤 고난을 가져
오는지, 어떤 형태든 도움의 손길이 얼마나 간절한지 경험으로 잘 안다.
도움을 준 사람에게 풍자적인 코멘트를 할 필리핀 사람은 단 한 명도 없
을 것이다. 그들은 아주 작은 성금에도 직접 편지를 써서 감사를 전하
고 "우리는 당신을 사랑합니다, 당신과 당신 가족에게 신의 은총이 있기
를!" 하고 빌어 준다. 그들은 어떤 동기로 도왔는지는 상관하지 않는다.
그저 누군가 미소를 보내면 미소로 답할 뿐이다.

이런 도움을 악용하거나 남용하여 개종을 강요한다면, 뭔가 크게 잘
못된 것이리라. 그런데도 역시 다음과 같은 기사는 절대 나오지 않는다.
"아이티의 부두교 사제에 대한 공격과 갈등은 사이언톨로지 활동 지역
이 아니라 미국에서 온 개신교 단체의 활동 지역에서 발생했다."

내가 사이언톨로지에 대해 아는 정보는 전부 텔레비전 방송, 신문 기사, 사이언톨로지를 떠난 옛 신자들의 책에서 얻었다. 그러니까 3초 테스트에서 이미 확인했듯이, 사이언톨로지에 대한 나의 인상은 매우 부정적이다. 누군가 자신을 사이언톨로지 신자라고 소개하면, 나의 시냅스들이 반짝하며 정신을 차린 후 몸 구석구석 모든 세포에 경고를 보낼 테고 나는 숲에서 곰을 만났을 때처럼 패닉에 빠질 것이다. 이미 말했듯이, 독일에서 사이언톨로지는 정말로 최악의 이미지다.

과연 이런 선입견이 타당할까? 혹 너무 과장된 건 아닐까?

나는 프로젝트에 사이언톨로지도 포함시켜 좀 더 자세히 알아보기로 했다. 그래서 사이언톨로지 스위스 본부장이자 독일어권 대변인인 위르크 슈테틀러와 만나기로 했다. 나는 그를 방송으로 한 번 본 적 있었다. 〈엄격하되 정당하게〉라는 시사토크쇼였는데, 그는 당시 바이에른 주 내무부 장관인 귄터 벡슈타인, 방송국 사제 위르겐 플리게, 사이언톨로지 탈퇴자들에게 맞서 자신의 신앙과 종교를 변호해야 했다.

나는 사이언톨로지에 대한 또 다른 폭로 기사를 쓸 계획은 없었다. 절망에 빠진 탈퇴자의 고발과 의욕적으로 위장 입교한 기자들의 체험담은 이미 충분히 많았다. 나는 차라리 슈테틀러가 시사토크쇼를 마치며 제안했던 대로 하기로 했다. "그냥 한번 들러 보세요. 직접 확인하실 수 있을 겁니다. 사이언톨로지는 항상 열려 있으니까요."

사이언톨로지와 약속을 잡았다는 얘기를 아내에게 했을 때, 아내의 시냅스가 반짝하며 정신을 차리고 몸 구석구석 모든 세포에 경고를 보내는 걸 나는 느낄 수 있었다. 사무실 동료들에게 말하자, 가장 친한 동료인 랄프는 내가 사이언톨로지 열성 신자가 되어 돌아올 거라고 장담했다. 그리고 내가 다음 책에 사이언톨로지에 10만 유로를 바친 이야기와 가정 파탄의 전말을 소개할 테고, 다리 밑에서 잠들지 않기 위해 서둘러 베스트셀러를 써야 한다는 강박에 시달릴 거라고도 했다. 그렇지만 나는 슈테틀러를 만났다.

사이언톨로지 본부장은 선한 눈빛의 건장한 사람이었다. 우리는 뮌헨 근교의 슈바빙에 있는 사이언톨로지 교회에서 만났다. 악수하는 손은 부드러웠고 인사말에서 스위스 억양이 살짝 느껴졌다. 그리고 스위스 사람들이 주로 그렇듯이 말끝마다 "안 그래요?"라고 물었다. 솔직히 말해, 파티장이나 사무실에서 그를 만났더라면 나는 아마 보자마자 그에게 호감을 가졌을 것이다. 그러나 사이언톨로지 교회에서는 어쩐지 불편했다. 나의 뇌가 계속해서 조심하라는 메시지를 보냈기 때문이다. 조심해! 사이언톨로지 대변인이라면, 한번 둘러보러 온 방문자에게 친절한 것이 당연하잖아!

슈테틀러는 사람들이 모여 있는 커다란 방으로 나를 인도했다. 대개는 마주 앉아 전파 감지기를 쓰고 있었다. "E-미터라는 거예요. 한번 써 보실래요?" 그가 물었다.

호기심과 경계심이 동시에 발동했다. 나는 써 보고 싶었다. 하지만 손대는 즉시 사이언톨로지 신자로 세뇌되거나 내 지문을 감지하여 통장에 있는 돈을 몽땅 꺼내 갈 것만 같아 겁이 났다. 그러나 나는 프로젝트를 시작할 때 했던 다짐을 상기하며 마음을 굳혔다. 모든 종교를 편견 없이 열린 마음으로 대하기로 했으니 사이언톨로지도 예외는 아니어야 했다. 결심은 그렇게 했지만 솔직히 쉽지는 않았다. 나는 빈 깡통처럼 생긴 은색 통을 양 손에 하나씩 쥐었다. 슈테틀러가 단추 몇 개를 눌렀다. 바늘이 한쪽으로 기울었다.

"무슨 생각을 했는지는 말하지 않아도 돼요. 감정 변화를 보는 거니까요."

나는 속으로 생각했다. 당연하지! 만난 지 얼마나 되었다고 당신한테 내 생각을 털어놓겠어?

그래서 나는 알겠다는 표시만 했다. "음—."

"E-미터는 전압의 변화를 감지하는데, 거짓말탐지기하고는 다릅니다. 내가 당신에게 '사과를 훔친 적 있습니까?' 하고 물으면 바늘이 움직이는데, 그것은 당신이 정말로 사과를 훔쳤기에 당황해서일 수도 있지만, 내가 그런 황당한 질문을 했다는 데 흥분해서일 수도 있는 거죠."

나는 약간 실망했다. 흥분 정도야 맥박이나 체온만으로도 알 수 있고, 게다가 여러 베스트셀러에서 상세하게 설명했듯이, 훈련이 잘 된 사람이면 표정이나 안색만 보고도 감지할 수 있으니 말이다. 그렇더라도 여전히 궁금하긴 했다. 독일의회 특별조사위원회의 최종 발표에 따르면, 이 기기는 학문적 가치는 없지만 경제적 가치는 매우 높다고 한다. 생산비가 약 170유로인데 7000유로 이상에 팔리기 때문이다. 물론 사이언톨로지가 주장하는 생산비용은 확실히 더 높았고, 판매가격은 2850유

　구원 확률 높이기 프로젝트

로로 훨씬 낮았다. 존 트래볼타, 프리실라 프레슬리[엘비스 프레슬리의 아내], 톰 크루즈는 영성 훈련이 잘 된 사람이라면 E-미터를 이용해, 소위 감춰진 범죄를 밝혀낼 수 있다고 장담했다. 특허신청서에는 사이언톨로지를 설립한 론 허버트의 이름이 적혀 있지만, 이 기기의 발명자는 볼니 매티슨Volney Mathison이라는 지압사였다. 그는 이 기기를 '메티슨 퀴즈미터'라고 이름 붙여서 정신분석 보조 기기로 시장에 내놓았다. 결국 사이언톨로지의 가르침과는 정반대로 쓰이고 있는 셈이다.

"이제 뭘 해야 하죠?"

"당신이 싫어하는 사람이나 신경에 거슬리는 사람을 생각하세요."

누구를 생각했는지는 말하지 않아도 된다고 재차 강조했다. 그래서 누군지는 말하지 않고 그냥 지난 몇 주 동안 나를 화나게 했던, 내가 너무너무 싫어하는 사람을 생각했다. 바늘이 오른쪽 끝까지 기울었다.

슈테틀러는 놀란 눈으로 나를 쳐다보았다. "이건 정말 대단히 강한 감정이군요."

나는 별로 놀라지 않았다. E-미터 없이도 이미 잘 알고 있었으니까. 그는 스위치를 조절하여 바늘을 다시 0에 맞추었다.

"이제 다른 사람을 생각하세요. 당신이 마음을 쓰고 있는 사람으로요."

누군지 말할 필요 없다고 다시 알려 줬다. 내가 아주 좋아하고 선교를 위해 공들이고 있는 루드비히를 생각했다. 바늘이 약간 기울었다.

"좋아요." 슈테틀러가 말했다. "이제 약간 좋아하는 사람을 생각해 보세요."

나는 문득 속임수를 쓰고 싶어졌다. 그래서 굉장히 좋아하는 사람을 생각했다. 나는 아내를 생각했고 바늘이 기울었다. 하지만 싫어하는 동료를 생각할 때만큼 크게 기울지는 않았다.

좋아하는 감정보다 싫어하는 감정이 원래 훨씬 강하게 작용하는지 묻고 싶었지만 그만두었다. 내가 속임수를 썼다는 걸 그가 눈치 챌지도 모를 일이었고, 그러면 곤란한 질문을 받을 수도 있었기 때문이다.

E-미터 실험을 끝내고 교회를 구경했다. 소박한 건물이었다. 검색창에 '사이언톨로지'를 입력하면 볼 수 있는 화려한 건축물은 확실히 아니었다. 오히려 최근에 사정이 나빠진 어느 중소기업 본사 같은 느낌이었다. 몇몇은 분주하게 여기저기 돌아다녔고 또 몇몇은 내가 들어와서 설명을 부탁하기를 기다리는 듯이 기대에 찬 얼굴로 책상에 앉아 있었다. 그들은 정장이나 유명 디자이너의 옷을 입지 않았다. 그들은 최근에 사정이 나빠진 어느 중소기업의 직원들 같았다.

만나는 사람마다 미소를 지으며 반갑게 인사를 했다. 그것이 내게는 꽤 인상 깊었다. 낯선 사람이 그렇게 반갑게 인사를 받는 일이 매일 있는 건 아니니까. 어릴 때 다녔던 가톨릭교회에서는 낯선 사람이 오면 멀뚱히 쳐다보기만 했고, 기본적으로 여러 해 알고 지낸 사람들끼리만 인사를 했다.

나중에 사무실에서 사이언톨로지의 이런 친절함에 대해 말하자, 랄프가 대꾸했다. "친절한 게 당연하지. 네가 입교하기를 바랄 테니까. 그게

다 그 사람들 전략이라고." 랄프는 한 번도 사이언톨로지 신자와 얘기해 본 적이 없고 허버트의 책을 한 줄도 읽지 않았으며 오디팅에 참가한 적도 없다. 그런데도 그는 사이언톨로지의 유혹 전략을 아주 잘 아는 사람인 양 말했다. 나는 속으로 생각했다. 어디서 저런 풍부한 지식을 얻었을까?

아내의 반응: "친절한 건 좋은 일이지. 그래도 조심하는 게 좋을 거야."

슈테틀러는 교회의 조직도를 보여 주었다. 확실히 최근에 사정이 나빠진 중소기업의 조직도가 아니었다. 오히려 군사기관에서 훔쳐 온 조직도를 보는 느낌이었다.

슈테틀러는 사이언톨로지에서 말하는 '자유로 가는 다리'의 여러 등급을 설명하며 도서관으로 나를 안내했다. 그곳에는 허버트가 썼거나 허버트를 주인공으로 하는 책과 비디오가 가득했다. 설립자는 어디에나 존재하기 때문일까? 어디에도 허버트의 사진이 없었다. 마치 저스틴 비버[캐나다 출신의 세계적인 아이돌 스타]의 팬 방에 저스틴 비버의 사진이 한 장도 없는 것처럼.

'자유로 가는 다리'의 등급을 보자마자 나는 의욕이 살아났다. 그것은 〈백만장자의 주인공은 누구?〉의 도전 등급을 약간 닮았는데, 특히 '클리어' 등급이 인상 깊었다. 나도 모르게 속으로 주먹을 불끈 쥐었다. 사이언톨로지에 들어간다면 클리어 등급에 오르기 전에는 절대 그만두지 않겠다!

클리어 등급 바로 위에는 이른바 '오퍼레이팅 테탄OT'이라는 등급
이 있다. 이들은 MEST에 대한 통제력을 가진 사람들인데, MEST는 영
어 단어 'matter' 'energy' 'space' 'time'의 머리글자를 딴 말로, 말하자면
OT는 물질, 에너지, 공간, 시간을 통제한다는 얘기다. 더글러스 애덤스
의 말을 빌리면, OT는 생명과 우주, 그 외 모든 것을 통제할 수 있는 존
재다. 1999년판 문서번호 124번 사이언톨로지 안내책자에 허버트는 이
렇게 적었다. "클리어와 OT만이 이 행성에서 살아남을 것이다. 그리고
그들을 인도할 수 있는 사람은 오직 우리들뿐이다."

구원의 요건을 오로지 자기들만 채울 수 있다고 말하는 다른 여러 종
교와 마찬가지로 사이언톨로지도 거만하긴 마찬가지였다. 이런 거만한
태도는 나의 프로젝트와 정면으로 충돌하고 내 개인적인 세계관과도 맞
지 않는다. 나는 한 종교가 모든 질문에 모든 답을 준다고 생각하
지 않는다. 그러나 모든 종교가 인생의 중요한 물음들에 만족스러
운 답을 줄 수는 있다고 생각한다. 아무튼 사이언톨로지는 나를 약간
주눅 들게 했는데, 사이언톨로지에 칩을 올리려면 막대한 재정적 투자
가 필요했기 때문이다.

종교심리학자 벤저민 베이트할라미Benjamin Beit-Hallahmi에 따르면, 최
고 등급인 OT까지 가려면 약 27만 유로가 필요했다. 솔직히 나는 그렇
게 많은 돈이 없고 아마 앞으로도 없을 것이다. 이러저러한 까닭으로 내
가 가장 높은 단계에 오를 수 없다는 걸 알게 되자 의욕 역시 무참히 꺾
였다. 최고 등급은 OT15였지만, 지금까지 공식적으로 인정받은 가장

구원 확률 높이기 프로젝트

높은 등급은 OT8이었다. 슈테틀러에 따르면, 톰 크루즈는 OT7에 도달했을 테고 자신은 OT5쯤 될 거라고 했다. 나는 의욕이 꺾였는데도 최소한 클리어 등급에 도달하려면 비용이 얼마나 들지 궁금했다.

"부지런히 수행한다면, 1만 5000유로쯤 될 겁니다."

나름대로 현실적인 금액으로 들렸다. 나는 재빨리 비용－효용 계산을 해 보았다. 그 정도 돈으로 정말 생명과 우주, 그 외 모든 것을 통제할 수 있다면 비교적 저렴한 금액이었다. 아내와 내가 퇴직할 때까지 기독교 신자로서 내야 하는 종교세는 대략 8만 유로에 달한다. 8만 유로면 결코 적은 돈이 아니다. 하지만 나는 또다시 금방 깨달았다. 정말 통제력을 가지려면 OT 등급에 도달해야 하고, 그러려면 계속해서 돈이 더 필요하다는 걸.

그러나 무엇보다 나는 아내를 생각해야만 했다. 내가 1만 5000유로를 사이언톨로지에 투자하겠다고 하면 아내가 뭐라고 할까? 내가 세금 정산을 아주 솔직하게 해서 1700유로나 적게 돌려받았을 때 아내가 어떤 반응을 보였는지, 나의 전작을 읽은 독자라면 기억할 것이다. 결론적으로 1만 5000유로는 내가 융통할 수 없는 돈이었다.

교회를 다 둘러본 다음, 우리는 슈바빙의 카페로 자리를 옮겨 오래도록 얘기를 나눴다. 카페로 가는 길에 슈테틀러는 숨 막히게 아름다운 여자와 인사를 나눴다. "모델이에요. 강좌를 들으러 오는." 그가 뻐기듯 말했다. 우연히 들렀다 해도 나는 놀랐을 것이다. 하물며 잠재 신입 신도와 카페로 가는 슈테틀러에게 인사하려고 길 모퉁이에서 기다리고 있었다니, 어떻게 놀라지 않을 수 있겠는가. 모델이 듣는 강좌에 나도 등록할까, 잠깐 생각했다. 하지만 이내 정신을 차렸다. 나는 혈기왕성한 스무 살 싱글 대학생이 아니라 예쁜 아들을 둔 행복한 유부남이다.

우리는 사후세계에 대해서 얘기를 나눴다. 어차피 범신앙론자가 되는 나의 프로젝트 목표는 사후에 어떤 식으로든 구원을 얻는 것이니까. 사이언톨로지 신자들이 구원을 받는 데는 대부분 아주 긴 시간이 걸린다. 사이언톨로지의 수도원이랄 수 있는 'Sea Org'에 들어가면, 앞으로 10억 년 동안 교회를 위해 봉사하겠다는 서약을 한다. 정말 무지막지하게 긴 시간이다. 죽은 후에도 할 일이 남아 있나 보다 하는 생각이 들었다. 살아 있는 동안의 의무라면 100년짜리 서약으로도 충분할 테니 말이다.

죽은 다음에는 어떻게 되느냐는 질문에 사이언톨로지는 영혼이 다른 육체로 환생한다고 답한다. 사람이 죽으면 그의 영혼인 테탄은 마치 가라앉는 배를 버리듯 육체를 떠난다고 한다. 그러므로 사이언톨로지는 여느 종교와 크게 다르지 않다. 영혼과 육체의 분리, 환생은 결코 혁신적인 관점이 아니다.

살짝 의심스러운 점은, 사이언톨로지가 비교적 최근에 생긴 종교이므로 전생에 이미 사이언톨로지 신자였던 사람이 있을 수 없다는 점이다. 그것이 17세기든, 18세기든, 하물며 19세기든.

그래서 나는 다소 순박한 질문을 했다. "사이언톨로지를 아직 몰랐고 그래서 '자유로 가는 다리'의 등급을 올릴 기회가 없었던 사람들이 어떻게 정상적으로 환생할 수 있었을까요? 오늘 죽은 사이언톨로지 신자가 내일 불교나 힌두교 신자로 다시 태어날 수는 없나요?"

"그럴 수도 있겠죠. 정확히 답할 수 있는 문제가 아니잖아요." 슈테틀러가 말했다. 나는 이 대답이 맘에 들었다. 적어도 그는 지키지 못할 약속을 늘어놓지는 않았다. 그렇더라도 이런 신흥종교가 과거에 대해 말하면 듣고 있기가 거북했다. 어떤 종교든 그들이 생기기 전의 일을 얘기하는 건 듣고 있기가 힘들다.

그래서 나는 현세와 내세의 비중에 대해 물었다. 기독교나 힌두교 신자들은 어처구니없고 끔찍하고 불만족스러운 지금의 삶이 끝나면 내세에 보상이 있으리라는 희망에서 위안을 찾는다.

"당연히 우리도 그런 질문을 하죠. 나는 어디서 왔을까? 나는 어디로 갈까? 하지만 내 생각에 사이언톨로지에서는 90 : 10 정도로 현세에 더 비중을 두는 것 같아요." 슈테틀러는 계속 설명했다. "오디팅을 하면 당연히 영적 단계에 도달하는 데 도움이 되겠죠. 하지만 진짜 목표는 지금의 삶을 더욱 효율적이고 자유롭게 사는 것입니다."

이 대답은 나를 정말로 놀라게 했다. 당연히 다른 종교들도 지금의 삶을 개선해 준다는 약속을 준다. 내가 이미 확인했듯이, 요가나 명상 같은 여러 영적 활동도 세속화한 지 오래다. 그러나 초점은 여전히 육체가 죽은 후 우리를 기다리고 있는 것이 무엇일까에 맞춰져 있다. 그런데 사이언톨로지는 거의 독점적으로 지금의 삶에 초점을 맞춘다.

기도나 명상처럼 여느 종교들이 중요하게 다루는 것들에 사이언톨로지는 거의 신경 쓰지 않았다. "사실 우리한테는 기도의 대상이 없어요."

슈테틀러가 말했다. "오디팅은 자신에 대해 더 많은 것을 발견하고 자신을 정신적 존재로 이해하기 위한 두 사람의 대화예요. 당연히 아주 깊은 대화일 테고 극히 개인적이죠. 자신의 현재를 찾고 온전히 지금 여기에 존재하는 것을 목표로 하는 개별 강좌도 있어요." 오디팅과 개별 강좌의 비례는 20 : 80이라고 한다. 기독교의 예배나 미사 혹은 불교의 법회 같은 종교 의식도 많지 않았다. "대부분의 교회가 일요일 모임을 갖긴 하지만 중요한 의식으로 꼽지는 않아요. 정기적인 공동체 회의가 있는데, 여기서 새로운 소식이나 강좌 수료식 등을 공유하죠. 그 외에 오디팅과 강좌가 있고요."

새로운 소식이나 강좌 수료식 등을 공유한다는 공동체 회의가 궁금했다. 슈테틀러 말로는 그것 역시 중요한 의식으로 꼽지 않는다고 한다. 내가 인터넷으로 수료한 적이 있는 사이언톨로지 강좌도 영적 체험보다는 차라리 대학 시절에 들었던 온라인 강의를 떠올리게 했다.

내 개인적인 개념 정의로 보면, 사이언톨로지는 종교보다는 오히려 직원들의 삶에 신경 쓰는, 잘 나가는 기업에 가까웠다. 직접 알아보니, 사이언톨로지의 가르침이나 영적 활동들은 모두 지금의 삶에 초점이 맞춰져 있었다. 나는 종교에 대해 얘기하고 싶었고 프로젝트를 마칠 때 진짜 종교로 인정할 만한 곳에 칩을 올릴 작정이었는데…….

사이언톨로지의 기본서로 통하는 허버트의 《사이언톨로지: 사고의 기초》에서도 이런 인상을 받았다. 그리고 이 책 때문에 기차에서 나는 경멸의 눈초리를 받았고, 앞에 앉은 여자가 다른 곳으로 자리를 옮겼다.

첫 장을 넘기자마자 멋진 문장이 등장했다. "사이언톨로지 신자들에게 어리석음은 이 세상에 있는 진정한 야만이다." 이 말에 반대할 사람은 아마 없을 터인데, 이성만큼 공평하게 받은 건 없기 때문이다. 스스로 이성이 부족하다고 고백할 사람은 아마 없을 것이다. 그리고 사람들이 불평하는 까닭도 다른 사람이 사장이나 대통령이어서가 아니라 자기보다 어리석어 보이는 사람이 그런 지위에 있기 때문이다. 뮤즈라는 밴드는 이런 불평을 〈시도니아의 기사Knights of Cydonia〉에서 잘 표현했다. "바보들이 왕이 될 수 있는데, 어떻게 우리가 이기겠어요?"

허버트의 책은 168쪽까지 줄곧 사람들이 더 나은 삶을 살도록 돕는 내용만 다룬다. 〈에필로그〉에서 비로소 사이언톨로지를 종교로 소개한다. "인간들은 결국 인류를 멸망시킬 무기를 마련했다. 그러므로 인간들에게 질서를 부여할 수 있는 새로운 종교의 탄생이 반드시 필요하다. 사이언톨로지가 바로 그런 종교다." 그리고 몇 장 뒤에 이렇게 덧붙였다. "이 종교는 인간을 개선시키기 위해 고안되었다. 오늘날 지구상의 핵심 경쟁은 국가 간이 아니라 사이언톨로지와 핵폭탄 사이에 있다."

다소 노골적으로 표현되었지만, 역시 담고 있는 내용은 사후세계의 약속이 아니라 인간의 변화다. 이로써 나의 명제는 명확해졌다. 사이언톨로지는 삶의 문제 해결을 전문으로 하는 성공적인 기업이다. 내 생각에, 사이언톨로지 신앙은 일종의 서비스다. 나는 이것을 좋게도 나쁘게도 보지 않는다.

슈테틀러와 나는 현재 독일에서의 안 좋은 평판, 헌법위원회의 조사,

신자 모집의 어려움 등 사이언톨로지가 겪고 있는 문제에 대해서도 얘기했다. 사이언톨로지는 사실 그렇게 큰 종교가 아니다. 사이언톨로지 교회가 2005년에 밝히기를, 전 세계적으로 신자 수가 약 800만에 이르고 그중 350만이 미국에 있다고 했다. 그러나 2008년에 뉴욕시립대학이 조사한 바에 따르면, 미국에 있는 사이언톨로지 신자 수는 고작 2만 5000명이었다.

독일에서 신자를 모으기 어려운 것은, 사이언톨로지 탈퇴자들이 매일같이 방송에 나와 감금이나 재정 파탄을 얘기하며 사이언톨로지를 비난하는 것과 관련이 있다. 그리고 당연히 로버트 코프먼Robert Kaufman이 쓴 《사이언톨로지 속으로: 나는 어떻게 사이언톨로지에 가입했고 슈퍼맨이 되었는가Inside Scientology: How I Joined Scientology and Became Superhuman》 같은 책들도 한몫을 한다. 코프먼은 우선 제누Xenu를 언급했다. 제누는 26개 항성과 76개 행성으로 구성된 우주연방국의 통치자로, 7500만 년 전에 그가 저지른 끔찍한 일(범죄자나 악당처럼 버려야 할 생명체를 모아 지구로 데려와서는 화산에 가두고 수소 폭탄을 터트렸다. 그렇게 죽은 생명체는 테탄이라는 우주영혼이 되어 지구를 돌아다닌다. 그러나 영혼만으로는 지구에 머무는 것이 불가능하기 때문에 인간의 육체를 빌려 그 안에 머문다) 때문에 지구의 삶이 막대한 영향을 받게 되었다.

나는 개인적으로 제누의 이야기를 신의 존재처럼 증명할 수 없는 일로 여긴다. 그러나 이 이야기가 사이언톨로지 탈퇴자들의 증언이나 위장 입교 기자들의 보도와 연결되면서, 독일에서는 많은 사람들이 사이

구원 확률 높이기 프로젝트

언톨로지를 사기로 보고 경계하게 되었다.

미국에서는 레아 레미니, 톰 크루즈, 커스티 앨리 같은 유명인들이 사이언톨로지 신자임을 밝히고 대변인을 자처한다. 반면 이곳 독일에서는 사이언톨로지 신자라고 밝힌 유명인은 영화배우 프란츠 람펠만뿐이다. "람펠만은 그 후로 여러 문제와 싸워야 했어요." 슈테틀러가 덧붙였다. 우선 출연 제의가 줄었다. 그리고 그가 당원도 아니면서 선거 때마다 열심히 지지했던 녹색당마저 그에게서 등을 돌렸다.

"사이언톨로지 신자임을 밝히면 여러 차별대우를 받게 되는데, 저 역시 예외는 아니죠." 슈테틀러가 씁쓸하게 말했다. 나는 기차에서 있었던 일을 떠올렸다. 허버트의 책을 읽었을 뿐인데 여자 승객이 자리를 옮겼었다. "하지만 좋은 방법을 찾아냈어요. 내가 먼저 마음을 열고 다가가면 생산적인 대화를 할 수 있더라고요." 슈테틀러가 웃으면서 말했다. "기차에서 직업이 뭐냐는 질문을 받으면 나는 서슴지 않고 신흥종교 교주라고 말해요. 그러면 사람들은 재밌어하면서 관심을 보이고 곧장 활발한 토론이 시작되죠."

선교 활동은 나의 프로젝트에서도 중요하기에 나는 사이언톨로지의 선교 방법에 대해서도 물었다. "선교는 모든 사이언톨로지 신자들에게 주어진 과제예요." 슈테틀러는 이 말 끝에 약간 냉소적으로 덧붙였다. "하긴 모두가 그 과제를 행하기만 한다면야⋯⋯." 선교 활동을 얼마나 적극적으로 할지는 각자의 선택이고 선교 활동을 안 해도 처벌 같은 건 없다고 한다. 독일의 경우, 거의 모든 신자가 주로 조용히 뒤로 물러나 있는 쪽을 택한다고 한다.

내 생각에, 가장 빈번하고 잘 알려진 선교 형식은 공공장소에서 열리는 전시와 시연이다. 예전에 본에 갔을 때 그런 모습을 본 적이 있다. 간이탁자와 마사지 침대처럼 보이는 침대의자가 있었고 그 옆에 중년 여성 두 명이 서 있었다. '스트레스 테스트'라는 안내문이 붙은 탁자 위에는 E-미터와 허버트의 책들이 진열되어 있었다. 그때 나는 속으로 생각했다. 하루 종일 저렇게 서서 사람들에게 스트레스 테스트를 하라고 설득하려면 얼마나 힘들까? 게다가 허버트의 책을 팔고 더 나아가 강좌 등록을 종용해야 하니, 정말 짜증나겠다! 집집마다 방문하며 보험을 팔아야 하는 보험설계사들도 용감해야겠지만, 대부분의 사람들이 적대시하는 조직을 위해 적극적으로 나서려면 정말로 대단한 용기가 필요할 것이다. 사람들은 두 여자에게 의심의 눈초리를 보냈고 욕을 하는 사람들도 간혹 있었다. 선교의 성공 확률은 확실히 낮아 보였다.

아무튼 나는 두 여자에게서 용기를 얻었다. 그래서 다시 루드비히를 설득해 보기로 했다. 지금까지 루드비히를 만나면서 이미 일종의 스트레스 테스트를 했고 생산적인 얘기도 나누었으며 여러 인용구들로 그를 설득해 왔다. 그리고 마침내 연못축제의 맥주천막에서 결정적 한 방을 날려 내 프로젝트에 그를 동참시키려 했다.

그러나 내가 진심으로 기대했던 것은 선교의 성공으로 영성 지수가 올라가는 것이었다. 선교 활동을 하는 사람들 모두가 내게 그것

구원 확률 높이기 프로젝트

을 확신시켜 주었다. 중국에서 활동하는 가톨릭 선교사 브라이언 배런스, 본에서 활동하는 사이언톨로지 여자 신자 둘, 나의 도교 스승인 왕리까지 모두가 선교 활동에서 얻는 무한한 기쁨을 얘기했다. 누군가 그들의 신앙에 마음을 열고 결국 개종까지 했을 때 느끼는 그 커다란 환희를 나도 꼭 느껴 보고 싶었다.

얼마 전에 론다 번의 《시크릿》을 읽었는데, 이루고 싶은 일이 있으면 그 일을 성공했다고 믿고 이미 이룬 것처럼 행동하라고 했다. 그러니까 10만 유로를 갖고 싶으면 그 돈이 통장에 들어 있다고 믿고 언제든 꺼내 쓸 수 있는 것처럼 살아야 한다. 이 책은 몇 년째 베스트셀러 목록에 올라 있다. 그렇게 많은 사람들이 이 책을 읽었는데 어째서 갑자기 부자가 된 사람이 그렇게 많지 않을까? 부자인 것처럼 사는 바람에 결국 빚더미에 앉은 사람은 왜 없을까? 뭔가 허점이 있는 게 분명했다. 그럼에도 불구하고 나는 속으로 주문을 외었다. 오늘 저녁에는 루드비히를 설득할 수 있으리라. 그러자 정말로 성공한 것처럼 대화를 시작하기도 전에 벌써 기분이 들떴다.

루드비히는 코미디언 아체 슈뢰더Atze Schröder를 살짝 닮았는데, 행동까지 똑같을 때도 가끔 있다. 그는 열네 살 때까지 개신교 신자로 살다가 교회를 떠났다. "팔이 부러져 병원에서 깁스를 하느라 견신례 교육에 5분쯤 늦게 갔는데, 목사가 나를 노려보며 뭐랬는지 알아? 한 번만 더 늦게 오면 견신례를 안 주겠다는 거야. 그래서 내가 그랬지. '아, 그러세요? 그럼 그렇게 하세요!' 그러곤 곧장 시청으로 가서 탈퇴 신고를 했다는 거 아니냐."

대부분의 사람들은 교회를 떠나기 전에 몇 달씩 혼자 고민하지만 루드비히처럼 빛의 속도로 결정하는 사람들도 있기 마련이다!

루드비히는 마음씨가 고운 사람이다. 자동차와 플레이스테이션뿐만 아니라 아내와 아들까지도 믿고 부탁할 만큼 착한 사람이다. 앞에서 말했듯이, 루드비히는 지난 몇 달 동안 직장과 일상에서 스트레스를 많이 받았다. 이런 때에 사후의 구원뿐 아니라 지금의 삶에 도움을 준다면 그는 틀림없이 나의 선교 열의를 좋게 받아들일 거라고 확신했고, 이번에는 정말로 성공할 거라는 예감이 들었다.

"요즘 어때?"

"그럭저럭!"

바이에른 북부의 표현법에 익숙하지 않은 사람이 들어도 '그럭저럭'은 '완전히 바닥이야'처럼 들렸으리라.

우리는 요즘 사는 게 어떤지 잠깐 얘기를 나눴다. 루드비히는 특히 스트레스가 많았던 사건들을 얘기했는데, 가까운 사람과의 이별과 재회, 여자 친구와의 동거 시작, 직장에서 생긴 갈등이 거기에 속했다. "일찍 일어나서 직장에 가고 누군가를 돕거나 내게 주어진 업무를 끝내고 퇴근해서 바로 침대에 쓰러지는 게 나의 하루야."

선교하기 딱 좋은 상황이 아닌가! 어느 선교사가 보더라도 루드비히는 이상적인 선교 대상이었으리라. 나는 기회를 알아차렸고 속으로 몰래 짧은 스트레스 테스트를 했다. 테스트라고 해 봤자, "스트레스를 받습니까?"라고 묻는 게 전부였고 당연히 그를 대신한 내 대답은 "6개월째 개같이 일만 했는데 어떻게 스트레스를 안 받겠습니까?"였다.

"넌 조용히 쉴 필요가 있겠어." 내가 위로했다.

"난 원래 조용히 쉬는 사람이야!" 루드비히는 브뢰젤Brösel의 만화 〈베르너Werner〉에서 록 동호회 회장이 했던 말을 똑같이 흉내 냈다.

"그런 뜻이 아니잖아. 내적인 고요 말이야."

나는 이것을 성공적인 대꾸로 여겼지만, 아내는 지겹다는 듯이 눈동자를 크게 굴렸다. 카멜레온이 울고 갈 만큼.

루드비히는 더 크게 눈동자를 굴렸다. 사팔뜨기 카멜레온이 울고 갈 만큼.

"또 무슨 얘기를 하려고?"

나는 흔들리지 않고 침착하게 설명했다.

"삶의 의미와 기쁨을 찾을 수 있는 뭔가가 필요해."

"이미 갖고 있어. 일, 여자 친구, 오토바이. 내년엔 할리데이비슨을 살 거야!"

나는 세속적인 주장으로는 역부족임을 재빨리 알아차렸다.

"교회에 가서 같이 기도를 하자는 게 아니야……."

"교회? 말도 꺼내지 마. 거긴 절대 안 갈 거야!"

"하지만 명상이나 성찰은 괜찮잖아!"

"제발, 그런 개소리는 이제 좀 집어치워. 다들 사기꾼이라고!"

루드비히의 15분짜리 독백이 이어졌다. 종교 대표자들은 도둑이나 마찬가지였고 사제들도 신자들을 진심으로 돕기보다 자기 이득을 위해 값진 것들을 몰래 뒤로 챙기는 협잡꾼과 다를 바 없었다.

루드비히가 지금 말한 것들은 미성년자 수준의 유치한 요약이라고 반박하고 싶었다.

하지만 나는 분위기를 약간 바꿔 보기로 했다.

"하지만 삶의 의미는 필요하잖아. 그나저나 죽은 다음에는 어떻게 될 것 같아?"

"어느 쪽이든 상관없어!"

"무슨 뜻이야?"

"글쎄 다시 태어날 수도 있겠지. 그럴 수는 있을 것 같아! 하지만 어두운 구멍 속에 들어가서 조용히 쉴 수도 있겠지."

나는 끓어오르는 화를 참기가 점점 어려워졌다. 처음의 들뜬 기분은 완전히 자취를 감췄다. 거칠게 몰아붙이며 압도적인 시합을 펼치고도 심판 점수가 안 좋아 결국 패하고 만 권투 선수라도 된 듯한 기분이었다. 무신론자라고 해도 자신의 결정에 근거를 갖고 있고 그 결정에 따라 꿋꿋이 살아간다면 나는 그의 확신을 존중할 수 있다. 그것은 기독교, 불교 혹은 사이언톨로지 신자들을 인정하는 것과 같은 맥락이다. 그러나 아무래도 상관없다는 태도는 정말 참기가 힘들다. 꼬치꼬치 캐물으면 귀찮은 듯 "무슨 소린지 잘 모르겠군요. 아무래도 상관없다고 해 둡시다"라고 대답하는 자칭 불가지론자라는 사람들 말이다.

이때 E-미터로 나의 감정 상태를 측정했더라면 분명 바늘이 끝까지

구원 확률 높이기 프로젝트

기울었을 것이다.

"사후의 일이 어떻게 상관없는 일일 수 있어?"

"왜? 난 상관없어!"

루드비히의 5분짜리 독백이 이어졌다. 이번에는 내가 듣기에도 미성년자 수준의 유치한 요약이 아니었다. 그는 모든 종교를 욕했고 신자들을 멍청이라고 비웃었다.

나는 더는 화를 참을 수가 없었다. 평정심을 유지하겠다는 애초의 결심은 자취를 완전히 감췄다. 결국 지옥 카드를 꺼내들고 말았다.

"너 그러다 지옥 간다!"

그는 나를 측은해하는 눈빛으로 바라보았다.

"그럼 우린 거기서 만나겠네!"

루드비히는 맥주와 오토바이와 음악에 대해 얘기할 사람들에게로 갔고 우리의 토론은 끝났다. 기분이 더러웠다. 선교에 성공했을 때의 기분은 알 수 없었지만, 열심히 노력했는데도 결국 대실패로 끝났을 때의 기분은 아주 정확히 알 수 있었다. 방금 전과 마찬가지로 권투 선수가 된 듯한 기분이 들었다. 그러나 이번에는, 거칠게 몰아붙이며 압도적인 시합을 펼치고도 심판 점수가 안 좋아 결국 패하고 만 선수가 아니라, 압도적인 경기를 펼치다 12라운드에서 강하게 한방 맞고 케이오KO를 당한 선수였다.

사이언톨로지 신자들이 길에서 선교 활동을 하다 욕을 먹으면 이런 기분이 들까? 열심히 준비한 중국어 설교가 좋은 땅에 떨어지지 않고 가시밭에 떨어지는 걸 지켜봐야 하는 배런스의 심정이 이럴까?

솔직히 말해, 이 실패는 내가 지금까지 살면서 겪은 일 중에 가장 기분 나쁜 일이었다. 주장으로 설득하지 못하고 결국 끔찍한 협박을 써서 다른 사람을 내 편으로 끌어들이려 했다는 점 때문에 더 기분이 나빴다.

밤이 깊을 때까지 나는 화를 가라앉히지 못했고 그 상태로 집에 와서 영성 지수 테스트를 했다. 별로 고민할 것도 없이 바로바로 답을 표시했다. 협박을 해서라도 강요하고자 했고 결국 실패했다는 사실이 너무나 부끄러웠기 때문이다. 하루 종일 애썼지만 새로운 신자를 모집하는 데 실패한 선교사의 마음을 헤아리려 애썼다.

이날 밤 나의 영성 지수는 10이었다. 범위가 7에서 28까지였으니 나는 완전히 바닥이었다. 행복감은 1에서 7까지 중에서 2.41이었다. 역시 바닥이었다. 스트레스 수준은 33점 중 17점으로 아직 보통 수준이었다.

나는 침대에 누웠다. 울고 싶었다. 나는 다른 관점을 가진 사람에게 다시는 협박으로 강요하지 않기로 맹세했다. 다음에는 루드비히와 다시 생산적인 대화를 할 수 있도록 노력할 것이다. 두고 보면 알겠지만, 나는 반드시 그를 설득할 것이다. 나는 그가 죽은 후에 어두운 구멍 속에 들어가서 조용히 쉬기를 원치 않는다. 그가 천국에서, 혹은 환생하여 할리데이비슨을 타기를 바라기 때문이다.

15장

여유와 평온

갑자기 마음이 편해졌다. 뇌에 전기를 공급하기 위해 머릿속의 쳇바퀴를 열심히 돌던 다람쥐에게 누군가가 신경안정제를 먹이고 심장박동이 80을 넘지 않게 맞춘 것 같았다. 나는 선불교에서 말하는 평온을 느꼈다. 나의 불교 멘토는 이런 나를 아주 자랑스러워할 것이다.

내가 이런 특이한 순간을 경험한 곳은 주변이 온통 카오스였던 런던 히드로 공항이었다. 아내는 루프트한자 직원과 싸우기 일보 직전이었다. 12월 25일에 런던에서 뮌헨으로 돌아가는 대신, 버밍햄으로 가서 며칠이라도 일찍 영국을 떠나고 싶다는 얘기를 거의 두 시간 가까이 설명한 뒤였다. 루프트한자 직원은 택시 요금을 300유로나 부담해야 할 거라고 강조했다. 우리가 히드로 공항에 온 것은 오로지 고객 서비스센터 직원이 불렀기 때문이다. "일단 공항으로 오세요. 그러면 정확한 정보를 얻을 수 있을 겁니다." 대략 그렇게 말했던 것 같다. 그런데 우리가 지금까지 얻은 그 정확한 정보는 한마디로 "당장 꺼져! 지옥인 거 안 보여!"였다.

아들은 비슷한 또래의 영국 아이를 밀치기 일보 직전이었다. 고무젖꼭지는 자신의 안정제이니 다른 아이에게 양보하기 싫다는 뜻을 전달하기 위해 거의 30분 가까이 노력한 뒤였다.

내 뒤에 선 러시아 사람 둘은 의견 일치를 보았다. 러시아 사람들은

구원 확률 높이기 프로젝트

폭설에 익숙하고 지하철이나 버스, 비행기 역시 영하 40도에도 문제없이 운행하므로 모스크바에서는 이런 일이 생긴 적도 없고 앞으로도 결코 없을 것이란다.

내 옆에 선 독일 관광객 둘은 이틀 연속으로 공항에서 밤을 새게 되었다며 불평했고 독일 관광객임을 증명하는 욕설을 내뱉었다. 나도 그들 옆에 가서 같이 욕을 할까 잠시 생각했다. 어차피 나도 독일 관광객이었고 이런 상황이라면 몇 분 정도 욕을 하는 건 당연해 보였다. 하지만 참았다. 두 사람은 확실히 욕 전문가였고 아마추어 수준의 욕으로 섣불리 합류해서 그들의 기분을 망치고 싶지 않았다.

안내판에 뜬 비행기들의 상태는 모조리 운행 취소였다. 인터넷 뉴스는 여행객 60만 명이 현재 발이 묶였다고 알려 주었다. 여행객 60만 명 전부가 히드로 공항에 와 있는 느낌이었다. 항공사와 공항의 안내 서비스는 완전 최악(그나마 예의를 갖춘 표현이다)이었기 때문에 내가 직접 인터넷으로 알아봐야 했다. 사람들은 어떤 안내도 받지 못했고 물도 먹을 것도 받지 못했다. 뉴욕 공항에서도 이런 일이 생긴 적 있는데, 그때는 적어도 여러 패스트푸드점에서 나온 햄버거와 치킨윙이 있었다고, 독일 관광객 중 한 사람이 말했다. 욕 전문가로서 그 정도 정보는 당연히 알 만했다. 이곳에는 피시앤드칩스조차 없었다. 공항에 버려진 사람들은 누울 자리와 담요를 두고 곳곳에서 싸움을 벌였다.

나는 그 한복판에 평온하게 서 있었다. 손으로 잰 맥박 수는 76.

나는 기본적으로 무정부주의자가 될 소질이 있다. 어떤 일이 계획대로 안 되더라도 크게 신경 쓰지 않는다. 어쩌면 그래서 최근에 영화로 나온 〈A-특공대〉의 한니발 스미스 대령을 한 번도 이상하게 여기지 않았나 보다. 그러나 나는 사소한 일에 완전히 흥분해서 이성을 잃을 수 있는 사람이다. 특히 시간을 어기는 일에는 더 민감하다. 기차가 15분을 연착하면, 그것은 대략 내 다리가 부러진 일과 맞먹는 재난이다. 아내가 화장 가방을 챙기는 데 시간이 너무 많이 걸려 퇴근 차량이 몰리기 전에 고속도로에 진입하지 못하면, 그것은 아내가 바람을 피운 것과 맞먹는 끔찍한 일이다. 아내의 꾸물대는 회수가 부쩍 늘어난 걸 보면 정말로 바람이 났는지도 모를 일이다. 사람들에게는 각자 나름의 노이로제가 있기 마련이다.

이번 런던 여행은(왜 갔는지는 앞에서 이미 설명했다) 크고 작은 지각의 종합세트였다. 귀신 쫓는 의식이라도 미리 할 걸 그랬나 싶을 정도로.

런던으로 떠나던 날 나는 뮌헨 공항 제2터미널에 마련된 '기도와 명상의 방'에 들렀다. 대표적인 다섯 종교의 상징이 입구에 있고 방문 옆에는 작은 나무 벤치가 놓여 있었는데, 거기서 누군가 자고 있었다. 기도 공간 자체가 애플 상품처럼 보였다. 빛나는 새하얀 육면체의 투명한 여섯 면이 외부의 빛을 반사했다. 창조의 상징인 130년 된 나무 기둥이 방 한복판에 우뚝 서서 천장까지 솟아 있었다. 지름이 적어도 1미터는 될 것 같았다. 아름다운 공간이었다. 이런 공간이 있다는 걸 모르고 여태껏 면세점에서 담배나 술을 구경했다는 게 화가 났다. 나는 앞으로 여행을 떠날 때마다 잠깐이라도 이곳 '기도와 명상의 방'에 들르리라 결심했고 다음에 이사를 하면 이렇게 꾸민 방을 꼭 갖기로 마음먹었다.

방 한쪽에 한 남자가 무릎을 꿇고 기도하고 있었고 바로 옆에 앉은 여자는 요가에서 본 듯한 자세로 꼼짝하지 않고 있었으며 구석 쪽에서는 한 여자가 묵주를 들고 평화롭게 앉아 있었다. 불난 개미집 같은 뮌헨 공항에서 만난 고요와 침묵이라 더욱 인상 깊었다. 이 장면을 사진이나 동영상으로 담아, 종교의 평화로운 공존을 믿지 못하고 국제 종교나 범신앙론 같은 건 어리석은 상상이라고 말하는 모든 이들에게 보내고 싶었다.

나무 기둥에는 사람들이 적어 놓고 간 메시지가 빼곡했다. 〈시편〉 구절, 유교의 가르침, 알라는 위대하다는 선언 등등. 그리고 빼놓을 수 없는 메시지 하나 더. 알라는 위대하다는 선언 바로 밑에 누군가 적어 놓은 메시지였다. '하느님도 똑같이 위대하다.'

정확한 지적이다. '더' 위대하지 않고 '똑같이' 위대하다.

나보다 먼저 이곳을 다녀간 사람들이 나무 기둥에 남긴 메시지들을 읽으며 15분을 보낸 후에, 나는 눈을 감고 안전한 여행과 가족을 위해 기도했다. 여행과 관련된 기도들을 모아 놓은 작은 책이 출구에 놓여 있었다. 필요 없을 걸 알면서도 한 권을 집어 들었다.

아내가 화장 가방과 기저귀 가방을 동시에 싸며 꾸물거리는 바람에, 내 생각에 우리는 너무 늦게 체크인에 도착했다. 그래서 우리의 여행은 125분이나 미뤄졌다. 런던에서 짐을 찾을 때도 기다려야 했는데, 짐 나오는 회전대가 움직이기 시작하는 데만 정확히 93분이 걸렸다. 아들의 유모차가 운송되는 동안 망가져서 고객센터에 가야 했고 정확히 48분을 기다려야 했다. 나보다 먼저 와서 가방이 없어졌다고 불평하는 사람들이 얼추 서른 명은 되었기 때문이다.

평소 같았으면 회전대에서 고객센터로 가는 길에 나는 도널드덕 저리 가게 난리법석을 쳤을 것이다. 그리고 비행기 안에서 기장이 승객들에게 화난 목소리로(그리고 마이크가 없는 것처럼 큰 소리로) 짐이 제시간에 도착하지 않아 이륙 활주로를 놓쳤다고 알렸을 때, 아내는 벌써 내가 길길이 뛸 걸 예상했으리라. 그러나 나는 발작을 일으키지 않았고 기장의 작은 분노에 기꺼이 박수를 보냈다.

내가 아무렇지도 않은 게 나도 놀라웠다. "당신 좀 이상해." 런던 세관을 막 통과했을 때 아내가 말했다. "당신 같지가 않아. 차라리 난리를 쳤으면 좋겠어. 그러면 적어도 당신이 아직 살아 있다는 걸 알 수 있을 테니까." 나는 의아한 표정으로 아내를 빤히 보았다. "이러다 크게 한번 폭발할까 무서워." 아내가 덧붙였다.

그러나 대폭발은 없었다. 난리를 치고 싶은 마음이 커질 때마다 나는 눈을 감고 명상을 했다. 이때 스승의 말을 상기했을 뿐 아니라 재미있게 읽었던《왕초보를 위한 명상Meditation for Dummies》도 떠올렸다. 이 책은 명상이 결코 대단한 기술이 아니라고 했다. "5분이면 명상의 기본 규칙을 익힐 수 있습니다. 그냥 편안하게 앉아서 허리를 꼿꼿이 세우고 숨을 깊이 쉬면서 호흡을 관찰하세요. 그게 다

구원 확률 높이기 프로젝트

예요. 아주 간단하죠?"

책에 나온 그대로 했다. 명상의 기본 규칙을 따라 했더니 놀랍게도 곧바로 효과가 있었다. 명상 훈련 한 번 만에 성공했다. 왕리는 나를 자랑스러워할 것이다.

나는 여행 내내 평온을 유지했다. 영국인을 일컬어 '기다림의 달인'이라고 할 만큼 기다릴 일이 많은 영국이었고, 앞에서 언급했듯이 인내가 나의 덕목이 아니었는데도 말이다. 택시 승강장에 얼추 70명이 줄을 서 있으면, 보통 독일 사람이라면 빌어먹을 줄이 왜 이렇게 길고 택시들은 젠장 왜 이렇게 안 오냐고 투덜댔겠지만, 나는 영국 사람들처럼 조용히 줄을 서서 기다렸다. 런던 해러즈 백화점 계산대에서는 10분가량 기다려야 했는데, 그때 영국 사람들은 토론을 벌이기 시작했다. 백화점 직원들의 무능에 대한 성토가 아니라 날씨나 축구 결과, 혹은 백화점의 예쁜 크리스마스 장식에 대해 의견을 나누었다. 나도 느긋하게 줄을 섰고 다른 사람들과 축구와 눈에 대해 얘기를 나누었다. 크리스마스 장식은 그냥 통과했다. 나의 내공이 아직 거기까지는 못 미쳤다.

내가 제정신인지 보려고 아내가 코앞에 대고 손을 흔들었을 때는 참기가 좀 힘들었다. 그래서 아직 멀쩡하다는 걸 잠깐 보여 주었다. 런던을 떠나는 날에 벌어진 공항의 카오스조차 나를 평온에서 끄집어내지는 못했다.

우리는 원래 12월 20일에 뮌헨으로 돌아갈 계획이었다. 그러나 우리에게 남은 선택은 12월 22일에 버밍햄에서 출발하거나 12월 25일에 런던에서 출발하는 것뿐이었고, 그나마도 날씨가 좋아지고 비행기가 더는 취소되지 않을 경우에 그랬다.

런던에서 크리스마스를 보내는 건 큰 문제가 아니었다. 다만 호텔 예약이 다 차서 잠잘 곳이 없었고 아들의 기저귀와 이유식이 서서히 떨어져 가고 있었다. 항공사와 공항의 위기 대처 능력이 웬만했다면 이런 일 역시 그리 큰 문제가 아니었으리라. 하지만 공항에는 이른바 피시앤드칩스뿐 아니라 이유식도 없었고 아들이 소화시킨 뒤 기저귀에 내놓은 이유식을 처리할 곳도 변변치 않았다.

아내와 아들이 항공사 직원, 영국 아이와 바쁘게 보내고 있는 동안, 나는 잠시 눈을 감고 테프론 특수 코팅 프라이팬처럼 모든 외부 자극을 털어 내기 위해 명상을 시도했다. 히드로 공항에도 기도 공간이 몇 군데 있을 테고 어쩌면 첨단과학 괴짜가 고안한 토템 상이 있을지도 모른다. 하지만 이런 난장판에서 그런 공간을 물어 볼 기회는 없었다. 그래서 나는 잠시 문 쪽으로 가서 담배에 불을 붙였다. 나보다 나이가 많아 보이는 옆에 선 신사에게 불을 넘겼다. 그는 나를 잠깐 보더니 깊고 차분한 음성으로 말했다. "더럽게 재수 없는 날이죠, 안 그래요?"

평소 같았으면 내가 어떻게 행동할지 줄줄이 떠올랐다. 하지만 분명 나만 그렇게 행동하지는 않을 것이다. 먼저 나는 날씨를 욕할 것이다. 하필이면 내가 비행기를 타려고 한 오늘 나빠질 게 뭐람! 그다음엔 항공사에 화를 낼 것이다. 심한 악천후도 아닌데 비행기 이륙 허가를 주저하고, 취소된 비행기를 위해 날씨가 좋아지면 야간 운행이라도 하겠다

　　　　　　　　　　　　구원 확률 높이기 프로젝트

는 약속조차 하지 않다니! 그런 다음, 나는 아내에게 화를 낼 것이다. 크리스마스 직전에 이런 여행을 하자고 조르다니! 하지만 솔직히 아내는 조른 게 아니라 "런던에 사는 동생네에 잠깐 다녀오지 않을래?" 하고 물었을 뿐이다. 어쩌면 마지막에는 지금 이 상황에 아무런 책임도 없고 아무것도 할 수 없는 아들에게까지 화를 낼 것이다. 하지만 오히려 나는 아들에게 자부심을 느껴야 한다. 아들은 폭력을 쓰지 않고도 자신의 고무젖꼭지를 노리는 영국 아이를 멋지게 방어했고, 스트레스 받는 상황에서도 의젓하게 잘 버텨 주었으니 말이다. 그러나 상관없었다. 그는 내 옆에 있었고 그것만으로도 전 세계와 마찬가지로 이 모든 일에 책임이 있었다. 내가 공항에 쪼그리고 앉아 집으로 가지 못하는 것은 나를 제외한 모두의 책임이었다.

평소 같았으면 나는 이 연상 사슬을 신사에게도 재빨리 연결하여 화를 냈을 것이다. "더럽게 재수 없는 날이기만 하겠어요? 완전 빌어먹을 세상이죠!" 그러면 나의 맥박 수는 대략 170을 기록했으리라.

그러나 나는 그저 고개를 끄덕이며 차분하게 대답했다. "맞아요, 더럽게 재수 없는 날이에요!" 그리고는 다시 안으로 들어갔다. 손으로 잰 맥박 수는 84.

항공사 직원과 영국 아이 없이 둘이 장난을 치고 있는 아내와 아들을 보았을 때, 나는 공항을 통틀어 가장 행복한 사람이었다. 나는 눈을 감고 1분 정도 깊게 호흡했다. 그게 다였다. 기분 좋았던 일을 생각하거나 기도 같은 걸 하며 신에게 도움을 애걸하지도 않았다. 그런데도 나는 잠깐의 명상으로 그 난장판의 한복판에서 평온을 누렸다. 책이 말한 대로 정말 간단했다.

중국에서 왕리에게 명상을 소개받은 후 나는 다양한 명상 기법들을 시험해 보았다. 그동안은 주로 마음을 가라앉히고 감정 폭발이나 혼란 혹은 두려움에서 벗어나는 기술에 관심이 있었다. 생로병사에서 자유로워지거나 내면의 중심을 찾는다거나 깨달음을 얻는 일 따위에는 별로 관심이 없었다. 감정에 휘둘리지 않고 가볍게 사는 데 관심이 있었다. 나는 호흡에 집중하거나 대상을 정해 놓고 집중해 보았다. 잘 안 되었다. 다양한 장소에서도 시도했다. 역시 이렇다 하게 성공하지는 못했다. 물론 긴장은 풀렸다. 하지만 완전히 평온하지는 않았다. 그래서 나란 놈은 명상 소질이 없나 하고 체념하기도 했다.

그런데 런던 공항의 난장판 한복판에서, 욕하고 싸우는 사람들 틈에서, 나의 짧은 명상이 효과를 발휘했다.

공항에서의 평온이 특히 인상 깊었던 것은, 마치 신경안정제를 먹은 것처럼 아무 느낌이 없었다는 점이다. 될 대로 되라는 숙명론의 효과는 결코 아니었다. '그럼 그렇지. 크리스마슨데 공항에 갇혀서 집에도 못 가다니. 인생은 어차피 끝없는 고통의 연속이고 그걸 막기 위해 인간이 할 수 있는 일은 아무것도 없어. 그러니 그냥 가만히 있을 수밖에. 언젠가는 누군가가 이 난장판에서 나를 해방시켜 주겠지.' 이런 생각은 조금도 하지 않았다.

오히려 정반대였다. 무관심했던 건 맞지만, 내가 처한 상황에 무관심하지는 않았다. 욕하는 사람들, 다닥다닥 놓인 간이침대의 소음, 항공사 직원과의 싸움 같은 중요하지 않은 일들이 나오는 상관없는 먼 곳으로 사라졌다. 다람쥐가 방금 쳇바퀴에서 내려와 평화롭게 거닐고 있는 뇌의 한 켠으로.

어떻게 하면 평온을 유지하며 살 수 있을까? 불교의 명상이 가장 좋은 답을 주었다. 무엇이 중요한 일인지 명확히 안 다음, 그것이 바꿀 수 없는 일이면 신경 쓰지 않고, 바꿀 수 있는 일이면 바꾸면 된다.

나는 무엇이 중요한 일인지 명확히 알았다. 크리스마스를 독일에서 가족과 보내고 싶으면 당장 잠잘 곳이 필요했고 아들이 먹을 이유식도 마련해야 하며 어떻게든 버밍햄까지 가야 했다. 나는 이 과제들을 평소처럼 패닉과 분노의 혼합이 아니라 여유와 평온으로 직시했다.

나는 예전에 축구를 같이 했던 대학 동창 마이크에게 전화를 걸었다. 미시간 대학에 다닐 때 나는 마이크를 포함하여 총 네 명과 함께 살았다. 우리는 다들 비싼 등록금을 스포츠로 충당했었다. 비싼 등록금을 스포츠로 충당한다는 게 무슨 얘긴지 모르더라도 할 수 없다. 그 얘기까지 여기에 쓰고 싶지는 않다. 마이크가 전화를 받았다. "오늘 밤에 너희 집에서 묵어도 될까?" "물론이지. 일주일도 괜찮아. 맥주도 필요하겠지?" "물론! 그리고 이유식도 좀 준비해 줘."

나는 처제에게 전화를 했다. "처제, 우리 비행기가 취소되었어. 하룻

밤만 거기서 묵어도 될까? 우선 오늘 밤은 친구네 집에서 보내기로 했어!" "괜찮아요. 오늘 밤에 와도 돼요. 우린 아무 상관없어요." "그러면 버밍햄으로 가는 기차를 좀 알아봐 줘. 12월 22일에 비행기를 탈 수 있을지도." 2분 후에 처제한테서 전화가 왔다. "기차는 한 시간에 한 대씩 있고 대략 75분이 걸려요. 좌석을 예약해 둘까요?"

이틀 전에 기분 좋게 10파운드를 더 얹어 주었을 때 내게 명함을 주었던 택시 운전사에게 전화를 걸었다. "히드로 공항인데 이쪽으로 와서 우리를 태워 갈 수 있어요? 정말 위급한 상황이라 그래요!" 이 모든 일이 명상이 만들어 낸 아름다운 꿈이었다면 택시 운전사는 이렇게 답했을 것이다. "당신 참 운도 좋아! 지금 막 그쪽으로 가고 있는 중이거든. 3분이면 도착해!"

하지만 꿈이 아니라 실제로 생긴 일이었으므로 택시 운전사는 이렇게 대꾸했다. "당신 미쳤어? 런던 시내에 갇혀 옴짝달싹 못하고 있는데, 뭐 히드로 공항까지 오라고? 누구 혈압 올라 죽는 꼴 보고 싶어? 차라리 나더러 죽으라고 하지그래!" 사실 택시 운전사는 이렇게 말하지 않았다. 다섯 마디짜리 욕이었는데, 아주 창의적인 욕이었다. 하지만 여기에 쓰고 싶지는 않다. 어차피 번역도 불가능하고, 가능하면(나 같은 사람이면 충분히 가능하다. 흠흠) 이 책에 욕을 적게 쓰고 싶다. 특히 '여유와 평온'이라는 제목을 붙인 이 장에서만큼은.

나는 아내를 가볍게 한번 안아 주고 이렇게 말했다. "잠잘 곳이 두 곳이야. 마이크네 아니면 처제의 집. 둘 다 벌써 이유식을 마련해 놓았고

구원 확률 높이기 프로젝트

버밍햄까지 가는 기차도 알아봤어. 그러니 첫 번째 비행기로 하자고. 이제 여기서 나갈 택시만 구하면 돼."

"무슨 일 있어? 당신 같지가 않아. 내가 아는 당신이라면 지금 공항을 뛰어다니며 욕을 하고 탓할 사람을 찾아다녀야 정상인데. 나한테는 물론이고 눈에 띄는 모두에게 화를 내며 신세를 한탄해야 한다고. 식식거리며 그렇게 두 시간을 돌아다녀도 우리는 여전히 공항에 남아 있을 테고 말이야. 차라리 나한테 화를 내 줘. 그래야 마음이 편할 것 같아." 아내가 말했다.

지금까지 31년을 정말 잘못 살았나 보다.

"나도 잘 모르겠어. 명상이 날 이렇게 만든 것 같아." 내가 대답했다.

공항 택시 승강장에 길게 늘어선 줄은 나의 맥박수와 비슷한 84미터였다. 한 시간 삼십 분을 기다렸다. 그동안 나는 아들과 적어도 서른 번은 줄 끝에서 앞까지 달리기 시합을 해야 했고 줄을 선 대부분의 사람들이 열광적인 응원을 보냈다. 하지만 내가 질 것이 확실했기에 앞뒤에 선 사람들과 내기를 하지는 않았다.

우리는 처제네에서 이틀을 보냈다. 피시앤드칩스를 먹었고 온갖 인도 음식을 먹었다. 내가 극도의 여유를 보이고 아내가 쇼핑하는 동안 아들을 봐 줘서, 아내는 비행기가 취소된 일을 지금도 긍정적으로 여긴다.

여유로운 이틀을 보낸 후에 우리는 기차역으로 갔고, 거기서 버밍햄 공항으로 갈 참이었다. 나는 난생처음으로 기차역에서 데자뷔를 경험했다. 이틀 전 공항에서와 똑같은 상황이 벌어졌다. 거의 모든 기차가 연착했고 대부분의 기차가 취소되었다. 어쩌다 기차 진입을 알리는 방송이 나오면 사람들은 욕을 퍼부으며 뛰었다. 대합실의 자리를 두고 여기저기서 싸움이 벌어졌다. 모스크바 기차역에서는 이런 일이 결코 없을 거라고 의견 일치를 보는 러시아 사람 두 명을 다시 보게 될 거라는 확신이 들었다. 그리고 독일 관광객들도 당연히 거기 서서, 마드리드 기차역이라면 적어도 타파스[주로 에피타이저로 나오는 스페인의 간단 요리]를 나눠 줬을 거라고 욕하리라 믿었다.

안내판을 보니 우리가 타야 할 기차 옆에 역시나 '취소'라고 떴다.

나는 재빨리 철도원에게 다음 기차에 대해 물었다. 그는 재미있는 콩트를 들은 것처럼 나를 보고 웃기만 했다. 그런 다음 아내와 아들을 보더니 세상에서 제일 웃긴 콩트를 들은 것처럼 웃었다.

"오늘은 아무것도 장담할 수 없어요. 기차가 운행될지 취소될지 아무도 몰라요."

아내는 모욕적인 농담이라도 들은 듯이 철도원을 노려보았다.

그는 계속 웃으면서 말했다. "아무래도 크리스마스를 런던에서 보내셔야겠어요."

아내는 당장이라도 그를 물어뜯을 기세였다.

"저 사람 어떻게 된 거 아냐? 우리가 아이까지 데리고 여기 기차역에 앉아 아무것도 모른 채 있는 게 재밌나 봐? 저 사람 지금 고소해하는 거 맞지? 도저히 못 참아!"

나는 아내를 진정시켰다. 그리고 아주 멋진 순간이라는 생각이 들었

구원 확률 높이기 프로젝트

다. 우리가 같이 살면서 99퍼센트는 아내가 나를 진정시켜야 했기 때문이다. 나는 철도원에게 가서 힘주어 말했다. "잘 들어요! 이런 난리 속에서 크리스마스를 보내느니 차라리 영국해협을 헤엄쳐 건너겠어요. 아무리 예의를 갖춰 표현해도, 당신의 일처리 능력은 완전 빵점이군요!"

아무튼 나는 더 괜찮은 사람이 되어 있었다. '거짓말 안 하기 프로젝트'에는 맞지 않았지만, 나는 그를 '거만한 망나니' 혹은 '바보 멍청이'라고 하지 않고 '빵점'이라고 했다. 그의 태도로 봤을 때 이것은 결코 과장이나 모욕이 아니었다.

이번만큼은 철도원도 웃지 않았다.

좀 돌아가더라도 어쨌든 버밍햄까지 가는 기차를 안내판에서 찾았다. 나는 철도원에게 표를 보여 주었다.

"이 표로는 안 됩니다. 다시 끊으셔야 해요. 저쪽에 매표소 보이죠?"

그가 가리키는 곳을 보니, 창구마다 적어도 서른 명은 서 있었다.

"시간 안에 표를 사기는 힘들 거예요. 그리고 제 생각에는 이 기차도 곧 취소될 겁니다."

그리고 정말로 안내판에 '취소'라고 떴다.

철도원이 싱긋 웃었다.

"내가 뭐랬어요!"

아내는 철도원을 향해 팔을 치켜들었다. 아들이 옆에서 그대로 따라 했다.

우리가 타고 갈 만한 다른 기차가 있었지만 역시 '취소'라는 글자가 떴다. 밑의 줄에서 또 다른 기차를 보았지만 역시 '취소'라고 떴다.

아내는 터벅터벅 걸어 다니고 있었고 아들은 엉성한 옷차림의 산타클로스를 발견하고 소리쳤다. "산타 할아버지!" 아들은 모금함에 돈을 넣어야 한다고 떼를 썼다. 나는 가지고 있던 동전을 몽땅 털어 넣고 아내와 아들을 빈자리로 데려갔다.

"여기서 기다리고 있어. 내가 알아보고 올게."

기차역에서 90분을 기다린 후에도 나는 여전히 평온했다. 30분마다 눈을 감고 짧게 명상을 했기 때문이다.

줄 서서 기다리는 동안 나는 사람들과 날씨나 역의 크리스마스 장식에 대해 얘기하는 대신 눈을 감고 모든 외부 자극을 털어 내려 애썼다.

"방법이 있을 것 같아요." 창구의 역무원이 말했다. "5분 후에 다시 와 보세요."

그녀를 와락 끌어안고 싶은 심정이었다.

나는 밖으로 나가 담배에 불을 붙였다. 거지가 담배를 청했다. 방금 불을 붙인 게 마지막 남은 한 개비여서 얼른 한 입 빨고 거지에게 건넸다. 나는 다시 몇 초간 눈을 감고 호흡에 집중했다. 그런 후 창구로 돌아왔다.

"몇 분 후에 기차 한 대가 들어올 거예요. 버밍햄으로 갈 기차가요. 이곳에 잠시 정차했다가 예정보다 약간 늦게 출발할 거래요. 그걸 타고 가시면 될 것 같아요. 표는 지금 가지고 계신 걸 쓰시면 됩니다."

"그 기차가 오는 건 확실한가요?"

구원 확률 높이기 프로젝트

"거의요. 예상치 못한 불상사만 없다면 약 15분 후에 버밍햄으로 출발할 거예요."

요 며칠 동안 예상치 못한 불상사들이 계속 있었던 터라 안심이 안 되었다.

"몇 퍼센트나 확실할까요?"

"95퍼센트쯤! 하지만 이것도 확실한 건 아니에요."

마음 같아선 역무원을 안아 주고 싶었지만 겨우 참고 그냥 즐거운 크리스마스를 빌어 주었다.

나는 아내에게 돌아왔다. 아내는 안내판 밑에 정신 나간 사람처럼 멍하니 앉아 있었다.

"15분 후에 출발할 거야. 그렇게 하자."

아내가 나를 빤히 보았다.

"그렇게 하자고? 해결된 거야? 그러니까, 당신이, 해결을, 했다고?"

아내의 반응에 기분이 살짝 상했지만, 평온한 상태를 유지하는 중이므로 어떤 자극에도 예민하게 반응해선 안 된다는 걸 상기했다.

나는 가방과 아들을 챙겨 승강장으로 갔고 정말로 버밍햄으로 갔다. 두 시간 늦게. 그러나 버밍햄 공항에는 늦지 않게 도착했다. 비행기가 75분 늦게 뮌헨 공항에 도착하여 우리의 주차표가 기계에게 거부당한 것은 정말이지 아무 문제도 아니었다. 우리는 이 긴 여행을 무사히 마쳤다. 게다가 여행 내내 아내와 나는 한 번도 싸우지 않았고 아들은 늘 그렇듯 기분이 좋았다.

나는 프로젝트 내내 불교에 관심이 많았다. 그래서 불교 관련 책들도 많이 읽었고 불교 신자와 스님들을 만나 얘기도 나누었다. 그러나 마지막에 깨달은 것은 불교를 온전히 이해하기 힘들겠다는 것이었다. 기독교의 개별 종파를 구별하기 어렵듯, 불교의 여러 종파도 도저히 구별할 수가 없었다.

한 가지 배운 점이 있다면, 많은 사람들의 기대와 달리 불교는 결코 평온과 평화의 종교가 아니라는 점이었다. 마이클 제리슨Michael Jerryson과 마크 위르겐스마이어Mark Juergensmeyer의 《불자 전쟁Buddhist Warfare》을 보면 불교의 어두운 면도 알게 된다. 이 책에 소개된 여덟 편의 짧은 이야기 덕분에 나는 불교가 인간적이고 이해할 만한 종교라는 사실을 알게 되었다. 이 책을 읽기 전까지 불교는 종교라고 하기엔 너무 멋졌다. 비현실적으로 완벽했다. 그러나 이제 불교는 내게 그저 멋진 종교일 뿐이다.

이미 말했듯이, 나는 한동안 실패를 거듭하며 여러 형식의 명상을 시도했다. 처음엔 명상이 지루했다. 그다음엔 마음을 가라앉히는 데 성공했고 얼마 후에는 전에 인식하지 못했던 것들을 명상하는 동안 인식하기 시작했다. 고백건대, 이때 내가 인식한 것들은 대개가 아주 세속적인 것들이었다. 깊이 있는 통찰은 결코 아니었다.

스리랑카 칸디 신성도시에 있는 절을 방문한 적이 있다. 부처님의 송곳니를 보관하는 절이었는데, 그곳은 내게 세계 곳곳에 있는 여느 멋진 장소처럼 그냥 멋진 장소일 뿐 영적인 기운을 주는 곳은 아니었다. 솔직

구원 확률 높이기 프로젝트

히 말하면, 부처님의 거룩한 송곳니 사원을 방문한 것보다 뮌헨 공항의 '기도와 명상의 방'에 갔던 일이 훨씬 영적인 경험이었다.

런던 여행은 수많은 기다림의 연속이었다. 덕분에 나는 진정한 평온을 경험했고 짧은 순간이나마 모든 것을 명확하게 볼 수 있었다. 런던 공항에서 내가 신의 현현을 경험했다고 주장하려는 게 아니다. 하지만 그것은 분명 깨달음의 순간이었다. 화를 내거나 흥분하는 것이 아무 의미가 없음을 명확히 깨달았다. 주변에서 3000 여 명이 이미 화를 내고 흥분했지만 아무것도 해결되지 않았다. 그것만 봐도 알 수 있었다. 나의 깨달음은 획기적인 현대 철학도 아니고 세상을 바꾸지도 않을 테지만, 적어도 나의 삶에서는 중요한 발전이었다.

물론 다른 사람들이 세계 곳곳에서 매일 견뎌야 하는 문제들에 비하면 비행기 연착 같은 문제는 아주 사소한 일이란 걸 나도 잘 안다. 하지만 나의 삶은 지금까지 그럭저럭 무탈하게 흘러왔기에 비행기 운행 취소나 짐 찾는 곳에서 오래 기다려야 하는 일은 내게 꽤나 안 좋은 경험에 속한다. 런던 공항에서의 이 안 좋은 경험 덕분에 나는 일이 안 풀릴 때 나의 에너지를 어디에 써야 하는지 알게 되었다.

런던 여행에서 얻은 최고의 결과물은, 내가 가족을 안심시키고 혼돈에서 안전하게 빠져나와 무사히 크리스마스를 보낼 수 있게 하는 데 나의 에너지를 온전히 썼다는 사실이다. 크리스마스를 어디서 보내느냐는 중요하지 않았다. 함께라면 뮌헨이든, 나의 고향이든, 혹은 런던이든, 상관없었다. 설령 크리스마스를 제대로 축하하지 못했더라도 상관없었을 것이다. 아무튼 이날 우리 가족은 실로 오랜만에 아주 평화로웠다.

우리 가족이 싸우거나 심지어 절망해야 할 만큼 심각한 일은 없다. 삶이 언젠가는 끝날 거라는 사실조차 그리 심각한 일이 아니다. 불교의 매력이 바로 여기에 있다고 나는 생각한다.

살기 위해서는 뭔가가 필요하지만 죽기 위해서는 필요한 것이 없다. 숨을 내쉰 다음, 들이쉬지 않으면 그만이다. 죽음의 순간을 어떻게 맞을 것인가라는 나의 물음에 불교는 가장 멋진 답을 준다. '지금까지가 나의 삶이었다. 이제 그것이 곧 끝날 것이다. 나의 삶이 끝난다.' 인생을 긴 좌표로 볼 때, 모든 사람의 생존 기회는 점차 0으로 줄어든다. 우리 모두 언젠가는 죽을 것이고 죽음을 피할 수 없다는 것도 잘 안다. 그런데도 우리는 《파이트 클럽》에서 보듯이, 적어도 인생의 3분의 2 동안은 마치 영원히 살 것처럼 산다.

나도 청년 시절에 그렇게 살았다. 당연히 그때도 내가 언젠가는 죽을 거라는 걸 알았다. 다만 '언젠가'라는 때가 아주 멀리 있었다. 언젠가는 죽게 된다는 것을 순전히 머리로 이해하느냐, 아니면 당장 내일이든 먼 훗날이든 어쨌든 피할 수 없는 운명에 직면할 것임을 정말로 인식하느냐의 차이가 바로 여기에 있다. 청년 시절에 나는 당장 내일이라도 삶이 끝날 수 있다고 여기지 않았다. 나는 술에 취해 운전을 했다. 또래들과 마찬가지로 술을 맘껏 마셨다. 정신 나간 담력 테스트에 가담했다. 내가 여태 살아 있고 나쁜 병에 걸리지 않은 것은 내가 정말로 불로불사의 인간이거나 지금까지 운이 억세게 좋았기 때문이다.

구원 확률 높이기 프로젝트

끝이 점점 다가올수록 우리는 차츰 삶이 유한하다는 걸 통찰하기 시작한다. 그리고 많은 사람들이 사후세계에 대해 숙고하기 시작한다. 죽은 다음에는 무슨 일이 생길까? 현재 상황으로 볼 때, '우리는 어디서 왔는가?'라는 물음에 종교는 자연과학보다 나은 답을 주지 못했다. 그러나 '우리는 어디로 가게 될까?'라는 물음에서는 종교가 자연과학보다 좋은 패를 들고 있는 것 같다.

이것이 종교가 가진 가장 중요하고 멋진 요소다. 종교는 죽음이 끝이 아니라 단지 중간역이거나 새로운 시작이라며 사람들에게 희망을 준다. 새로운 시작은 언제나 멋지다. 죽음 후에 어떤 일이 벌어질지에 대한 상상 중에는 비교적 명확하게 두려움을 주는 상상이 있는가 하면, 결정하지 않은 채 열어 두거나 해석의 여지를 남기는 상상도 있다. 그러나 모든 종교가 공통적으로 명확히 하기를, 이번 삶이 끝난다고 해서 모든 것이 완전히 끝나는 건 아니라는 점이다. 그렇기 때문에 죽음은 끔찍한 상황이 아니라 기대에 찬, 흥미진진한 순간일 수 있다. 죽음 후에 어떤 일이 벌어질지 정말로 모르기 때문이다. 이런 희망이야말로 종교가 도덕가치 외에 줄 수 있는 가장 멋진 것이 아닐까 싶다.

죽음에 대한 불교의 관점을 잘 보여 주는 멋진 글귀를 어딘가에서 읽은 적이 있다. 모든 전통이 죽음에 대한 나름의 상상을 발전시켰으므로, 당연히 불교에도 죽음에 대한 다양한 관점이 존재한다.

아무튼 내 맘에 쏙 들었던 글귀는 이렇다.

"죽기 전에는 죽지 않는다."

당연한 말처럼 들릴 수도 있지만, 문장의 깊이가 그 안에 정확히 담겨 있다.

인간은 죽음의 순간이 왔을 때 비로소 죽는다는 사실을 깨닫고 삶을 숙고하며 사는 동안 하지 못했던 일들을 떠올리며 아쉬워한 다. 바로 이런 아쉬움이 없도록 살라는 것이 불교의 가르침이다. 불교는 이것을 거대한 대양에 사는 눈먼 거북의 비유로 설명한다. 물 위 에 금 목걸이가 떠다닌다. 목걸이는 바람과 해류에 이리저리 밀린다. 눈 먼 거북은 대양 깊은 곳에 머물다가 백 년에 한 번씩 위로 올라와 목을 잠깐 물 밖으로 내민다. 이때 거북의 머리가 물 위에 떠다니던 목걸이 안으로 들어갈 확률은 대단히 낮다. 삶에서 얻는 기회 역시 대단히 드물 기에 지금 주어진 기회를 반드시 이용해야 한다고 불교는 말한다. 최상 의 상황을 다시 맞을 기회는 눈먼 거북이 목걸이를 목에 걸 확률보다 훨 씬 낮을 수 있다.

불교학자 스티븐 레빈Stephen Levine은 죽음을 깊이 연구했고, 죽음을 상상하는 명상법을 개발했다. 조용히 편안한 자세로 앉아 호흡에 집중 한다. 그런 다음 의사에게 전화를 받는 상상을 한다. 의사가 전하기를, 당신 몸에서 악성 종양이 발견되었고 예측건대 1년 정도 남았다고 한 다. 이제 당신의 감정을 관찰한다. 분노, 공포, 슬픔, 안타까움.

그런 다음에 살면서 저질렀던 실수들과 가장 용서를 구하고 싶은 잘 못을 떠올린다. 그리고 가장 가 보고 싶은 장소와 만나고 싶은 사람을

구원 확률 높이기 프로젝트

생각한다. 죽기 전에 꼭 끝내고 싶은 일들을 생각한다. 아무도 모르게 혼자 죽고 그것으로 모든 것이 끝나는 끔찍한 상상도 해 본다.

그다음엔 자신을 온전히 느끼기 위해 이 순간 가장 중요한 것이 무엇인지에 집중한다. 여한이 없으려면 무슨 일부터 해야 할까? 정말로 1년밖에 살지 못한다면 당장 바꾸고 싶은 건 무엇이고, 반드시 해야 할 일은 무엇인가? 당장 그것을 시작하지 못하는 까닭은 무엇인가?

그다음에는 10분 정도 자신의 생각을 확인하고 숙고한다.

나는 이런 명상을 여러 번 반복했다. 고백건대, 나는 첫 번째 시도 때 몹시 충격을 받았다. 다 마치고 죽으려면 적어도 10년은 필요할 듯한 일들이 한꺼번에 떠올랐기 때문이다. 대부분이 당장 다음 해에 실행하기가 불가능한 것들이었다. 예를 들면 사춘기를 맞은 아들이 첫 데이트를 나가는 모습이나 성인이 되어 독립해 나가는 모습을 보고 싶었고, 혹은 퇴직 후 아내와 함께 크리스마스트리를 장식하며 아들이 오기를 기다려 보고 싶었다.

몇 번의 반복 후에 나는 이루지 못할 소망을 아쉬워할 게 아니라 이룰 수 있는 소망을 실행하는 것이 중요함을 깨달았다. 삶은 언제든 끝날 수 있기에 당장 내일도 벌써 너무 늦을 수 있다. 너무 늦을 때까지 기다리지 않는 것이 중요하다. 아시아에서 쓰는 인사말 중에 아주 멋진 말이 있다. "내일이든, 다음 생에든 먼저 오는 날에 봅시다."

이런 깨달음으로 노벨상을 받지는 못할 것이다. 아주 일반적인 인식인데다 전에도 이미 알고 있던 것이기 때문이다. 그러나 명상을 반복할 수록 삶의 유한성은 점차 뚜렷해졌고 런던 공항에서 보낸 그날 오후에 완전히 명확해졌다.

내가 할 수 있는 일이 있고, 그것을 해야 한다.

내가 언젠가는 죽을 수밖에 없음을 나는 안다. 언제일지는 모른다. 그래서 많은 것을 이루지 못하고 죽을 수도 있다는 것도 안다. 서른다섯에 죽는다면, 서른다섯의 조건에서 내가 할 수 있는 모든 일을 마쳤기를 바랄 뿐이다. 쉰에 죽는다면, 쉰의 조건에서 내가 할 수 있는 모든 일을 마쳤기를 바랄 뿐이다. 건강하지 못한 생활습관을 가졌음에도 청년처럼 110년을 산다면, 그동안 할 수 있는 모든 일을 다 하기를 바란다.

죽는 순간에, 미처 마치지 못한 일 때문에 아쉬워하지 않고 앞으로 무슨 일이 벌어질지 기대에 차서 기다릴 수 있기를 바란다.

16장

아주 사사로운
종교 포스터 제작 도전기

제프 던햄Jeff Dunham의 기가 막힌 복화술 개그 중에 터번을 쓴 해골인형이 등장하는 게 있다. 해골인형은 죽은 테러리스트 아흐메드로, 던햄의 무릎에 앉아 자살폭탄 테러리스트의 모집과 교육 과정과 일상생활에 대해서 얘기한다. 그러다 문득 자신이 죽어서 천국에 와 있다는 걸 깨닫는다. "드디어 약속받은 처녀 일흔두 명을 얻겠군!" 아흐메드는 관중을 가리키며 말한다. "설마 너희들이 내 처녀들이야? 제발 아니라고 말해 줘!"

"왜? 여기 모인 처녀들이 맘에 안 들어?"

"끔찍하게 못생긴 처녀들뿐이잖아."

"약속받은 처녀들이 모두 여자일 거라고 누가 그래?"

아흐메드는 깜짝 놀라며 깨닫는다. "여기가 정말 천국이라면 내가 제대로 농락당했군!"

몇 세기가 지나도 '파스칼의 내기'가 인기를 유지하는 비결은, 신을 믿기로 결심할 경우에 이길 확률 덕분이다. 파스칼은 이렇게 설명했다. "신을 믿는 쪽에 걸었을 때의 확률을 계산해 보자. 당신이 이기면 다 따는 거고, 지면 잃는 것 없이 본전이다. 그러니 망설이지 말고 신을 믿는 쪽에 걸어라."

구원 확률 높이기 프로젝트

종교를 연구하다 보면 곧 알게 되는데, 종교마다 사후세계에 대한 상상이 완전히 다르다. 길이 다를 뿐 아니라 목적지 또한 다르다. 나처럼 최대한 신중하게 칩을 걸려는 사람은 속으로 생각할 것이다. '신을 믿는 쪽에 걸면 내가 얻는 건 뭐고, 치러야 할 대가는 뭘까?' 그리고 정말 결정적인 의문이 생긴다. '한 종교가 보기에 옳지만 다른 종교가 보기에는 그른 일을 한다면, 과연 나는 무엇을 얻고 무엇을 잃을까? 현세에서든 내세에서든.'

우리는 여러 종교가 각자의 답을 판매대에 진열해 놓고 고객을 끌어모으려 애쓰는 영성 시장에 서 있다. 영원한 행복을 약속하는 종교가 있는가 하면, 환생의 순환에서 해방시켜 준다는 종교도 있고, 우주의 질서와 통합을 약속하는 종교도 있다. 사후세계에 대한 상상과 은유도 다양하다. 수세기 동안 수많은 예술가들이 저마다의 상상으로 사후세계의 영원함을 선명하게 그리려 애썼다.

내가 자신 있게 말하는데, 두려움이나 악몽과 관련된 사후세계는 확실히 선명하게 그려졌다. 영성 시장에 나온 대부분의 종교는 영원한 행복만 선전하지 않는다. 그들의 종교를 거부하고 계율을 지키지 않았을 때 얻게 될 끔찍한 결과를 경고하며 협박한다. 그것은 방송출연으로 일약 스타가 된 함부르크 어시장의 생선 장수, 알레 디터가 판매대에서 쇼를 하며 이렇게 외치는 장면을 연상시킨다. "우리 가게에서 생선을 사지 않으면 내일 생선독이 오를 거요!"

나는 몇 년째 종교를 연구하며 내 삶을 개선하려 애쓰고 있다. 적어도 내 생각에는 나름대로 보람 있었다. 있는지조차 몰랐던 사실들을 알게 되었다. 나는 이제 확률 계산이 아니라 확신을 가지고 범신앙론자가 될 수 있을 것 같다. 그럼에도 불구하고 나는 범신앙론자로서 어떤 상을 받게 될지 정말 궁금하다.

앞에서 이미 언급했듯이, 몇몇 종교들은 폭력적인 이미지 때문에 영성 시장에서 힘들게 싸워야 한다. 반면 어떤 종교들은 사람들이 올 때까지 느긋하게 기다리기만 해도 된다. 쿨한 기업과 고리타분한 기업이 있듯이, 서구 사회에는 현재 쿨한 종교와 고리타분한 종교가 있다. 이를테면 럭키 스트라이크 같은 담배 회사는 매력적인 사진과 재미있는 카피로 창의적인 광고 포스터를 걸어야 하지만, 애플은 스티브 잡스만 연단에 잠깐 서면 사람들이 열광한다. 사이언톨로지와 '여호와의 증인' 신자들은 구석진 길에 쓸쓸히 서 있거나 환영받지 못하는 가정방문을 해야하지만, 불교는 카리스마 넘치는 달라이 라마가 강연만 하면 사람들이 감동에 젖는다.

나는 가끔 이런 생각을 한다. 어째서 종교들은 광고를 하지 않을까? 광고 포스터를 걸 수도 있고 월드컵 결승전 중계 때 광고 방송을 해도 될 텐데 말이다. 미국의 고속도로를 달리다 보면 종교색이 짙은 광고 방송이나 거대한 포스터를 보게 된다. 예를 들어 사고 다발 지역에는 예수가 다음 출구에서 기다리고 있을지 모른다는 메시지의 포스터가 걸려 있다. 그러나 독일에서 종교색의 창의적인 광고를 보기는 힘들다. 사

구원 확률 높이기 프로젝트

람들을 끌어모으기 위해 정말로 종교가 광고를 한다면 광고 카피는 되도록 간결하고 깔끔해야 할 것이다.

'내가' 이 과제를 맡는다면 어떨까 하는 생각이 문득 들었다. 그래서 나는 뉴욕에 있는 한 광고 기획사의 크리에이티브 디렉터를 만났다. 그는 자기 이름이 종교 서적에 나오는 걸 꺼려했다. 책이나 종교 때문이 아니라 광고 회사 고객들이 다양한 종교와 종파를 믿기 때문이었다. 고객 중에는 매우 재밌어하는 사람도 있겠지만, 오해하고 기분 나빠할 사람도 있을 터였다. 그는 주로 자동차, 스포츠용품, 담배 등의 광고를 기획했고, 지금까지 종교와는 거리를 두었다. 나는 뮌헨의 우리 집 거실보다 넓은 그의 사무실에 들어섰을 때, 그가 지금까지 아주 잘해 왔다고 인정할 수밖에 없었다.

그가 이름을 밝히길 꺼려했으므로 여기서는 편하게 '그렉'이라는 가명을 쓰겠다. 시간이 지나면서 가명을 여러 번 바꿔 봤는데, 마땅히 좋은 이름이 떠오르지 않았다. 어쩌면 그렉이 진짜 그의 이름일지도 모른다.

나의 프로젝트를 재밌어했던 한 대학 동창이 나에게 그렉을 소개해 주었다. 여러 종교에 대한 슬로건이나 포스터를 만들고 싶은데 도와줄 수 있겠느냐고 묻자, 그렉은 곧바로 관심을 보였다. "글쎄요, 제가 도움이 될지 모르겠네요." 그는 겸손하게 말했다. 어차피 그가 만든 광고들은 황금시간대에 나가고 있으니 이 정도 교태쯤은 부려도 괜찮으리라.

그렉은 크리에이티브 디렉터라기에는 너무 젊어 보였다. 그리고 불가사의한 어떤 이유로 엉뚱한 시대에 잘못 태어난 사람처럼 보였다. 그의 머리 모양과 패션과 태도는 1950년대와 어울렸고, 그의 창의적 두뇌는 3000년대와 어울렸다.

나는 그렉과 함께 광고 카피를 만들기로 했다. 기업들이 고객을 유혹하기 위해 쓰는 강렬한 문장이나 선언처럼, 종교별로 신자를 낚으러 갈 때 챙겨 갈 만한 슬로건을 찾아보려 했다. '불가능은 없다' '반석 위에 지으십시오' '모든 것의 시작은 믿음입니다.' 기업들의 슬로건을 조사하다 보니 많은 기업들이 고객을 감동시키기 위해 광고에 종교적 요소를 이용한다는 걸 알 수 있었다. 위에 소개한 세 슬로건에서 사람들은 자동차 회사, 건설 회사, 은행을 먼저 떠올릴 것이다. 그러나 첫 번째 문장은 〈루카복음〉에 나오고, 두 번째 문장은 〈마태오복음〉에, 세 번째 문장은 〈요한복음〉에 나온다. 기업들이 이러한데 하물며 종교가 《성경》 구절로 광고를 못 할 까닭이 없지 않은가!

각 종교별로 슬로건을 정한 뒤에는 그래픽 디자이너이자 미디어 디자이너인 내 아내에게 슬로건에 맞는 포스터를 만들어 달라고 부탁할 작정이었다(아내가 만든 포스터는 뒤에 넣어 두었다). 그렇게 종교별로 광고 포스터를 만들기로 했다. 다는 아니더라도 내가 집중적으로 연구했고 적당한 슬로건이 떠오르는 종교만이라도.

"광고에는 몇 가지 규칙이 있어요. 결정적인 감성적 메시지가 담긴 짧은 문구가 가장 좋은 광고 카피죠. 주저리주저리 늘어놓는 설명이나 장광설은 안 됩니다. 그럴 공간도 시간도 없어요." 그렉이 충고했다. "부정적인 표현은 되도록 배제해야 합니다. 제안대로 따르지 '않으면' 이 상품

구원 확률 높이기 프로젝트

을 얻지 '못한다'는 메시지를 강조하고자 할 때는 제외하고요. 부정적이거나 자기기만적인 광고는 강조 효과를 기대할 수는 있지만, 언제나 위험이 따릅니다. 역효과로 오히려 종교를 멀리할 위험이 있죠." 그렉이 덧붙였다.

그래서 담배 광고에는 기침하는 사람이 나오면 절대 안 된다고 한다. 설령 사람들이 그 장면에 공감하고 솔직한 광고라는 인상을 받을 수 있다 하더라도 말이다. "전체적으로 흥미를 끄는 광고라고 해도, 부정적인 연상이 너무 강해 결국 광고를 망치게 될 겁니다."

그렇다면 종교는 무엇으로 세상을 유혹할 수 있을까?

판매심리학에서 말하는 '차별화 요소'가 필요하다. USP Unique Selling Proposition라는 개념은 미국 광고계의 선구자로 통하는 로서 리브스 Rosser Reeves에 의해 1940년에 처음으로 도입되었고, 12년 후에는 아이젠하워가 대통령이 되는 데 큰 도움을 주었다. 아이젠하워는 USP 이론에 따라 치약이나 비누를 팔듯 자신을 시장에 내놓았다. 구매자가 다른 상품이 아닌 바로 그 상품을 사도록 만드는 것, 그것이 바로 차별화 요소다. 특정 종교를 돋보이게 하려면 타 종교에는 없거나 타 종교에서 미비한 것을 신자들에게 제공할 수 있어야 한다.

한마디로, 타 종교보다 눈에 띄어야 한다. 타 종교가 내세울 수 없는 특징을 강조해야 한다.

"결코 쉽진 않을 거예요." 두 시간 정도 종교에 대해 얘기를 나누었을 때 그렉이 심각하게 말했다. "종교는 여느 상품들과 달리 출시나 성장

단계에 있지 않아요. 이미 출시된 지 오래라 사람들이 웬만한 기본 내용을 다 알고 있단 말입니다."

게다가 같은 종교 안에도 무수히 많은 종파와 분파가 존재하므로 종교 광고는 쉽지 않았다. 광고 문구나 낱말에 담긴 메시지가 각 분파와 종파까지 아울러야 했다.

"불가능해요." 그렉이 말했다. 그러고는 바로 덧붙였다. "불가능한 건 그 효과가 한 시간을 더 가죠."

종교는 단순한 상품과는 다르다. 알다시피 인간은 부모와 주변 사람들에 의해 특정 신앙인으로 키워진다. 무신론자의 경우도 마찬가지로 자신의 아이들에게 신은 존재하지 않고 종교를 갖는 건 쓸데없는 짓이라고 가르친다.

"미국 정치와 비슷해요." 그렉이 설명했다. "공화당을 지지하는 부모는 자식을 공화당 지지자로 키우고, 민주당을 지지하는 부모는 민주당 지지자로 키우죠. 그리고 유동적인 부모는 유동적인 아이들로 키우고요." 담배도 마찬가지였다. "담배를 피울 사람은 언젠가는 피우게 되어 있고, 끊을 사람은 끊게 되어 있어요. 중요한 것은 말보로 애연가를 럭키 스트라이크 애연가로 만드는 기술이죠."

그렉은 세 가지 전략을 설명했다. "첫째, 기존 고객을 유지해야 해요. 둘째, 경쟁자의 주장을 약화시켜서 그들의 단골 고객을 우리 쪽으로 끌어와야 합니다. 셋째, 유동적인 고객을 우리 쪽으로 끌어와야 하죠."

"종교의 경우, 유동적인 고객이 아주 많지요." 내가 맞장구를 쳤다.

"나도 그렇게 생각해요. 기존 신자들을 화나게 하지 않으면서 그들을 끌어와야 해요. 기존 신자들이 화가 나면 곧 재앙으로 이어지니까요."

나는 조금 놀라서 물었다. "그게 무슨 뜻이죠?"

"대략 이런 거죠. 가톨릭교회를 광고할 때 아프리카로 콘돔을 보내겠다는 슬로건을 썼다고 칩시다. 이것은 유동적인 고객에게는 확실히 설득력이 있겠지만, 실제로 얼마나 많은 사람들이 이런 개방성에 매료되어 가톨릭교회로 올까요? 반면 얼마나 많은 기존 신자들이 신앙의 중요한 가치가 변한 데 상처를 입고 혼란스러워하며 교회를 떠날까요?"

얘기를 나누다 보니 벌써 밤 열 시가 되었다. 그렉은 한 시간 전에 고객과 약속이 있었는데 결국 그 약속을 취소했다. 그렉은 확실히 돈을 벌기 위해서가 아니라 정말로 재밌어서 종교 슬로건을 짜고 있는 것 같았다. 그러나 여전히 자기 이름이 책에 실리는 건 꺼려했다.

"종교를 시장에 상품으로 내놓으려면, 우선 종교를 오래전부터 있었고 앞으로도 계속 있을 상품으로 봐야 합니다. 새로운 개념으로 다가가기보다 사람들에게 익숙한 개념으로 관심을 끌어야 해요. 처음에는 단순하고 평범해 보이겠지만, 바로 거기에 재발견의 가치가 있죠. 사람들은 광고를 접하고 '물론이죠, 전부터 알고 있었어요!'라는 반응을 보일 거예요. 하지만 광고를 통해 그들은 이미 알고 있던 것을 다시 마음에 새기고 성찰하게 되는 거죠."

종교의 차별화 요소를 찾기 위해 나는 조로아스터교를 제안했다. 사후세계에 대해 연구한 최초의 종교였기 때문이다. 다시 말해 조로아스터교 이후로 사람들이 사후세계에 관심을 두었기 때문이다. 조로아스터교에는 천국이 있다. 규율대로 잘 산 사람들이 죽어서 행복하게 살게 될 왕국이다. 그리고 연옥이 있다. 천국에 갈 만큼은 아니지만 그들의 죽음을 많은 사람들이 슬퍼할 만큼 잘 산 영혼이 머무르는 곳이다. 마지막으로 지옥이 있다. 죄를 너무 많이 지은 영혼이 가야 하는 곳이다. 그런데 조로아스터교는 살인, 거짓말, 도둑질뿐 아니라 서서 소변 보기, 한쪽 신발만 신고 걷기도 죄로 여긴다.

"진정한 차별화 요소는 아니지만, 아무튼 천국·지옥·연옥의 저작권은 확실히 조로아스터교가 가져야겠네요." 그렉이 말했다. "저작권이 있다면요!"

우리는 다른 종교에 대해서도 토론했고 사후세계에 대한 인간의 상상이 대단히 다양하다는 사실을 확인했다. "정말이지 시장과 다름없네요." 그렉이 말했다. "누구라도 자기 맘에 드는 걸 고를 수 있겠어요."

유교를 보니 공자는 확실히 내세에 관심이 덜했다. 그렉은 오히려 이런 무심함에 매력을 느꼈는데, 유교는 죽음이 끝이 아니라고 사람들을 안심시키는 동시에 규율을 어겼을 때 받게 될 끔찍한 벌로 위협하지 않기 때문이다.

"유교에는 '걱정 말아요!'가 어울리겠어요." 그렉이 제안했다.

나는 반대했다. "너무 단순하지 않아요?"

"낱말 하나로 표현하는 건 어때요? 꽤 세련된 방법 같은데!" 그렉이 다시 제안했다.

"각 종교의 사후세계를 소개하고 구원받는 방법을 표현해야 하는데 낱말 하나만 쓰자고요? 불가능하고 말도 안 돼요!"

그렉이 웃었다. "불가능하고 말도 안 되는 건 그 효과가 두 시간을 더 가죠!"

우리는 종교별로 낱말 하나씩만 찾아서 아주 간단하게 포스터에 넣기로 합의했다.

그렉은 대기업의 광고라도 만드는 듯, 갑자기 의욕적으로 일을 시작했고, 그런 그를 보며 나는 감탄했다.

"포스터는 화려하지 않아야 해요. 불필요한 정보가 들어가서도 안 됩니다! 필수적인 것만 넣어야 해요. 포스터를 봤을 때 낱말 하나와 간단한 그림이 부각되게요. 종교의 로고를 넣어도 괜찮을 거예요! 아내분이 포스터를 디자인할 때 꼭 이 얘기를 전해 주세요."

"유교에는 어떤 낱말을 쓰고 싶은데요?"

"그건 나중에 생각합시다. 우선 떠오르는 대로 다 적은 다음, 그중에 하나를 고릅시다."

그래서 우리는 일종의 3초 테스트를 했다. 그렉은 3초를 매번 5분으로 늘렸다. 떠오르는 대로 적되, 부정적인 낱말과 무미건조한 낱말들은 제외했다.

3초 테스트를 한 시간쯤 하고 나니 대략 400개의 단어가 적혔다.

그렉은 방을 서성거렸다. 창밖을 보았다. 이따금 손뼉을 쳤다. 소파에 풀썩 앉았다 바로 퉁기듯 일어났다.

"멍청하게, 왜 그 생각을 미처 못 했지!" 그가 손바닥으로 이마를 치며 외쳤다.

나는 놀라서 그를 보았다. 나는 적어도 몇 시간 동안은 내게도 창의적인 면이 있다는 느낌을 받았고, 대학 졸업 후 원래 계획대로 광고 기획사에 입사했더라면 크게 성공했을지도 모른다고 생각하던 참이었기 때문이다. 그렉은 나와 생각이 달랐다.

"멍청하게도 우리는 전체를 보지 못하고 개별 종교에만 집중했어요."

그 순간 나는 광고 기획사에 지원하지 않고 기자가 되길 정말 잘했다고 생각했다.

"왜요? 우리가 뭘 잘못했나요?" 내가 물었다.

그렉은 벽에 붙여 놓은 쪽지들을 거칠게 가리켰다.

"모든 낱말이 서로 관련이 있어요!"

나는 정말 애를 썼다. 하지만 아무리 애를 써도 관련성을 찾을 수 없었다.

"서로 바꿔 쓸 수 있다는 말이에요? 그러니까 모든 낱말이 모든 종교에 맞을 수 있다는?"

그렉은 머리에 두 손을 얹었다.

"아니, 아니에요! 종교는 저마다 독특하고, 오직 한 종교에만 맞는 낱말도 있어요. 하지만 전체적인 패턴이 보여요!"

내 눈에는 패턴이 보이지 않았다.

"한 종교에 적합한 낱말을 하나씩 고르되, 개별 포스터가 모여 커다란 또 하나의 포스터를 만들어 내도록 하자는 거예요!"

마침내 내 눈에도 패턴이 보였다.

"맞아요! 멋진 패턴이 있네요."

그렉은 대기업 광고라도 따낸 듯이 환하게 웃었다.

"각 종교를 대표하는 포스터지만, 통합해서 보면 모든 종교가 한 목소리로 외치는 선언이 되는 거죠. 불가능하고 말도 안 되는 일이지만 바로 그렇기 때문에 통할 수 있어요."

나는 대학을 졸업하고 광고 기획사에 입사하여 크리에이티브 디렉터가 된 것처럼 환하게 웃었다.

"각 포스터에는 낱말 하나에 그림 하나, 종교의 이름이 들어가고 포스터 전체를 나란히 혹은 위아래로 붙여 놓으면 그것이 또 하나의 큰 광고가 된다, 이거죠?"

그렉이 고개를 끄덕였다.

그는 수납장에서 스카치 한 병을 꺼내 왔다. "한잔 안 할 수가 없죠."

우리는 가볍게 건배를 하고 한입에 털어 넣었다. 그리고 곧장 낱말을 고르기 시작했다. 그때부터는 모든 것이 일사천리로 진행되었다. 예를 들어 유대교 쪽지에는 슬로건으로 쓸 만한 문장 서너 개와 낱말 53개가 적혀 있었다. 모든 낱말이 다 유대교와 어울렸다. 그래서 우리는 다시 하나씩 짚어 보았다. 유대교에는 명확한 사후세계는 없지만 죽음 후에 벌어질 일에 대한 랍비들의 다양한 해석이 있다. 또한 유대교에는 메시아를 향한 희망이 있다. 그들은 모든 고난과 고통에서 인간을 구원하고 해방할 메시아를 기다린다. 유대교는 현세와 내세에 있을 '정의正義'를 믿는다. 그렉과 나는 유대교 신앙의 핵심으로 '정의'를 선택했다.

그렉은 우리의 선택이 대단히 흡족했는지, 결정이 나자마자 바로 '정의'만 남기고 나머지 낱말을 모두 지워 버렸다. '정의'는 다른 종교에도 적혀 있었지만 유대교만큼 잘 맞는 종교는 없다는 데 우리는 합의했다.

물론 낱말 하나가 복합적인 종교를 온전히 대표하긴 어렵다는 걸 잘 알았지만, 중요한 것은 대표성이 아니라 사람들이 포스터를 보았을 때 '유대교'와 '정의'를 기억하는 것이며, 그 기억을 토대로 유대교의 다른 특징들을 떠올리는 것이다.

나머지 종교들도 같은 방법으로 진행했다. 종교에 맞는 낱말을 찾기 위해 나는 수첩을 뒤졌고 녹음해 두었던 인터뷰들을 다시 들었다. 대개의 경우 한 사람이 낱말을 고르면 다른 한 사람이 감탄하며 고개를 끄덕였다. 모두 마치는 데 20분도 채 안 걸렸다.

"정말 멋진 작업이었어요!" 사무실을 나오며 그렉이 말했다. 벌써 새벽 네 시였다. 뉴욕의 햄버거를 먹기에는 너무 늦고 팬케이크를 먹기에는 너무 이른 시간이었다. "완성된 포스터를 볼 생각에 벌써부터 가슴이 설렙니다."

나는 도움에 감사를 표하고, 책에 이름을 내도 좋을지 다시 한 번 조심스럽게 물었다.

그는 고개를 저었다. "그건 정말로 불가능합니다!"

"불가능한 건 그 효과가 한 시간을 더 가죠." 내가 맞받아쳤다.

"1000쇄를 찍으면 그때 제 이름을 내세요." 그는 기분 좋게 웃었다.

뮌헨으로 돌아오자마자 나는 우리의 결과물을 아내에게 보여 주었다. 아내는 나의 서툰 스케치를 물끄러미 바라보았다. 아내는 아마 속으로 이렇게 생각했을 것이다. 'A4 한 장이 밤을 꼬박 샌 결과물이라고?' 그러나 그렉과 나의 의도를 짧게 설명하자, 아내는 웃으면서 고개를 끄덕였다. "그래! 통할 것 같아."

아내가 작업하는 몇 주 동안 나는 조용히 기다렸다. 마침내 완성된 포스터의 축소판을 내게 보여 주었다. 확실히 통할 것 같았다. 이 포스터들은 그 후 몇 달 동안 내게 영감을 주었고 종교의 의미를 되새기게 했다. 특히 프로젝트를 진행하다가 혼란스럽거나 실패하는 상상으로 절망에 빠질 때마다 크게 도움을 주었다.

흔들릴 때마다 나는 포스터들을 떠올렸다. 그러면 프로젝트를 끝까지 마칠 용기가 생겼다. 구원받을 것을 생각하면 각 종교를 대표하는 낱말들이 내게 용기를 주었고 어떤 종교가 진짜일지를 더는 근심하지 않아도 되었다. 각 종교가 말하는 모든 구원 형식이 다 맘에 들었다.

테러리스트 아흐메드가 기대했던 72명의 처녀는 필요 없다. 내가 죽은 후에 이 낱말들 중 하나만 의미가 있더라도 나는 그것으로 만족한다.

정의

유대교

해방

불교

용서

기독교

갱신

바하이교

자비

이슬람

인의

유교

조화

도교

개선

힌두교

17장

범신앙론자의
법도대로 살기

이제 때가 되었다. 바야흐로 4년이 넘는 준비 끝에 비로소 준비가 끝났다는 생각이 들었다. 나는 여러 종교를 공부했고 생활태도를 바꾸었으며 자아와의 격렬한 싸움도 적잖이 했다. 그리고 토론도 많이 했다. 나와 상대방 모두를 절망하게 만든 토론들도 많았다. 이 기간 동안 아내가 견뎌야 했을 온갖 일들은 떠올리기조차 싫다. 비록 아내는 간혹 재밌을 때도 있었다고 말하지만.

삶에 관한 나의 질문들에 모두 답할 수 있는 종교는 없다는 걸 알았다. 종교는 셀프서비스 상점이나 맘에 드는 상품을 고르는 카탈로그가 아니라는 사실도 배웠다. 각각의 종교는 퍼즐 조각이라고 생각한다. 각각의 조각이 모여 만족할 만한 전체 그림을 만드는 것이다.

2011년이 밝았다. 명실상부한 범신앙론자가 되었음을 선언해도 괜찮을 것 같았다. 이제 나는 이 사실을 축제 분위기 속에서 선언하고 싶었지만, 한밤중에 친구들을 불러 새해맞이 축배를 들고 폭죽을 터트리고 〈아흔 번째 생일〉[1920년대 만들어진 영국 콩트지만, 1960년대 독일 텔레비전 방송으로 더 유명하다. 주로 12월 31일 밤에 방영되었고, 가장 자주 방영된 프로그램으로 기네스북에 올랐다.]을 볼 나이는 아니었다. 그래서 나는 축제의 선언식도, 떠들썩한 입교식도 포기하고 그저 조용히 신앙고백만 하기로 했다. 잘 생각했다고 아내가 맞장구쳐 주었다. 친구들은 아마 내 프로젝트에 더는 관심이 없을 테고 여러 해 동안 비밀로 진행했으니 굳이 떠들썩하게 선언 같은 걸 할 필요가 없다는 것이다.

그래서 나는 번쩍이는 불꽃과 시끄러운 폭죽 소리에도 아랑곳없이 평화롭게 잠들어 있는 아들에게로 갔다. 기도와 명상과 성찰이 혼합된 방식으로 나는 지난 몇 해 동안 있었던 일들을 회상했다. 아주 재미있는 영화 한 편을 본 것 같았다.

시도해 보고 싶은 것이 아직 하나 더 남아 있었다. 각 종교의 도덕가치를 존중할 뿐 아니라 일생생활의 의식과 규율을 모두 지키면서 살아 보고 싶었다. 나는 지금까지 관념 속의 종교와 제도 속의 종교를 잘 분리해 왔다. 아무튼 나는 그렇게 믿는다. 하지만 그런 분리를 장기적으로 지속하기가 상당히 어려운 것도 사실이다. A. J. 제이콥스는 《성경》에 나오는 모든 의식과 규율을 지키며 1년을 살았고 그때의 경험을 《성경 말씀대로 살아 본 1년》이라는 책으로 냈다. 나는 이 책을 아주 재밌게 읽었고 나도 똑같이 해 보고 싶어졌다. 1년까지는 힘들 테고 다만 몇 주라도 몇몇 종교를 선택해서 체험해 보고 싶었다. 여러 종교의 의식과 규율을 지키며 사는 것이 과연 가능한지 알아보고 싶었다.

이 계획을 실행에 옮기려면 먼저 한 달간 휴가를 내야 했다. 하지만 나는 범신앙론자로서 모든 종교의 축일을 거룩하게 보내기 위해 그렇게 긴 휴가가 필요하다고 당당히 말할 만큼 용감하지 못했다. 휴가를 얻기 위한 좋은 핑계거리일 수도 있겠지만, 편집장이 나를 상식이 있는 사람

구원 확률 높이기 프로젝트

으로 여긴다는 걸 잘 알기 때문에, 나는 좀 더 합리적인 휴가 사유를 생각해 냈다. 나는 휴가 신청서를 편집장에게 내면서, 아직 쓰지 않은 휴가가 많이 남았고 밴쿠버 올림픽과 남아공 월드컵 때 특별 근무도 했으니 그간 못 쓴 휴가를 이제 써야겠다고 설명했다. 편집장은 흔쾌히 허락했다. 여러 종교의 축일을 사유로 댔더라면 아마 허락하지 않았으리라.

나는 한 달간 각 종교의 규율과 의식을 지키며 살고자 한다. 물론 이런 생각을 비꼬며 조롱할 사람들이 꽤 있을 테다. 로라 슐레진저가 라디오 토크쇼에서 자기 생각을 말했을 때, 미국 사람들이 보인 반응이 그랬듯이. 슐레진저는 〈레위기〉 18장 22절에 나온 '망측한 짓'이라는 표현을 근거로 들면서, 독실한 기독교 신자로서 자신은 동성애를 결코 지지할 수 없다고 말했다. 그러자 제이크라는 한 애청자의 편지가 오랫동안 인터넷에서 화제가 되었다. 제이크는 편지에 〈레위기〉와 다른 《성경》 구절에 나오는 규율을 적고 어떻게 하는 게 좋을지 슐레진저에게 조언을 부탁했다.

"〈출애굽기〉 21장 7절이 허락한 대로, 나는 딸을 종으로 팔고자 합니다. 오늘날 물가로 봤을 때 얼마를 받아야 적절할까요?"

"우리 옆집 사람은 토요일마다 일을 합니다. 〈출애굽기〉 35장 2절을 보면 그를 사형에 처해야 한다고 하는데, 내 손으로 죽여야 할 윤리적 의무가 있을까요?"

"〈레위기〉 11장 7절을 보면 죽은 돼지의 가죽에 닿기만 해도 부정해진다고 합니다. 그럼에도 제가 골키퍼로서 장갑을 끼고 축구를 해도 될까요?"

나는 이 편지가 편협한 기독교 신자의 발언에 대한 재치 있으면서 기발한 반응이라고 생각한다. 또한 범신앙론자로서 여러 종교의 의식과 규율을 지키며 살아 보는 나의 계획에 크게 도움이 되었다. 종교 경전에 나왔다고 해서 맹목적으로 규율을 믿어서는 안 되며, 전체 맥락을 무시하고 한 부분만 보지 않도록 주의해야 한다는 것을 가르쳐 주었다. 또한 각 규율들을 비꼬거나 함부로 대하지 않게 해 주었다.

유대교에는 신자들이 지켜야 하는 율법이 613개나 있다. 그중 365개가 금지 사항이고 248개가 의무다. 613개 율법을 보면, 탈곡하는 황소에게 고삐를 매지 말라거나, 남자가 여장을 해서는 안 된다거나, 왕이 말을 너무 많이 소유해서는 안 된다는 등, 괴상한 규칙들이 많다. 또한 전쟁 규칙도 제네바 협정과 일치하지 않는다. 그러나 전체적으로 인류 최초의 법전을 읽는 기분이 든다. 그 안에는 오늘날에도 통용될 수 있는 상도덕에 관한 법규 30개와 권리 조항 43개가 포함되어 있고 그 외에 윤리법과 종교 의식 및 전례 규칙이 들어 있다.

이슬람교 신자들의 일상에는 '할랄'과 '하람', 두 가지 개념이 주입되어 있다. 할랄은 허용되는 것을 뜻하고 하람은 금지 사항을 뜻한다. 이것들은 기본적으로 이슬람교의 5대 의무에 지향을 둔다. 여기에 추가로 종교적 율법인 '샤리아'가 있어서 공적·사적인 모든 관계에 규칙을 제공한다. 그러므로 이슬람 국가들이 철저히 인식하듯, 종교와 권리의 조화는 종교와 국가의 조화를 요구한다. 독일에서도 현재 샤리아와 헌법이 일치할 수 있는지 격렬한 토론이 벌어진다. 정글에서 야영하는 것 말고는 이슬람교보다 위험한 건 없다고 생각하는 사람들이 있는가 하면, 이런 태도를 공포 조장으로 보는 사람들도 있다.

기독교 신자들은 기본적으로 십계명을 지키지만 그것 외에 여러 가지 추가 규칙들이 있다. 회개와 용서에 관한 규칙만 봐도 알 수 있다. 십계명에서 거론되지 않았지만 회개와 용서는 기독교의 주요 규율에 속한다. 또한 1854년 12월 8일 교황 비오 9세가 칙서 〈형언할 수 없으신 하느님〉에서 선포한, 성모 마리아의 원죄 없는 잉태라는 신앙 교의가 있다. 범신앙론자인 내게는 이 교의가 큰 의미가 없지만, 마리아가 원죄 없이 태어났느냐 아니냐가 가톨릭교회 내에서는 수백 년 동안 논란이 되었고, 그렇기 때문에 그에 대한 교황의 칙서가 꼭 필요했다는 점은 흥미롭다.

힌두교에서는 일상에서 지켜야 할 종교 의식이 수천 개에 달하고 도시마다 다른 경우도 많다. 중요한 것은 의식을 지킴으로써 신자들이 모든 일에서 자연질서인 '다르마'를 따르는 것이다. 다르마에는 씻는 의식, 호흡 연습, 경전 암송, 인간이 거쳐야 하는 네 가지 단계가 들어 있다. 나는 '브라마차리야Brahmacharya'(학생, 미혼 남성)과 '그리하스티야Grihasthya'(직장인, 기혼 남성) 단계를 이미 거쳤고, 지금은 '바나프라스티야Vanaprasthya', 즉 손자를 볼 때까지 사회의 일원으로 사는 단계에 있다.

불교에는 간단하게 표현해서 다섯 가지 규칙(오계五戒), 네 가지 고귀한 진리(사성제四聖諦), 여덟 개의 길(팔정도八正道)이 있다. 불교에서는 현재 있는 바로 그곳에서 구원받는 것이 중요하다. 오랜 훈련을 통해 인간은 모든 것이 고통인 삶, 즉 '고苦'에서 벗어날 수 있다. 이 훈련은 여덟 단계의 실천 덕목으로 구성된다. 1. 정견正見: 바르게 보기, 2. 정사正思: 바르게 생각하기, 3. 정어正語: 바르게 말하기, 4. 정업正業: 바르게 행동하기, 5. 정명正命: 바르게 생활하기, 6. 정정진正精進: 바르게 정진하기, 7. 정념正念: 바르게 깨어 있기, 8. 정정正定: 바르게 집중하기.

언뜻 들으면 비교적 간단하게 느껴지지만 자세히 살펴보면 결코 쉬운 일이 아니다. 팔정도를 지키려면 세계적으로 도축업, 맥주 제조업, 세금 징수는 금지되어야 한다. 기자와 작가를 올바른 직업으로 봐도 좋을지도 솔직히 잘 모르겠다. 특히 정신을 혼미하게 하는 것을 먹지 말라는 내용은 굉장히 부담스러운데, 금주와 금연은 쉬운 일이 아니기 때문이다. 다른 사람이나 자신을 괴롭히는 관계를 맺지 말라는 내용에서 나는 자주 아내를 생각해야만 했다. 아내는 과연 나 같은 사람과 결혼해서 행복할까?

유교에는 사회생활에 대한 다섯 가지 규칙인 오륜이 있다. 인仁, 의義, 예禮, 지智, 신信. 이것 역시 간단해 보이지만 절대 그렇지가 않다. 공자 스스로도 예를 들어 '인'은 결코 완전히 실현할 수 없다고 말했다. 오륜에 맞춰 다섯 가지 기본적인 인간관계가 있다. 왕-신하, 아버지-아들, 남편-아내, 형-아우, 친구-친구. 기본적인 인간관계 다섯 가지 중에 세 가지가 가족관계라는 사실에서 유교가 가족을 얼마나 중시하는지 짐작

구원 확률 높이기 프로젝트

할 수 있다.

여러 종교들의 교의와 규율 반대편에 도교가 있다. 도에 이르기 위한 행동양식 81개가 《도덕경》에 적혀 있긴 하지만, 도교 신자들은 규율에 얽매이는 것과 형식주의를 거부한다. 삶을 질서정연하게 만들고자 고안한 모든 체계와 노력이 무의미하다고 본다. 나는 이것을 청두의 사원에서 이미 확인했다. 사원 건물은 화려한 건축물이 아니었다. 다른 종교의 건물처럼 주변 환경에서 돌출돼 보이지 않았다. 도교에서는 사치와 허식이 사탄이다. 사원 건물들은 친근하다. 높이 솟기는커녕 나무 밑으로 몸을 숙인다. 주변 공간에 녹아든다는 표현이 가장 적절할 듯싶다.

종교의 규율을 최대한 많이 지키며 사는 것이 얼마나 힘들지, 식단을 짤 때부터 드러났다. 힌두교는 소를 신성한 동물로 여기고 쇠고기를 먹지 못하게 한다. 반면 유대교에서는 《모세오경》에서 허용한 동물만 먹을 수 있다. 불교는 일체의 살생을 금한다. 그래서 나는 안전하게 이 기간 동안 채식주의자가 되기로 마음먹었다. 또한 힌두교의 손 사용 규칙도 엄격히 지키기로 했다. 나는 오른손으로만 먹어야 한다. 왼손은 화장실에서 볼일을 본 뒤에 쓰는 손이므로 불결한 손으로 통한다.

매우 힘든 시간이 되리라 이미 예상했었고, 그 예상은 1월 5일에 확실해졌다. 나는 일곱 시에 일어나서 몇몇 기도를 올린 다음, 깨끗하게 씻고 차를 준비해서 기도와 명상의 공간으로 꾸민 서재로 갔다. 이곳에는 십자가상, 불상, 음양문양 포스터, 예쁜 카펫, 여러 성물들이 나란히 놓여 있다. 뮌헨 공항에서 본 대로 방 한복판에 커다란 나무도 세우고 싶었지만 가족회의 결과, 부결되어 포기할 수밖에 없었다. 그래도 1미터짜리 크리스마스트리는 있다.

나는 십자가를 목에 걸고 오류가 적힌 티셔츠를 입고 《모세오경》 《코란》 《도덕경》을 읽은 다음, 명상을 하고 요가를 했다. 그런 다음, 축일의 주인공들을 떠올렸다.

먼저 이날 탄생한 시크교 지도자 고빈드 싱을 떠올렸다. 그의 진짜 생일이 1666년 12월 22일이라는 주장을 여러 곳에서 읽긴 했지만 말이다. 고빈드 싱은 시크교의 열 번째이자 마지막 지도자다. 그의 아버지는 이슬람교 신자인 통치자에 맞서 힌두교를 지키려다 교수되었다. 고빈드 싱은 시크교에서 인간의 완벽한 모범으로 통한다. 그는 학식이 높은 훌륭한 지도자였고 전술에 능한 기사였으며 이웃에게 자비로운 인물이었다. 시크교는 힌두교와 이슬람교 모두에서 벗어난 종교로서, 둘 사이의 다리 구실을 했다. 고빈드 싱은 카스트 폐지를 주장했고 남녀평등을 도입했다. 한마디로 고빈드 싱은 위대한 사람이었다.

시크교 신자들은 펀자브 어에서 모두 'K'로 시작하는 다섯 가지 상징을 지녀야 한다. 신성함의 상징인 자르지 않은 머리카락, 정결의 상징인 나무 빗, 성욕 절제를 상징하는 면 팬티, 진리의 의무를 기억하기 위한 쇠 팔찌, 시크교의 가난한 사람과 죄 없는 사람들을 보호하는 단검. 나는 이 다섯 가지 상징물을 지니는 건 포기했다. 그것에 반대하기 때문이 아니라 시크교 신자도 아니면서 그런 상징물을 지니는 것이 불손하게

구원 확률 높이기 프로젝트

여겨졌기 때문이다.

그다음엔 가톨릭교회의 성인인 성 요한 노이만의 죽음을 생각했다. 그는 1852년 필라델피아 주교로 임명되었고 직무 기간 동안 100개가 넘는 성당과 여러 학교를 세웠다. 또한 신학대학을 세워 오늘날 미국 신학교 체계의 기초를 세웠다. 사회적으로 약한 사람들의 삶을 개선하기 위한 가장 기본적인 방법이 교육이라고 생각한 그는 가난한 사람들을 교육하는 데 특히 힘썼다. 역시 요한 노이만도 위대한 사람이었다.

1월 5일을 축일로 갖는 두 사람은 각 종교의 신자들에게는 우상으로, 신자들은 두 사람을 생각하며 자신의 부족함을 깨닫는다. 내가 요청한다고 해서 다섯 가지 상징물을 몸에 지니는 사람은 없을 것이다. 나는 성당을 세우지 못할 것이다. 그러나 나는 노이만이나 고빈드 싱을 시기하지 않는다. 오히려 이들에게서 나는 자극을 받고 지금까지보다 더 의미 있게 살기 위해 노력한다.

금세 열두 시가 되었다. 이슬람교 의식에 따라 기도를 한 후, 아까부터 나를 기다리고 있는 아들과 놀아 주러 거실로 나갔다. 하지만 유교 전통에 따라 아내를 먼저 돌봐야 했다. 점심을 준비해 놓고 아내를 안마해 주었다. 그리고 나서 아들과 놀았다. 아들과 놀면서 나는 계속 놀라야 했는데, 이 어린 녀석이 매 시간 새로운 것을 배워 자랑스럽게 보여 주었기 때문이다. 이날의 하이라이트는 부엌에서 설탕 봉지를 쏟은 후 청소를 해야 한다고 아빠를 부르는 대목이었다. "아빠! 부엌 지지! 걸

레!" 더욱 멋진 것은 아들이 직접 닦겠다고 고집을 부렸다는 사실이다. 아빠 자격 테스트를 해야 하나 잠시 고민했다. 이 어린 친구는 나의 유전자가 다량으로 들어 있다고 하기에는 너무 귀엽다. 또한 나의 유전자가 전혀 없을지도 모른다는 의심이 들 만큼 아주 깔끔하고 단정하다.

아들과 재미난 놀이를 한 후에 나는 시내로 나갔다. 어른을 공경하라는 유교의 가르침대로 부모님을 기쁘게 해 드리고자 선물을 샀다. 교회에 잠깐 들러 짧게 기도를 했다. 플로팅 스튜디오에 들러 물 위에 떠 있다가 기독교 사제를 만나 얘기를 나누고 집으로 왔다. 그제야 내가 하루 종일 아무것도 먹지 않았다는 것을 깨달았다. 100퍼센트 확신컨대, 내가 양심에 거리낌 없이 먹을 수 있는 음식이 냉장고에 있을 리가 없었다. 그래서 나는 하루 동안 차만 마시며 단식을 하기로 결정했다.

나는 기도 공간이 된 서재로 가서 사이언톨로지 인터넷 과정을 마쳤다. 거의 세 시간이 걸렸다. 그런 다음, 아들을 욕실로 데려가 목욕을 시켰다. 이때 두 가지를 새로 알게 되었다. 아들은 목욕을 좋아했다. 그리고 아빠가 머리에 물을 부어 주면 좋아했다. 잠자기 전에 우리는 아들이 제일 좋아하는 책을 읽었다. 누가 자기 머리에 똥을 쌌는지 알고 싶은 두더지가 나오는 책이었다. 책을 다 읽자 아들이 말했다. "아빠, 여기! 코 자!" 이 말은 내 배 위에서 자고 싶다는 뜻이다. 나는 꽤 괜찮은 아이디어라고 생각했다. 그리고 지금도 그렇게 생각하는데, 어린 친구가 내 배 위에서 잠들고 내가 아무것도 생각하지 않았을 때, 나는 내 평생에 가장 멋진 순간을 경험했기 때문이다. 우리 둘은 거기 누웠고 어느새 아들은 잠이 들었으며 나는 30분가량 고요와 평온을 경험했다. 그 어떤 플로팅 탱크보다 멋졌다.

나는 다시 서재로 가서 페이스북 친구들의 글에 덧글을 달았다. 이것은 비록 직접적인 만남은 아니지만, 어쨌든 내가 이렇게 할 때 나의 친구들은 내가 그들의 삶에 속하고 그들에게 관심이 있다고 여긴다. 나는 시계를 보고 깜짝 놀랐다. 밤 열한 시였다. 나는 소파에서 아내와 한 시간 정도를 보낸 후에 침대로 갔다. 잠들기 직전에 다시 한 번 짧게 하루를 돌이켜 보았다.

그리고 나의 프로젝트는 결국 대실패로 끝나리라는 걸 명확하게 깨달았다.

나는 최선을 다했다. 그럼에도 세웠던 계획의 절반밖에 하지 못했다. 지난 사흘 동안도 똑같이 계획했던 것의 절반밖에 하지 못했다. 휴가중이라 하루 종일 시간이 있었는데도 말이다. 배가 고팠다. 맥주를 마시고 싶었다. 담배가 간절했다. 나는 아내와 더 많은 시간을 보낼 작정이었다. 적어도 한 시간은 운동을 하고 싶었다. 친구들을 만나고 싶었다. 하지만 하지 못했다.

범신앙론의 목표는 삶의 여유와 의미, 질서를 갖는 게 아니었던가! 그런데 여유는커녕 여러 영적 활동들로 바빴다. 끝내야 하는 숙제에 쫓기듯이. 물론 대부분의 일은 재미있었다. 하지만 역시 의무의 이행이었다.

나는 의식과 규율의 의미를 깊이 이해하지 않고 그냥 지키기만 했다.

나는 그 순간 생각했다. 뭐 이런 개 같은 프로젝트가 있어!

나는 포기했다.

범신앙론은, 각 종교가 제시하는 비슷비슷한 목적지에 이르기 위해 되도록 많은 종교를 맹목적으로 따르는 것이 아니다. 영적 활동만 열심히 한다고 자동으로 구원을 얻는 게 아니다. 범신앙론은 의식적인 신앙 생활이다. 영적 활동에서 무엇을 배우는지 인식하고, 길을 잘못 들거나 둘러가야 하는 등 신앙의 길에서 겪을 수 있는 위험도 감수해야 한다.

나는 중국에서 공자를 찾다가 도교를 발견했다. 필리핀에서 본 귀신 쫓는 의식에서 용서의 의미를 인식했고, 이슬람교 신자와 무신론자 부부를 만나면서 상호존중에 눈을 떴다.

범신앙론은, 최대한 많은 종교의 의식과 규율을 지키는 것이 아니라, 신앙의 길에서 너무 오래 멀리 벗어나 결국 기진맥진하여 구렁에 빠지지 않도록 도와주는 의식과 규율을 지키는 것이다. 모든 사람의 사랑을 받는 일 역시 범신앙론의 목표가 아니다.

이와 관련된 멋진 일화가 유교에 있다.

공자가 말했다. "군자는 예를 갖추나 믿을 수 없다. 소인은 믿을 수 있으나 예를 갖추지 않는다." 이에 제자 자공이 물었다. "마을 사람들 모두에게 사랑을 받는 사람은 어떻습니까?" 공자가 대답했다. "그것만으로는 부족하다. 선한 사람에게 사랑을 받고 악한 사람에게 미움을 받아야

구원 확률 높이기 프로젝트

한다."

누가 선한 사람이고 누가 악한 사람인지 구별하는 것이 진정한 배움이다.

닷새 만에 명확해졌다. 직접 체험해 보겠다고 시작한 나의 프로젝트는 결국 인내심 테스트였고 계획했던 것을 다 실행하지 못했다는 찜찜함으로 매일 밤 녹초가 되어 쓰러지기 일쑤였다. 이런 과도한 실험이 결국 모든 것을 망칠 수 있겠다는 생각이 들었다. 이것이 바로 내가 지난 여러 해 동안 준비하고 실행한 직접체험 프로젝트의 끝자락에서 얻은 깨달음이다.

나는 이미 이런 실수를 저지른 경력이 있다. 바로 40일 동안 거짓말을 안 하는 프로젝트다. 그때 나는 오로지 정직에만 사로잡혀 하고 싶은 욕을 다 했다. 정직 말고도 중요한 다른 덕목이 있다는 점을 잊었고 상대방에게 모욕을 주지 않고도 정직할 수 있음을 생각지 못한 것이다.

정직하기 위해 꼭 상대방을 모욕해야 하는 건 아니다. 정직 이외에도 다른 덕목들이 있다. 정직에도 여러 형식이 있다. 이런 교훈들을 거짓말 프로젝트에서 얻었듯이, 이번 프로젝트에서도 교훈을 얻었다. 의식과 규율을 지키는 데 너무 집착하면, 정작 자신에게 중요한 것을 못 볼 수가 있다.

정말 중요한 것은, 주변 사람들뿐만 아니라 자기 자신과도 신뢰와 책임 있는 관계를 맺는 것이다. 이것이 모든 관계의 초석이다. 공자께서 일찍이 말하기를, '수신제가 치국평천하修身齊家治國平天下'라 하지 않았던

가. 마음을 가꾸면 성품이 아름다워지고, 성품이 아름다우면 가정이 화목하며, 가정이 화목하면 나라가 편안하고, 나라가 편안하면 세계가 평화로울 것이다.

범신앙론자로서 되도록 많은 종교의 의식과 규율을 지키며 사는 프로젝트는 닷새 만에 끝났다. 그러나 나는 실망하지 않았다. 오히려 희망을 보았다. 나는 진정한 범신앙론자가 될 수 있을 것 같다.

구원 확률 높이기 프로젝트

프로젝트 결산 보고

아직 끝나지 않은 일에 대해 '마지막 장'을 써야 하다니, 무엇을 어떻게 써야 할까?

　나 같은 스포츠 기자들은 편집 마감 때문에 축구 경기가 아직 끝나지 않았는데도 이미 경기가 끝나 결과가 나온 것처럼 기사를 써야 할 때가 가끔 있다. 이런 경우 자칫 큰 낭패를 볼 위험이 있는데, 가령 경기 종료 직전에 동점골이 나고 그다음에 바로 이어서 결승골이 터지는 경우다. 나는 2008년 유럽축구연맹UEFA의 유럽축구선수권대회 때 이런 낭패를 보았다. 준결승전이었는데, 마감 시간 때문에 경기가 끝나기 직전에 완성된 기사를 보내야 했다. 2 : 1로 독일이 이겼다는 기사를 보낸 직후에 터키가 2 : 2로 동점을 만들었고 바로 이어서 필립 람이 다시 3 : 2로 만들었던 것이다.

　나는 서른한 살이었다. 인생의 전반전도 미처 뛰지 못한 채 경기를 끝내고 싶지 않았다. 그러나 한편으로 나는 낙천적인 사람으로 새로운 삶을 기대했다.

　이 프로젝트에 관여한 모든 이가 나의 실패를 예언했었다. 모든 행동 연구가들이 장담했듯이, 자기 삶의 많은 부분을 완전히 바꾸려는 시도는 결국 실패하게 되어 있다. 2007년에 발표된 한 연구 결과에 따르면,

딱 한 가지 계획을 장기적으로 실행하는 일조차 80퍼센트 이상이 실패했다. 약 25퍼센트가 시작한 지 일주일 안에 포기했다(계획한 일을 누구나 성공한다면, 내가 프로젝트에 성공하여 깨달은 자 대열에 오르는 것이 무슨 대수겠는가).

시작할 당시에는 프로젝트가 어린아이나 함 직한 순진한 생각처럼 보이면서도 한편으로는 어른도 충분히 해 봄 직한 생각 같았다. 그러나 이제 명확해졌다. 이 세상의 모든 종교에 똑같이 칩을 올리기는 불가능하다. 종교 간에는 분명 교집합이 있다. 합리적으로 조화를 이룰 수 있는 아주 큰 교집합이 있다. 그런 반면에 왜곡된 해석으로 갈등을 빚을 수 있는 여집합도 있다.

그럼에도 불구하고 나는 신뢰할 만한 질서에 따라 책임감 있게 칩을 배분할 수 있다. 혹은 맘만 먹으면 모든 칩을 한 곳에 몽땅 걸 수도 있다. 말하자면 종교 하나를 정해 입교할 수도 있다. 그러나 나는 칩을 공평하게 배분하기로 결정했다. 한 종교가 유일한 진짜가 아니라, 여러 종교의 합이 진짜라고 여기기 때문이다. 룰렛 게임기에 올린 나의 칩 배분에 나는 아주 만족한다. 이제 나는 마지막에 구슬이 어디로 떨어질지 걱정하지 않고 흥미진진하게 기다릴 수 있다.

내가 칩을 어디에 얼마큼씩 배분했는지는 공개하고 싶지 않다. 첫째, 그것은 굉장히 사적인 일이고, 칩을 걸기 위해 자기 나름의 질서를 찾는 사람에게는 '내가' '나의 칩'을 어디에 얼마큼 걸었는지는 별로 중요하지 않겠기 때문이다.

둘째, 나의 배분은 거의 매일 조금씩 바뀐다. 마음을 못 정하고 오락가락해서가 아니라 나의 프로젝트가 삶의 마지막 순간까지 계속될 것이기 때문이다. 나의 배분을 지금 공개한다고 해도 그것은 한 순간의 배분일 테고 하루가 지나면 다시 달라져 있을 것이다. 그러고 보니 이것은 학문이나 과학기술을 닮았다. 오늘 통하던 것이 내일 벌써 더 합리적으로 보이는 것으로 대체될 수 있으니 말이다.

모든 종교의 의식과 규율을 평생 지키면서 살려고 하면, 범신앙론은 굉장히 피곤한 일일 수 있다. 그리고 결국 정신적·논리적 한계에 부딪히고 말 것이다. 모든 의무를 완벽하게 이행하고 모든 규칙을 따르려면 1년 내내 휴가를 써야 한다. 게다가 1년이 600일은 되어야 시간적으로 얼추 맞을 것이다. 한 종교의 의식과 규율을 지키는 것도 거의 불가능한 일인데, 하물며 모든 종교의 모든 의식과 규율을 지키는 거야 말해 무엇 하겠는가! 불가능한 일은 그 효과가 한 시간을 더 간다는 그렉의 말은 틀렸다. 불가능한 것은 불가능하다. 그래도 나는 유교의 '중용'을 지속적으로 추구할 것이다. 중용이란 양 극단의 중간에 지속적으로 머무르는 것을 뜻한다.

프로젝트를 통해 나는 종교에 대해 많은 것을 배웠고 무엇을 종교라고 해야 하는지도 알게 되었다. 토마스 폰 아퀴나스에게 종교의 순수한 형식은, 세속적인 삶에서 나와 지속적으로 신에게 헌신하는 삶이다. 이것은 아퀴나스만의 생각이 아니다. 다른 종교에도 이런 관점이 있다. 예

구원 확률 높이기 프로젝트

를 들어 불교나 힌두교의 경우에는, 세속적인 일에서 벗어날 때 정신의 최고 단계에 도달한다.

나의 종교관은 키케로의 종교관과 일치한다. 키케로는 종교를 '반복해서 읽기'라고 묘사했다. 집중적인 공부와 영적 활동을 통해 신이나 절대자, 혹은 우주의 질서가 존재함을 기억하고 상기할 수 있다는 것이다. 이런 공부와 활동에서 증명할 수 없는 것에 대한 믿음과 윤리적 행동의 의무가 생긴다고 키케로는 설명한다. 나는 세상에서 물러나지 않고 내게 주어진 삶을 적극적으로 살고 싶다. 그러면서 동시에 증명할 수 없는 영역에도 심취하고 싶다.

범신앙론자의 의무는 모든 종교를 동시에 믿는 것이 아니라 삶의 물음에 대한 답을 종교를 통해 얻고자 노력하는 것이다. 나는 중국에서 범신앙론자의 좋은 예를 보았다. 윤리적 가치관으로 보나 공식적인 인식으로 보나, 대부분의 중국인은 유교 신자다. 그러나 그들은 개인적으로 도교를 따르기도 하고, 때로는 샤머니즘 민속종교를 믿는다. 그리고 죽는 순간에 불교 신자가 된다. 왕리의 표현이 멋졌다. "중국인은 유교 모자에 도교 외투를 입고 불교 샌들을 신고 산책합니다."

아무리 노력해도 모든 신앙의 비밀을 완벽하게 이해하기는 불가능하다. 한 종교의 비밀만 이해하는 것도 불가능하다. 김나지움 시절에 독일어 교사는 어느 누구도 괴테와 실러의 작품을 모두 읽었다고 주장할 수 없고 완벽하게 이해하는 것은 불가능하며 그들이 무엇을 썼는지조차 설명할 수 없을 거라고 단정했다. 하물며 자기 종교에 관한 기록을 어떻게 모두 읽고 이해한단 말인가! 더욱이 이 세상의 모든 종교에 관한 기록을 어떻게 전부 읽고 이해한단 말인가! 한마디로, 불가능하다.

프로젝트를 시작할 때 이미 짐작했던 사실이다. 종교 수업이나 미사 때 자주 들었던 터라 내가 아는 《성경》 구절이 꽤 많았지만, 《성경》을 처음부터 끝까지 읽은 적은 한 번도 없었기 때문이다. 또한 대부분 특별히 멋지거나 잔혹한 내용이었지만, 아무튼 《코란》과 《탈무드》에서 인용된 구절들도 꽤 많이 알고 있었다. 그러나 나는 이 책들을 읽지는 않았다. 다른 종교의 경전도 마찬가지였다.

프로젝트를 진행하면서 이런 구멍을 메우기 위해 나는 경전과 책을 최대한 많이 읽으려 했다. 그러나 고백건대 세계 여러 종교에 관한 기록 중에 100만분의 1쯤 읽었을 것이다.

비록 비교종교학의 전문가가 되지는 않았지만, 전에 알았던 것보다는 확실히 더 많이 안다. 전에는 세계의 여러 종교에 대한 질문 90개 중에서 51개만 겨우 답할 수 있었지만 지금은 79개에 답할 수 있다. 비록 지식이 늘긴 했지만 여전히 한참 부족하다. 그렇더라도 책을 통해 나의 시각은 넓어졌고 세계관이 바뀌었으며 세상의 여러 종교를 보는 시각도 달라졌다. 나와 다른 것을 반박하던 선입견을 버리려 애쓰게 되었다.

어떤 종교가 내게 가장 잘 맞을지 알려 주는 세 가지 테스트 결과도 프로젝트 초기 때와는 다르다. 우선 각 종교의 지식을 묻는 테스트에서 가장 낮은 점수를 받은 종교는 유교와 도교이고, 그다음으로 힌두교, 불교, 이슬람교, 기독교 순이다. 자랑스럽게 밝히자면 내가 관심을 갖고 공부했던 종교들에서는 모두 절반 이상을 맞췄다. 종교 이외에 무신론, 불가지론, 사탄숭배 등 다른 관점도 포함한 테스트에서는 무신론이 10퍼센트, 불가지론이 25퍼센트 일치를 보였고, 예전에 3위에 올랐던 사탄숭배는 이제 저 아래로 밀려났다. 그리고 세계의 종교 및 종파 27개를 포함한 테스트에서는 모두 50퍼센트 이상의 일치를 보였다. 프로젝트의 목표도 어차피 이런 게 아니었던가!

나의 신앙이 프로젝트를 거치며 바뀐 점은 별로 없다. 테스트에서 25퍼센트의 일치만 보였더라도 나는 예나 지금이나 나를 불가지론자로 소개할 것이기 때문이다. 나는 여전히 신이나 절대자의 존재는 증명할 수 없다고 믿는다. 그러나 존재하지 않는다는 것도 증명할 수 없기는 마찬가지다.

그렇다면 나는 그냥 원을 한 바퀴 돌아 다시 5년 전의 그 자리로 돌아온 걸까? 그럴 수도 있다. 하지만 역시 변화가 있었다. 그것도 아주 극적인 변화가. 나는 내가 지금 왜 여기에 있는지 명확히 인식하고 있다. T. S. 엘리엇이 표현한 그대로다. "우리는 계속해서 찾을 것이고, 그 끝은 역시 우리의 출발점일 것이며, 비로소 처음으로 그곳을 알아볼 것이다." 물론 나는 현재 끝에 와 있지 않고 한창 찾는 중이다. 오늘은 프로젝트의 마지막 날이 아니다. 나는 잠시 뒤를 돌아보고 다시 앞을 봐야 하는 지점에 와 있다. 나는 인간으로서 믿는 능력을 부여받았다. 나는 이 능력을 소중히 여기며 갈고 닦고자 한다.

불교의 팔정도에서 세 번째 단계는 정어, 즉 바르게 말하기다. 이에 대해 종교철학자 휴스턴 스미스는 이렇게 썼다. "항상 진실만을 말하는 것은 아주 힘들다. 곧바로 완벽하게 실천하는 것은 불가능하다. 그러므로 당장 결심하는 대신, 한 발 물러나 자신이 얼마나 자주 진실을 회피하고 그 까닭은 무엇인지부터 살피는 것이 좋다. 친절한 말도 마찬가지다. 불친절한 말을 절대 하지 않으려고 애쓰는 대신, 당신이 무슨 말을 하는지, 왜 불친절한 말을 하는지부터 살피는 것이 좋다."

'거짓말 안 하기 프로젝트'에서 거짓말 없는 세상은 불가능하다는 걸 확인했을 때, 나는 휴스턴 스미스의 충고를 받아들였다. 거짓말을 안 하려 애쓰는 대신, 거짓과 정직의 황금비율을 찾는 데 집중했다.

범신앙론자가 되려는 프로젝트도 마찬가지다. 자신의 세계관과 가장 잘 맞는 종교를 찾고 자신과 가장 잘 맞는 신이나 절대자를 선택하려는 게 아니다. 우리는 비록 영성 시장에 서 있지만 이곳은 제일 좋은 물건을 골라 장바구니에 담는 셀프서비스 상점이 아니다. 인간이 왜 믿는지, 그리고 영적 경험들을 책임 있게 처리하는 방법은 무엇인지를 연구하는 것이 우선이다.

나는 프로젝트를 통해 믿는 불가지론자가 되었다. 양심을 걸고 말할 수 있는데, 나의 신앙방정식에서 지금까지 변수로 있던 신(혹은 절대자나 '도')이 이제 상수로 변했다. 나는 신이 있다는 것도 없다는 것도 증명할 수 없다. 그리고 그 누가 아무리 오래 연구해도 이것을 명확히 증명할

구원 확률 높이기 프로젝트

수는 없으리라.

신앙은 아주 사적인 경험이다. 그리고 나의 아주 사적인 경험으로 볼 때, 나는 모든 것이 가능하다고 여기기 때문에 모든 것을 믿는다. 언뜻 들으면 역설 같기도 하겠지만, 바로 이것이 범신앙론의 핵심 주장이다.

나는 알라가 유일한 진짜 신일 수 있다고 믿는다. 나는 인간이 끝없는 환생의 순환에 갇혀 있고 환생의 고리에서 벗어나는 길은 오직 각자에게 달렸음을 믿는다. 또한 신은 존재하지 않고 내세도 없으며 모든 인간의 목표는 지금의 삶을 책임 있게 사는 것이어야 한다는 주장도 믿는다.

프로젝트를 시작하기 전에는, 신이나 절대자의 존재 증명이 불가능하기 때문에 있든 없든 크게 상관하지 않고 불가지론자로서 편히 살다가 사후에 무슨 일이 생길지 느긋하게 기다릴 수 있을 거라고 생각했었다. 그러나 프로젝트를 진행한 후 나는 이런 느긋한 생각에서 한 단계 발전했다. 느긋함 대신에 기대와 기쁨이 자리했다.

이렇듯 많은 것을 프로젝트 도중에 배웠으나 그 대부분은 금세 잊어버렸다. 그러나 분명 중요한 배움이었고 삶을 깊이 생각하는 소중한 기회였다. 공자도 이미 말하지 않았던가. "생각 없이 배우는 것은 공허한 것이요, 배움 없이 생각하는 것은 위험하다." 내가 배운 것들 중에 잊지 않고 마음에 새긴 것 두 가지만 꼽으면 다음과 같다. 첫째, 한 종교가 삶에 대한 모든 질문에 만족스러운 답을 주지는 못한다. 둘째, 자아도취에 빠진 종교는 대단히 거만하다.

나는 예수 그리스도의 말씀에 감화되었고 용서하고 용서를 구하는 그의 의지에 감동받았다. 나는 부처의 겸손, 노자의 여유, 공자의 지혜에 매혹되었다. 나는 무함마드의 의지, 힌두교 신자들의 인내, 유대교 신자들의 정의감에 감탄한다. 그들 모두가 나를 가르쳤고 유교에서 '인仁'이라 부르는 삶의 자세를 추구하도록 했다. 공자는 '인'을 최고의 덕으로 꼽았다. '인'은 숭고하고 초월적인 완전함을 뜻하기에 결코 실현할 수 없는 것이지만 그것을 추구하며 사는 데 가치가 있다고 했다. '인'에는 경계나 한계가 없다. 공자의 말대로, '인'을 지닌 사람은 "세계의 모든 사람이 형제자매"임을 알기 때문이다.

신앙에 대한 나의 물음은, '나는 믿어야 하나? 그렇다면 무엇을 믿어야 하나?'에서 '왜 나는 믿는가?'로 바뀌었다. 삶이 끝나는 그날까지 계속 이 물음의 답을 찾아야겠지만, 지금 당장이라도 이 물음에 답할 수 있다. 이 세상에서의 나의 삶은 의미가 있고 그 의미가 지금의 삶을 넘어 계속 이어지기를 바라기 때문에 나는 믿는다. 이 세상에는 도저히 설명할 수 없는 것들이 아주 많다. 그러므로 이 세상 너머에도 분명 설명할 수 없는 것들이 아주 많을 것이다.

나심 니콜라스 탈레브는 《블랙 스완》에서, 대부분의 사람들, 즉 우리는 스스로가 불가능하다고 믿는 뭔가를 차라리 가능하다고 믿는 편이 더 좋을 거라고 했다. 그리고 바로 이런 불가능해 보이는 것들이 개인의 삶이나 세계를 바꾼다. 로또의 여섯 숫자를 맞추는 것은 거의 불가능하다. 그럼에도 여전히 매주 수백만 명이 숫자 여섯 개를 고른다. 정말로 숫자를 맞춘 덕에 삶이 극적으로 바뀔 수도 있으니까. 인터넷 역시 늘 있었기에 지금도 있는 게 아니라, 몇 년 전에 몇몇 괴짜들이 그런 것이 있을 수 있다고 믿은 덕분에 존재한다. 결국 그들이 세상을 바꿨다.

지금까지의 내 삶은 '블랙 스완'이었다. 그러니까 예측 불가능하고 일어날 확률이 아주 낮은 사건들의 연속이었다. 내가 거의 매일 듣는 것처럼, 나 같은 사람이 한니처럼 멋진 아내와 사는 것만 봐도 그렇다. 삶은 내가 상상하고 계획했던 대로 진행되지 않았다. 늘 불가사의한 일들이 벌어져 막대한 영향을 미쳤다. 우리가 불가능하다고 여긴 것들, 혹은 일어나지 않으리라 예상했던 일들이 가능할 수 있고 실제로 일어날 수 있다. 바로 그래서 신이나 절대자의 힘을 믿는 신앙이 유지된다. 수많은 과학자들이 있을 수 없는 일이라고 확언하는데도 말이다.

내가 늘 속으로 물었던 삶의 첫 번째 질문인 '어떻게 하면 행복해질까?'의 답도 나는 이런 믿음에서 찾았다. 물론 절대자나 우주의 힘을 믿지 않고도 행복하게 살 수 있다. 그리고 이미 행복하게 사는 사람이라면 굳이 바꿀 필요도 없다.

나는 개인적으로 신앙생활을 통해 많은 것을 경험했고 매력적인 사람들을 여럿 만났다. 삶의 마지막에 흡족한 맘으로 눈을 감을 수 있고 정말 존재할지도 모르는 신의 맘에도 흡족한 삶을 살 수 있음을 신앙이 내게 알려 주었다. 나는 감독으로서 내 삶을 좋은 작품으로 만들 수 있다.

거만하게 보이지 않길 바라며 밝히자면, 바야흐로 신이 나를 좋아할 것 같다. 물론 나를 참아 주기가 오늘보다는 내일이 더 쉽도록 계속 노력해야 할 테지만 말이다. 나는 삶의 두 번째 질문인 '사후세계가 정말 있다면, 어떻게 해야 죽어서도 행복할 수 있을까?'의 답을 여기서 찾았다. 나의 종교관은 지속적으로 증축하고 수리한 집을 닮았다. 기독교 신자로서 받은 교육으로 1층과 지하실을 짓고 유대교와 이슬람교 담장을 세웠다. 힌두교로 2층을 올리고 그 위로 유교·불교·도교를 증축했다. 대체종교로 구성된 방도 몇 개 마련했지만 점점 발길이 뜸해지고 있다. 옥탑에는 바하이교·시크교·자이나교가 있고 정원에는 여러 자연종교들이 있다. 그리스·로마 신화의 신들이 느긋하게 정원을 거닐고 있다. 내 신앙의 집은 대략 이렇게 생겼다.

어린 시절에 기독교나 이슬람교 혹은 불교의 토대가 세워지고 평생 같은 종교로 집을 증축한 사람들도 있다. 그래도 괜찮다. 한 종교가 모든 답을 준다고 믿는 사람은 그들 나름대로 행복하게 살아간다. 다만 나는 그렇게 믿지 않고 다양한 종교에서 답을 찾았을 뿐이다.

토대를 세운 후에 집짓기를 그만두는 사람들이 적지 않다. 집을 확부수고 완벽하게 꾸민 정원에서 편안함을 느끼는 사람들도 많다. 그래도 괜찮다. 다만 나는 집을 증축하고 수리하며 지속적으로 관리하기로 결심했다. 그리고 집을 구경하고 싶은 사람이 있으면 누구에게든 문을 열어 줄 생각이다.

나는 프로젝트 도중에 많은 사람을 만났고 내가 이 집을 짓는 데는 그들의 도움이 컸다. 너무도 많은 사람들의 도움을 받아 일일이 거론할 수가 없다. 나의 집을 비방하는 사람들도 있었고, 전체를 폭파하거나 적어도 한 층이라도 부숴 버려 결국 집이 통째로 무너지게 하려고 한 사람들도 있었다. 소수여서 일일이 거론할 수도 있지만, 그러고 싶지 않다.

똑똑한 사람, 친절한 사람, 이해심 많은 사람만 종교에 모인 건 아니다. 그렇다고 거만한 사람, 잘난 척하는 사람, 파괴적인 사람만 종교에 모인 것도 아니다. 또한 무신론자들 중에는 비합리적인 사람도 있고 합리적인 사람도 있다. 나는 모든 종교에서 친절한 사람들을 만났고 그 비례 역시 거의 모든 종교가 같았다. 자신 있게 말하는데, 도킨스가 주장한 명칭이들은 확실히 소수였다.

테러 전문가 브루스 호프먼Bruce Hoffman은《인사이드 테러리즘Inside Terrorism》에서, 호전성은 특정 종교에만 한정되지 않는다고 썼다. 이슬람교 암살자만 있는 게 아니라는 말이다. 호프만은 오히려 '유대교 테러'를 예견했고 1995년 오클라호마에서 건물을 폭파한 백인 우월주의 단체 '기독교적 애국자'의 충격적인 세계관을 폭로했다. 도쿄 지하철에서 신경가스 사린을 살포한 옴진리교, 1990년 아요디아 이슬람 사원을 파괴하고 2000명 이상을 죽게 한 힌두교에 대해 썼다. 그러나 호프만은 또한 1998년에서 2004년까지 발생한 테러 중에서 종교적 과격주의자가 일으킨 테러는 8퍼센트뿐임을 강조했다. 그러므로 종교가 없는 사회라도 테러의 92퍼센트는 여전히 벌어진다. 물론 도킨스의 책에서는 이런 통계 수치를 발견할 수 없다.

누가 가장 화려한 집을 지었느냐, 혹은 신과 종교 없이 모든 것이 기술적으로 완벽할 수 있느냐는 결국 중요하지 않다. 중요한 것은 편안한 자기 집을 짓는 것이다. 그리고 다른 사람의 집을 존중하려 노력하는 것이다. 이와 관련된 멋진 구절이 《코란》에 있다.

"알라는 너희에게 적의를 품고 있는 자들 사이에 우정이 싹트게 할 수 있으시니, 실로 알라는 전능하사 관용과 자비로 충만하시니라. 알라는 종교를 이유로 너희에게 대적하지 아니하고 너희를 너희 주거지로부터 추방하지 아니한 자들에게 친절하고 그들과 공정하게 거래하는 것을 금지하지 아니하셨나니 실로 알라는 공평하게 행하는 자들을 사랑하시니라. 알라는 종교를 이유로 너희에게 대적하고 너희를 너희 주거지로부터 추방하며 너희를 추방함에 협력한 자들과 우정을 맺는 것만을 금지하셨나니 그들과 우정을 맺는 자 누구든지 의롭지 못한 자들이라."

그러므로 《코란》의 규율에 따르면, 상대방을 존중할 줄 아는 사람은 이슬람교를 두려워할 이유가 전혀 없다. 바꿔 말하면, 이슬람교 신자들이 《코란》의 규율대로 그들을 존중하는 사람들에게 똑같이 존중으로 대하는 한, 이슬람교는 우리 사회를 위협하는 존재가 아니다.

내 집의 토대는 기독교다. 부모님에 의해 가톨릭 신자로 키워졌고 그때 배운 것들이 여전히 나의 세계관과 철학에 주입되어 있다. 내가 힌두교 신자의 아들이었다면 나의 토대는 힌두교일 테고, 나의 부모님이 도교 신자였다면 나는 도교의 토대 위에 집을 지었을 것이다. 이것만 보더라도 타 종교를 멸시하는 것은 얼토당토않은 일이다. 믿는 자들은 다른

구원 확률 높이기 프로젝트

종교의 토대를 가졌다면 자신이 어떤 사람이었을지 늘 자신에게 물어야 한다. 집의 토대는 중요하다. 그러나 더 중요한 것은 집을 계속 증축하는 것이고 이때 이웃집 주인과 상의하는 걸 잊지 말아야 한다.

나는 이제 종교 간의 대화를 전보다 더 중요하게 생각한다. 단, 종교 간의 대화가 '통합'이나 '관용'을 화두로 해서는 안 된다. 이런 낱말은 강자와 약자가 있고, 강자가 약자에게 관용을 베푸는 듯이 보이기 때문이다. 화두는 '평등' '존중' '합리'여야 한다. 그래야 21세기의 종교 전쟁에서 승리할 수 있다.

21세기의 종교 전쟁은 종교들 사이에서, 혹은 완전히 다른 집을 지은 사람들 사이에서 벌어지지 않는다. 자신의 집을 책임 있게 관리하고 다른 사람의 집을 존중하는 사람들과 자기 종교만 진짜라고 여기고 다른 집들을 모조리 파괴하려는 사람들 사이에서 벌어진다. 타 종교를 멸시하고 타 종교의 신자들을 무시한다면, 그것이 이미 근본주의라고 나는 생각한다.

나는 편안한 나의 집을 지었고 이 편안함이 지속되기를 바란다. 나는 독일에서 살고 있고, 지금까지 여러 곳을 여행했고 앞으로도 계속 여행을 하겠지만, 대부분의 시간을 독일에서 보낼 것이다. 또한 독일헌법은 나와 잘 맞는다. 독일헌법이 자신과 잘 안 맞는 것 같으면 다른 헌법을 찾아가도 괜찮다.

"피의 열정을 부추기는 것은 무신론이 아니라 광신이다." 볼테르의 말을 이렇게 확장해도 되리라. "피의 열정을 부추기는 것은 무신론과 종교가 아니라 광신이다." 그러므로 신앙의 집을 소유한 사람들은 서로 협동하여 파괴에만 관심 있는 사람들에 맞서 싸워야 한다. 종교를 진지하게 여기고, 종교를 진지하게 여기는 다른 사람들을 존중하는 사람들이 협동하여, 종교를 왜곡하는 모든 사람들에 맞서 싸워야 한다. 합리적인 집주인은 많으므로 그들이 협동만 한다면 너끈히 파괴자들을 물리칠 수 있다고 나는 확신한다. 합리적인 집주인들은 매일 매 시간 싸워야 하리라. 비합리적인 파괴자들 역시 하루도 쉬지 않으니까.

나는 범신앙론자다. 프로젝트 초반처럼 이길 확률을 계산해서가 아니라 확신으로 고백하는 것이다. 그리고 나처럼 편안한 집을 짓고자 하는 사람들에게만, 나의 집을 둘러보고 증축 설계의 영감을 얻으라고 권할 수 있으리라.

범신앙론에는 규칙이 거의 없는 대신 매우 광범위하다. 그렇지만 따를 가치는 분명 있다. 그래서 나는 지속적인 수리와 관리에 도움이 될 만한 규칙들을 기록해 두고 따른다. 다른 사람들도 그렇게 할 수 있다면 좋겠다.

죽어서 정말로 천국에 간다면 그곳에서 되도록 많은 친구를 만나고 싶다. 또한 지금 이 책을 손에 들고 있는 사람들을 그곳에서 만난다면 무척 행복할 것이다. 만약 소로 환생해야 한다면 부디 나의 주인이 힌두교 신자이길 바란다.

19장

위르겐의 신앙고백

나는 언젠가 죽을 것이다. 이것은 내가 삶의 행운을 얻었다는 뜻이다. 살았으니까 죽을 수도 있는 것이다. 삶은 내게, 쓸 수 있고 써야만 하는 카드를 주었다. 믿는 능력을 주었고 내가 옳다고 여기는 것을 믿을 수 있는 자유를 주었다. 나는 이 믿음을 옹호한다. 그러나 내가 믿는 것을 다른 사람에게도 믿으라고 강요하지는 않을 것이다. 나와 다른 것을 믿는다 하여 그 사람을 차별하지도 않을 것이다. 나는 법을 존중하되, 다른 것을 믿는다는 이유로 차별을 받는 사람이 있다면 가만히 보고만 있지는 않을 것이다.

나는 우주의 중심이 아니다. 수없이 많은 행성들 중 하나에 사는 수십 억 명 가운데 한 명일 뿐이다. 나는 도움이 필요한 사람을 도울 것이다. 늘 올바른 언행만 할 수는 없겠지만 올바른 언행을 최대한 많이 하려고 노력할 것이다. 나에게 잘못한 사람을 용서하고 내가 잘못한 사람에게 용서를 구할 것이다. 내가 잘못한 일에 대해서는 분명하게 책임을 질 것이고 잘못이 없는 사람들을 공손하게 대할 것이다. 플레이어 입장에서만 삶을 보지 않고 카드를 나눠 주는 사람의 입장에서도 볼 것이다. 세계는 늘 변한다. 나는 이 변화에 침착하게 반응하되 무심하지는 않을 것이다. 나는 언제든 의견을 바꿀 준비가 되어 있다.

이번 삶을 행복하게 사는 것은 나의 권리이자 의무다. 나는 '지금 여기에' 살되, 나보다 먼저 살다 간 사람들이 있고 나보다 뒤에 살 사람들이 있음을 잊지 않을 것이다. 나는 사람, 동물, 식물 모두를 존중한다. 나는 영적 활동을 통해 이번 삶을 행복하게 살고 다른 차원의 삶과 접촉할 수 있다고 믿는다.

죽음은 내게 두려움보다는 그 후에 무슨 일이 펼쳐질지 기대감을 준다. 나는 굉장한 날이 오리라 믿는다. 내일이든 다음 생애든, 어쩌면 사후세계든.

나는 믿는다.

맺는 말 그리고 감사

전작들과 마찬가지로 이 책 역시 나의 체험을 다루었다. 《내 배는 내 것이다Mein Bauch gehört mir》에서는 몸을 다뤘고, 《왜 우리는 끊임없이 거짓말을 할까》에서는 정신을 다뤘고, 이 책에서는 삶의 의미를 다뤘다. 이 책은 가장 나중에 나왔지만, 사실 이 책의 아이디어가 다른 체험들의 출발점이었다.

이런 형식의 보도를 '몰입 저널리즘Immersion Journalism'이라고 하는데, 독일에서는 이것을 조롱하여 '스턴트 저널리즘', 혹은 더욱 심하게 '곤조 저널리즘Gonzo-Journalismus'이라고 부른다. 저널리즘이 가져야 할 객관성을 버리고 기자 스스로 기사의 일부가 되기 때문이다. 하지만 불교에는 모든 것을 직접 체험하여 확인하는 규칙이 있다. 모든 물음의 최종 대답은 결국 개인의 체험에서 나와야 하며 스스로 확신하는 사람이 진정한 신자라는 것이다.

스코틀랜드 작가 로버트 루이스 스티븐슨은 《당나귀와 떠난 여행》에서 이렇게 말했다. "늘 움직이기, 존재의 위기와 장애를 직접 느끼기, 문명의 안락한 침대를 떠나 거친 돌바닥을 맨발로 확인하기. 바로 이런 것들이 여행의 가치다."

그러므로 '몰입 저널리즘'은 세계와 삶을 이해하려는 나의 노력과 잘 맞는 중요한 방법이다. 나는 나 자신을 위해, 세계와 나 자신을 한 발 물러나 관찰하기 위해 이 실험을 했다. 나의 경험과 결과는 다른 사람과 정반대일 수 있다. 그런데도 이 책을 내는 까닭은, 기꺼이 이런 실험을 직접 해 보려는 사람, 적어도 이런 실험에 대해 읽고 싶은 사람이 있기를 바라기 때문이다.

이 책에는 더 나은 사람이 되는 큰 목표를 이루도록 도움을 주었던 작은 실험들을 담았다. 범신앙론자가 되겠다는 프로젝트는 과장되고 어처구니없고 어쩌면 어리석은 일일지도 모른다. 나는 사람들이 나와 비슷한 실험을 하거나 나를 대단하게 여기기를 바라지 않는다. 나라도 그렇게 하지 않을 테니까. 이것은 세계를 이해하고 나와 내 이웃의 삶을 좀 더 편안하게 하기 위해 내가 선택한 내 방식이다.

나는 여러 해를 종교와 씨름했다. 그리고 종교를 다룬, 거의 400쪽에 달하는 이 책이 결국에는 피상적일 수밖에 없음을 인정해야 한다. 나의 프로젝트는 여러 종교를 비교하거나 한 종교를 최고의 자리에 올리려는 시도가 아니었다. 솔직히 말해 어리석고 별 볼일 없는 프로젝트였다. 또한 종교를 이해하고 종교의 뿌리를 사회와 관련지으며 종교의 세계 지도를 그리지도 않았다. 그런 책은 즐겨 읽겠지만 내 손으로 쓰지는 않을 것이다.

나의 프로젝트는 나의 일상과 이웃에 한정된다. 그리고 나와 비슷한 것을 추구하는 사람들이 많으리라 믿는다. 이 책이 많은 사람들에게 삶을 숙고하고 마음과 머리를 열어 다른 사람들을 좀 더 존중하게 하는 데 영감을 준다면 기쁘겠다. 또한 책을 읽으면서 종종 히죽히죽 웃을 수 있다면 더욱 기쁘겠다. 아무튼 나는 독자 편지나 비슷한 생각을 가진 사람들과의 활발한 토론을 생각하며 벌써부터 기대에 차 있다. 또한 무엇보다 다른 생각을 가진 사람들과의 토론도 기대한다. 경청하고 읽을 때 서로 배울 수 있기 때문이다. 말하고 쓰기만 하는 사람은 배우지 못한다.

나는 살면서 되도록 많은 것을 실험하기를 늘 소망했고 그것을 책으로 쓸 수 있기를 소망했다. 아내는 그것을 원치 않았고 아들 역시 아직은 원치 않는다. 그러나 이들은 동참해야만 했고 그 대가라고는 내가 보낸 사랑의 편지뿐이다. 내가 우리의 삶을 대중에게 공개했더라도 아내가 여전히 나를 좋아했으면 좋겠다. 한 가지 확실한 사실은, 나는 세상에서 가장 쿨한 여자와 결혼했다는 점이다. 그리고 아들이 커서 언젠가 이 책을 읽게 되었을 때 너무 화내지 않았으면 좋겠다.

전작에서 감사의 말을 쓰지 않아서 이번 책에서는 더욱 크게 감사를 전하고자 한다. 온갖 저항이 있었음에도 미친 아이디어가 실제로 책이 되게 해 준 모든 이들에게 감사하고 싶다. 출판사 사장님 요하네스 야콥, 서로 사자처럼 싸웠지만 이제는 기도나 명상을 할 때마다 떠올리는 나의 에이전트 미카엘 가엡, 이 책이 독자를 찾도록 도왔을 뿐 아니라 친구처럼 언제나 내 곁에서 나를 도왔던 출판사의 모든 직원들.

기독교적 토대를 놓아 주신 부모님에게도 감사드린다. 솔직히 두 분은 굉장히 개방적인 사람이었다. 당신의 아들이 혼자 힘으로 신앙의 집을 증축하게 내버려둔 것만 봐도 알 수 있다.

여러 종교에서 많은 사람들이 도와준 덕분에 이 책은 텅 빈 껍데기 신세를 면할 수 있었다. 대부분이 자기 이름을 거론하지 말아 달라고 부탁해서 나는 모두에게 감사하다는 말만 남길 수밖에 없다. 아이딩 가족만은 얘기해도 되리라. 그들은 거룩한 사람들이다.

내가 기꺼이 '가족'이라고 부르는 모든 친구들과 동료들에게 감사를 전한다. 그들은 내게, 피가 물보다 진한 게 아니라 우정이 피보다 중요하다는 사실을 보여 주었다.

가장 큰 감사를 받아야 하는 사람은 역시 아내 한니와 아들 핀이다. 두 사람이 없는 나의 삶은 무의미할 것이다. 사랑이 무엇인지 말할 수 있는 사람은 없을 거라고 책에 쓰긴 했지만, 내가 이 둘에게 느끼는 감정은 사랑임이 확실하다.

나는 이 책을 핀에게 바친다. 기독교 방식으로 세례를 받았고, 부처상이 놓여 있고 눈에 잘 띄는 곳에 유대교의 상징이 걸린 작은 방의 주인, 유대교의 상징을 명랑하게 '별'이라고 부르는 어린아이, 불가지론자 엄마와 독실한 이슬람교 신자 아빠를 둔 아이가 가장 친한 친구인 아이, 불교에서 말하는 스승과 제자처럼 아빠와 지내고 도교의 가르침대로 엄마와 사이좋게 지내는 나의 아들에게. 그가 이 부분을 읽을 만큼 충분히 나이가 들었을 때 삶에서 무엇이 중요한지, 혹은 적어도 아빠가 무엇을 중요하게 여겼는지 느끼기를 바라는 마음으로 이 책을 바친다. 유교의 가르침에 따르면, 부모가 중히 여기는 것을 자식이 이해하지 못하면 그 문화는 위험에 처한다고 했으니까.

2011년 4월
뮌헨에서
위르겐 슈미더

신이 맘에 드는 사람을 고르듯,
나도 맘에 드는 신을 고르고 싶다!

누구에게나 종교성이 있고 모두가 믿는 능력을 타고난다지만 자신의 종교관을 솔직하게 드러낼 수 있는 사람이 몇이나 될까? 경험으로 볼 때, 종교는 걸핏하면 큰 싸움으로 이어지고 감정만 상한 채 남는 건 없는 가장 나쁜 대화 주제다. 그래서 내게 종교란 마음속에 꽁꽁 숨겨 두어야 할 주제였다. 누가 무슨 주장을 펴든 한 귀로 듣고 한 귀로 흘려버렸다. 반박하고 싶은 마음이 굴뚝같아도 싸움을 피하기 위해 꾹 눌러 참았다. 그런데 자신의 종교관을 공공연히 책으로 쓴 사람이 있지 않은가! 그것도 아주 솔직하게.

위르겐 슈미더에게 용기를 얻어 나 역시 솔직하게 나의 생각을 적어 보고자 한다. 자신의 종교관을 얘기하는데 무슨 '용기'까지 필요하나 싶겠지만, 친정과 시댁 모두 가톨릭 집안인 내가 전통적인 가톨릭 교리를 온전히 신뢰하지 않는다고 말하기란 쉽지 않다.

신은 있는가? 신은 누구인가? 어떤 신을 믿을 것인가? 나는 신을 믿고 싶은가? 이런 생각을 할 능력도 기회도 없이 나는 아주 어린 나이에 가톨릭 신자가 되었다. 그리고 대학에 입학할 때까지 착한 신자로 살았다. 대학에 입학해서는 가톨릭학생회에 가입하여 꽤나 열심히 활동을 했는데, 이때가 나의 '신앙사춘기'가 아니었나 싶다. 부모로부터 주입된 신앙에 의심을 품기 시작한 것이다. 그러면서 '나중에 내 아이에게는 종교를 선택할 자유를 주리라' 다짐했었다. 그러나 나는 부모님의 뜻을 거역할 용기가 없었고 결국 내 아이도 유아세례를 받았고 첫 영성체를 했다. 그렇게 갈팡질팡 고민만 하던 내게 독일 생활이 새로운 박차를 주었다. 독일의 천주교는 한국의 천주교와 사뭇 다른 게 아닌가! 같은 천주교라도 국가에 따라 다를 수 있다면, 같은 천주교 신자라도 개인에 따라 다를 수 있겠다는 생각이 들었다. 부모님이 제시하는 기준이 아니라 내가 정한 기준으로 신앙생활을 해도 되겠다는 용기가 생겼다. 그리하여 이제는 의무감 때문에 고해성사를 본다거나 지난 주일에 미사를 보지 않았다 하여 이번 주일에 영성체를 못 하는 일 따위는 없다. 그리고 견진성사를 받지 않겠다는 아이의 의견을 존중했다.

내가 정한 기준이 무엇인지는 굳이 여기에 적지 않아도 될 듯싶다. 위르겐 슈미더와 신기할 정도로 많은 부분이 일치하기 때문이다. 자기 성향에 맞는 종교를 찾아 주는 테스트를 우연한 기회에 나도 하게 되었는데, 그 결과마저도 위르겐 슈미더와 흡사했다. 이런 공통점 때문인지 나는 "한 종교가 모든 답을 줄 수는 없다"는 그의 결론에 온전히 공감할 수 있었다.

물론 위르겐 슈미더와 다른 생각을 가진 사람도 분명 있을 테다. 그렇더라도 그가 체험하고 깨달은 내용들을 곰곰이 생각해 봤으면 좋겠다. 왜 나는 믿는지, '나의 종교만 옳다'는 생각을 갖고 있진 않은지, 지옥이 두려워 억지로 믿지는 않는지, 사후세계에 대한 보험쯤으로 생각하지는 않는지…….

종교가 없거나 종교에 아예 관심도 없는 사람이라면, 위르겐 슈미더가 겪은 일들을 읽으며 유쾌한 시간을 보내길 바란다. 주제와 상관없이 누구나 재밌게 읽을 수 있는 책이니까.

나의 신앙생활은 사후세계가 아닌 지금의 삶에 맞춰져 있다. 죽음의 순간을 후회나 두려움 없이 맞을 수 있도록 사는 것, 그것이 내 신앙생활의 목적이다. 사후세계가 정말 있다면 좋은 사후세계는 덤이지, 결코 목적이 아니다.

나는 신이 있다고 믿는다. 어떤 신이 어떻게 존재하는지는 설명할 수 없는데, 그것은 인간의 능력 밖에 있기 때문이다. 내가 믿는 신은, 나만 옳다는 유신론자보다 함께 행복하기를 바라는 무신론자를 더 좋아한다.

만에 하나 나의 믿음과 달리, '나만 옳다'는 유신론자를 더 좋아하는 신이라면, 나도 그런 신은 싫다. 그런 신에게 잘 보여 구원받고 싶은 생각은 없다.

2012년 11월
밤베르크에서
배명자

구원 확률 높이기 프로젝트

지옥에 가기 싫은 한 남자의 요절복통 종교체험기

2013년 1월 25일 초판 1쇄 찍음
2014년 7월 1일 초판 3쇄 펴냄

지은이 위르겐 슈미더
옮긴이 배명자
펴낸이 박종일

편집 문해순
디자인 맑은엔터프라이즈(주)
제작 창영프로세스(주)

펴낸곳 도서출판 펜타그램
출판등록 제313-2004-0000259호(2004년 11월 10일)
주소 서울시 마포구 성산동 199-3번지 202호
전화 02-322-4124
팩스 02-3143-2854
이메일 penta322@chol.com
블로그 http://blog.naver.com/pentapub
트위터 @pentapub

ISBN 978-89-97975-01-3 03300
한국어판ⓒ도서출판 펜타그램, 2013